WINDOWS 10

pour les nullissimes

WINDOWS 10

pour les nullissimes

Servane Heudiard

FIRST
ÉDITIONS

Windows 10 pour les nullissimes

Édition publiée en accord avec Wiley Publishing, Inc.

12 avenue d'Italie
75013 Paris
Tél. : 01 44 16 09 00
Fax : 01 44 16 09 01
E-mail : firstinfo@efirst.com
Web : pourlesnuls.fr

Imprimé en France par Pollina - 83635
ISBN : 978-2-412-03444-6
Dépôt légal : février 2018

Mise en page : Catherine Kédémos
Avec la collaboration de : Servane Heudiard

Chapitre 1

À la découverte de Windows 10 1

Démarrer Windows 10 2

Afficher et utiliser le bureau 4

Utiliser la barre des tâches 6

Utiliser le menu Démarrer 8

Utiliser l'écran d'accueil 10

Mettre en veille ou arrêter Windows 10 12

Chapitre 2

Préparer l'avenir 15

Utiliser le panneau Paramètres 16

Se connecter à l'Internet 18

Couper la connexion Internet 20

Créer un compte Microsoft 22

Interroger Cortana 26

Personnaliser Cortana 28

Utiliser le Centre de notifications 30

Utiliser le Microsoft Store 32

Chapitre 3

Programmes et applications 35

Ouvrir une application ou un programme 36

Fermer une application ou un programme 38

Parcourir le contenu d'une fenêtre 40

Déplacer une fenêtre 42

Redimensionner une fenêtre 44

Juxtaposer des applications et des programmes 46

Basculer entre des applications et des programmes 48

Utiliser le ruban ou une barre d'outils 50

Utiliser un menu 52

Utiliser une boîte de dialogue 54

Créer un nouveau fichier 56

Enregistrer un fichier 58

Ouvrir un fichier 60

Fermer un fichier 62

Imprimer un document ou une photo 64

Numériser un document ou une photo 66

Chapitre 4

Parcourir et gérer le contenu de l'ordinateur 69

Parcourir les lecteurs, dossiers et fichiers 70
Garder un accès express à un dossier 72
Rechercher un fichier perdu 74
Optimiser l'affichage 76
Sélectionner des fichiers 78
Renommer un fichier 80
Créer un dossier 82
Déplacer ou copier un fichier 84
Supprimer un fichier 86
Récupérer un fichier supprimé 88
Vider la Corbeille 90

Chapitre 5

Sécuriser l'ordinateur et vos activités 93

Mettre Windows à jour 94
Sécuriser l'ordinateur 96
Sauvegarder sur un lecteur amovible 98
Actualiser les copies de sauvegarde 100
Préparer OneDrive 102
Utiliser OneDrive 104

Chapitre 6

Vous balader sur l'Internet 107

Visiter un site Web 108

Afficher plusieurs pages 110

Consulter une page hors connexion 112

Rechercher des informations 114

Rechercher des images 116

Enregistrer une image d'une page Web 118

Choisir la page de démarrage 120

Enregistrer et consulter un favori 122

Épingler une page dans le menu Démarrer 124

Épingler une page dans la barre des tâches 126

Envoyer une page à un ami 128

Utiliser l'Historique 130

Télécharger un fichier 132

Chapitre 7

Communiquer facilement grâce aux courriels **135**

Utiliser l'application Courrier 136

Ajouter un compte 138

Envoyer un courriel 140

Faire un envoi multiple 142

Recevoir un courriel 144

Répondre à un courriel 146

Transférer un courriel 148

Faire le ménage 150

Envoyer un fichier 152

Recevoir un fichier 154

Enregistrer un fichier reçu 156

Créer un nouveau contact 158

Enregistrer rapidement un contact 160

Contacter un proche en express 162

Chapitre 8

Pour la pause **165**

Regarder des photos 166

Améliorer ou supprimer une photo 168

Redresser ou recadrer une photo 170

Corriger les couleurs d'une photo 172

Publier des photos sur un réseau social 174

Écouter de la musique 176

Créer un best-of 178

Regarder une vidéo 180

Réaliser un petit film 182

Lire un ebook 184

Chapitre 9

Enrichir et personnaliser l'ordinateur **187**

Ajouter des applications 188

Ajouter des programmes 190

Supprimer une application 192

Ajouter un appareil externe 194

Personnaliser le menu Démarrer 196

Personnaliser la barre des tâches 198

Changer le fond du bureau 200

Réorganiser les icônes du bureau 202

Utiliser plusieurs bureaux 204

Chapitre 10
Entretenir et dépanner l'ordinateur **207**
Nettoyer le disque dur 208
Contrôler le disque dur 210
Débloquer une application ou un programme 212
Résoudre un problème matériel 214
Redémarrer l'ordinateur 216
Réinstaller Windows 218
Obtenir de l'aide 220
Index **223**

INTRODUCTION

Grâce à ses 100 procédures étape par étape illustrées, ce livre destiné aux débutants vous permettra de vous initier à Windows 10 et de maîtriser facilement une grande partie de ses outils et de ses fonctionnalités.

Il est divisé en dix chapitres.

- Le *chapitre 1* vous fait entrer dans l'univers de Windows 10 et vous présente ses environnements classique (avec le bureau) et tactile (avec l'écran d'accueil).
- Le *chapitre 2* vous explique comment connecter Windows 10 à l'Internet et comment utiliser ses outils fondamentaux, tels que Cortana.
- Le *chapitre 3* vous plonge dans l'univers des applications et des programmes.
- Le *chapitre 4* vous livre toutes les clés pour bien gérer vos documents, vos photos, vos vidéos, *etc.*
- Le *chapitre 5* vous explique comment protéger votre ordinateur et les fichiers auxquels vous tenez.
- Le *chapitre 6* vous emmène sur l'Internet.
- Le *chapitre 7* vous apprend à envoyer et à recevoir des courriels et des photos, ainsi qu'à vous créer un solide carnet d'adresses.
- Le *chapitre 8* vous immerge dans l'univers multimédia, notamment en vous permettant de savourer vos photos et vos vidéos préférées.
- Le *chapitre 9* vous explique, entre autres, comment personnaliser l'apparence de Windows 10 et comment l'enrichir de nouvelles applications.
- Le *chapitre 10* vous livre les techniques d'entretien et de dépannage essentielles.

Pour chaque tâche, vous trouverez les étapes numérotées en page de gauche, et les illustrations (captures d'écran) en page de droite, légendées avec des numéros et des flèches, ainsi que le temps nécessaire à la réalisation de la tâche et le degré de difficulté (facile, intermédiaire ou difficile).

REDRESSER OU RECADRER UNE PHOTO

1. Après que vous avez ouvert le cliché à améliorer dans l'application Photos et touché ou cliqué sur **Modifier** dans la barre d'outils, un panneau de retouche apparaît à droite. Si la ligne d'horizon (comme la surface de la mer) apparaît penchée ou si le sujet principal se perd dans son environnement, touchez ou cliquez sur **Recadrer et pivoter**.
2. Un cadre doté d'une *poignée* dans chacun de ses angles apparaît autour de la photo : pour recadrer celle-ci, faites glisser les poignées de façon que le cadre entoure juste la zone à conserver.
3. Si vous voulez redresser la photo, faites glisser le curseur qui s'affiche à droite, jusqu'à ce que la ligne d'horizon soit parallèle à l'un des traits horizontaux du quadrillage apparu sur le cliché.
4. Touchez ou cliquez sur **OK**.
5. Touchez ou cliquez sur **Enregistrer une copie**, en bas, pour enregistrer le cliché modifié comme nouveau fichier.

En cas de regret, vous pouvez retrouver instantanément la photo d'origine en touchant ou cliquant sur **Annuler toutes les modifications**.

170 – CHAPITRE 8 : POUR LA PAUSE

5 MIN

NIVEAU :

REDRESSER OU RECADRER UNE PHOTO – 171

Ces notes proposent des informations complémentaires, des astuces ou des raccourcis clavier qui vous feront gagner du temps.

Après la lecture de cet ouvrage, peut-être aurez-vous des questions ou envie de me donner votre avis. Dans ce cas, envoyez-moi un courriel à l'adresse `s.heudiard@laposte.net` !

Bonne lecture !

CHAPITRE 1

À LA DÉCOUVERTE DE WINDOWS 10

Impossible de profiter du meilleur de Windows 10 si vous ne savez pas vous repérer dans son environnement ! Après vous avoir accompagné dans le démarrage de ce programme, ce chapitre vous présentera donc les composants fondamentaux de votre cadre de travail et de loisir.

- Démarrer Windows 10
- Utiliser le bureau
- Utiliser l'écran d'accueil
- Utiliser la barre des tâches
- Utiliser le menu Démarrer
- Arrêter ou mettre en veille Windows 10

DÉMARRER WINDOWS 10

1. Windows 10 étant aux commandes de votre ordinateur, il démarre automatiquement à la mise en route de votre machine. Donc allumez celle-ci en appuyant sur son bouton marqué de l'icône ⏻, soit en façade du boîtier et en périphérie de l'écran dans le cas d'un ordinateur de bureau, soit au-dessus ou sur le bord du clavier s'il s'agit d'un portable.
2. Quelques textes et images défilent à l'écran, puis l'écran de verrouillage (grande illustration avec l'heure et la date inscrites en très gros en bas à gauche) s'affiche : cliquez dedans ou balayez-le du bas vers le haut.
3. Selon ce que vous avez choisi lors du premier démarrage de Windows 10, votre prénom ou votre pseudo s'affiche au centre de l'écran, avec une grande zone rectangulaire au-dessous : touchez ou cliquez dans cette dernière.
4. Tapez le mot de passe associé à votre prénom ou votre pseudo, et enfoncez brièvement la touche **Entrée** du clavier.
5. Le *bureau*, fond illustré (généralement une fenêtre rayonnante sur fond bleu) avec quelques imagettes en haut à gauche et une longue barre noire en bas apparaît : vous voici dans Windows 10 !

5 MIN

NIVEAU :

1

2

3 4

5

AFFICHER ET UTILISER LE BUREAU

1. À votre arrivée dans Windows 10, vous êtes accueilli par le *bureau* : celui-ci constitue votre décor permanent, mais pas seulement : tapoter ou double-cliquer sur l'une de ses icônes à gauche ouvre l'élément (programme, document ou autre) qu'elles représentent.

Attention ! Certaines icônes (identifiées par une flèche dans leur angle inférieur gauche) constituent juste un lien (un *raccourci*) vers un document, programme ou autre, tandis que d'autres *sont* le document, programme ou autre lui-même.

2. Autre acteur essentiel du bureau, la longue *barre des tâches*, tout en bas (présentée à la tâche suivante), renferme une multitude d'éléments indispensables dans l'utilisation de Windows, tant pour agir que pour vous informer.

3. Même quand il est masqué par des applications et/ou des programmes ouvert(e)s au-dessus de lui, vous pouvez afficher le bureau à tout moment en cliquant sur le bouton étroit à la fin de la barre des tâches.

4. Si vous êtes à l'aise avec le clavier, vous pouvez aussi accéder au bureau en enfonçant simultanément les touches **Windows** et **D**.

5. Si l'affichage du bureau a masqué temporairement des applications et/ou programmes qui étaient ouvert(e)s, vous pouvez les faire réapparaître en répétant l'étape 3 ou 4.

3 MIN **NIVEAU :**

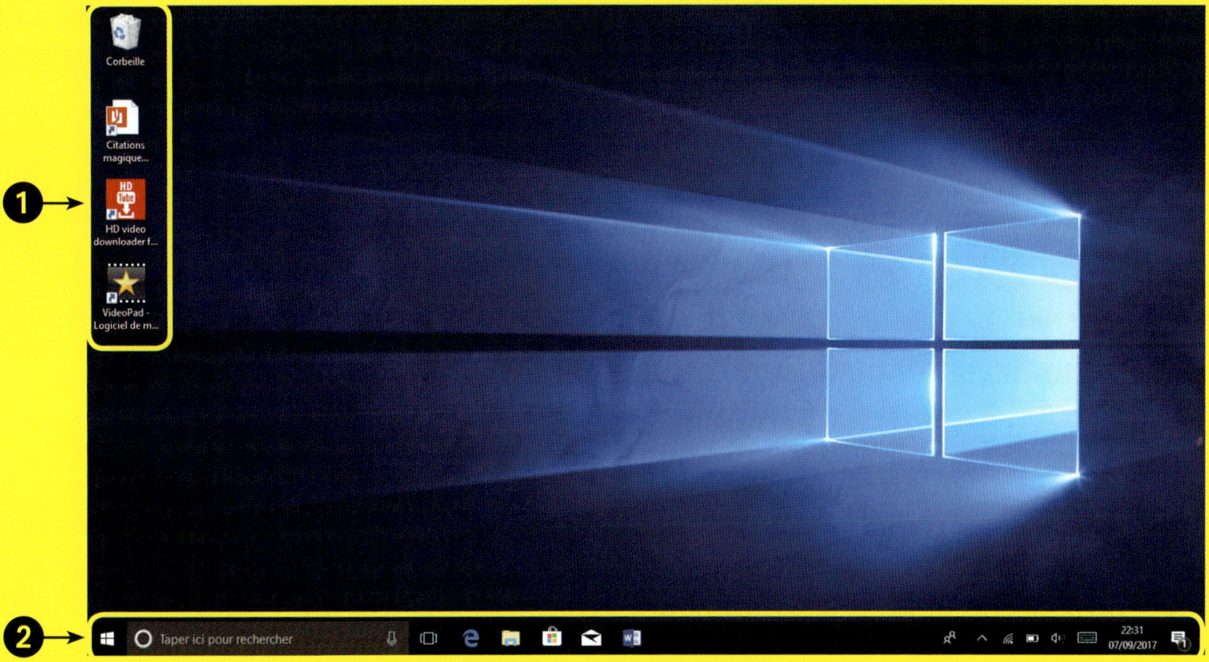

1
2
Corbeille
Citations magique...
HD video downloader f...
VideoPad - Logiciel de m...
Taper ici pour rechercher
22:31
07/09/2017

22:31
07/09/2017
3 5

4 5
A Z E R T
Q S D F G
W X C V B
Ctrl
Alt

UTILISER LA BARRE DES TÂCHES

1. Mémorisez absolument le *bouton* ***Démarrer*** (marqué d'un logo Windows) qui débute la barre des tâches, en bas du bureau, car le toucher ou cliquer dessus déroule le menu **Démarrer** (présenté à la tâche suivante) qui mène au cœur de Windows 10.

2. Toucher ou cliquer dans la zone rectangulaire juste à côté démarre et permet d'interroger votre assistante personnelle *Cortana* (traitée au chapitre 2).

3. Toucher ou cliquer sur une icône au centre permet de démarrer des applications courantes et de basculer entre elles (tâches traitées au chapitre 3).

4. À droite, l'icône juste avant la zone de notification offre un accès express à vos contacts.

5. Complètement à droite, les icônes de la *zone de notification* renseignent sur les activités en cours et l'état de divers paramètres, comme la connexion Internet. Mais les toucher ou cliquer dessus déclenche ou ouvre l'élément associé.

6. Quand la zone de notification renferme des icônes masquées, touchez ou cliquez sur la petite flèche orientée vers le haut au début de la zone pour y accéder.

2 MIN

NIVEAU :

Taper ici pour rechercher
22:31
17/09/2017

Taper ici pour rechercher
1
2
3

22:31
17/09/2017
4
5

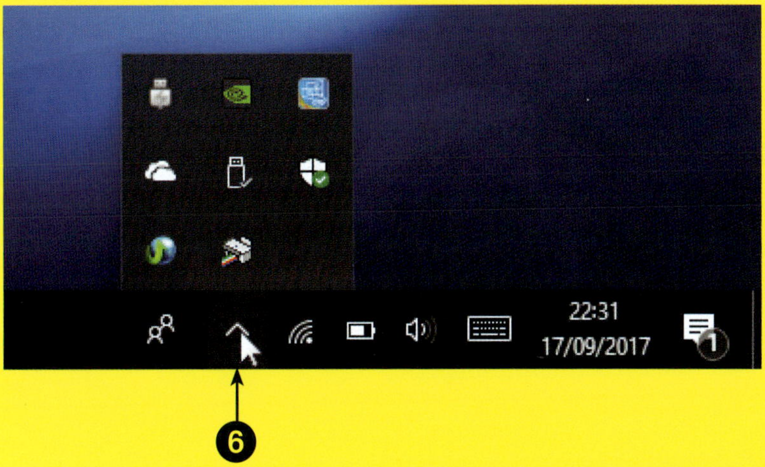
22:31
17/09/2017
6

UTILISER LE MENU DÉMARRER

1. Touchez ou cliquez sur le bouton **Démarrer** au début de la barre des tâches.

2. Le menu **Démarrer** apparaît, scindé en trois zones verticales. Pour exécuter la commande associée à l'une des icônes dans la fine colonne gauche, touchez ou cliquez dessus.

> Toucher ou cliquer sur l'icône tout en haut permet d'afficher le nom des icônes au bas de la colonne.

3. La liste centrale répertorie tous les programmes et applications présents sur votre ordinateur : pour en démarrer un(e), touchez ou cliquez sur son nom.

4. La partie droite réunit des vignettes de programmes et d'applications : pour démarrer l'un(e) d'entre eux ou elles, touchez ou cliquez sur sa vignette.

5. Quand vous voyez juste une partie de la liste centrale ou de la zone des vignettes, balayez-la vers le haut pour accéder aux éléments masqués, ou pointez-la, puis utilisez la barre de défilement verticale qui apparaît dans sa partie droite.

4 MIN

NIVEAU :

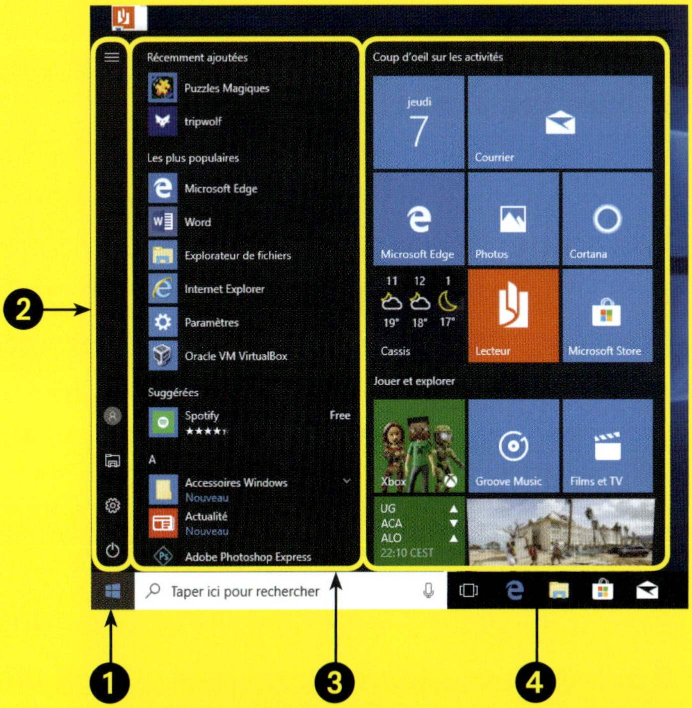
Récemment ajoutées
Puzzles Magiques
tripwolf
Les plus populaires
Microsoft Edge
Word
Explorateur de fichiers
Internet Explorer
Paramètres
Oracle VM VirtualBox
Suggérées
Spotify
Free
A
Accessoires Windows
Nouveau
Actualité
Nouveau
Adobe Photoshop Express
Coup d'oeil sur les activités
jeudi
7
Courrier
Microsoft Edge
Photos
Cortana
Cassis
Lecteur
Microsoft Store
Jouer et explorer
Xbox
Groove Music
Films et TV
Taper ici pour rechercher
2
1
3
4

Les plus populaires
Microsoft Edge
Word
Explorateur de fichiers
Internet Explorer
Paramètres
Oracle VM VirtualBox
Suggérées
Spotify
Free
A
Accessoires Windows
Nouveau
Actualité
Nouveau
Adobe Photoshop Express
Adobe Reader
Alarmes et horloge
Apple Software Update
Microsoft Edge
Photos
Cortana
Cassis
Lecteur
Microsoft Store
Jouer et explorer
Xbox
Groove Music
Films et TV
Pétrole br...
Or
Argent
Finance
Actualité
Microsoft Solitaire Collection
OneNote
Cartes
Taper ici pour rechercher
5

UTILISER L'ÉCRAN D'ACCUEIL

❶ L'écran d'accueil constitue l'équivalent du bureau en *mode Tablette* : pour activer celui-ci, touchez ou cliquez sur l'icône du *Centre de notifications* (présenté au chapitre 2) à la fin de la barre des tâches, puis sur la vignette grise **Mode tablette** pour la bleuir.

Le mode Tablette est spécialement conçu pour une utilisation tactile de Windows.

❷ L'essentiel de l'écran d'accueil est occupé par des vignettes de programmes et d'applications : pour en démarrer un ou une, touchez sa vignette.

❸ La colonne gauche réunit quelques icônes de commandes : pour en exécuter une, touchez-la.

Très utiles, les première et troisième icônes et affichent respectivement le libellé des icônes et la liste complète des applications.

❹ La *barre des tâches* tout en bas, est très similaire à celle du bureau : touchez l'icône de la commande à exécuter ou de l'élément à utiliser. Par exemple, pour démarrer *Cortana*, touchez la troisième icône .

❺ Pour afficher l'écran d'accueil quand il est masqué, touchez l'icône .

2 MIN

NIVEAU :

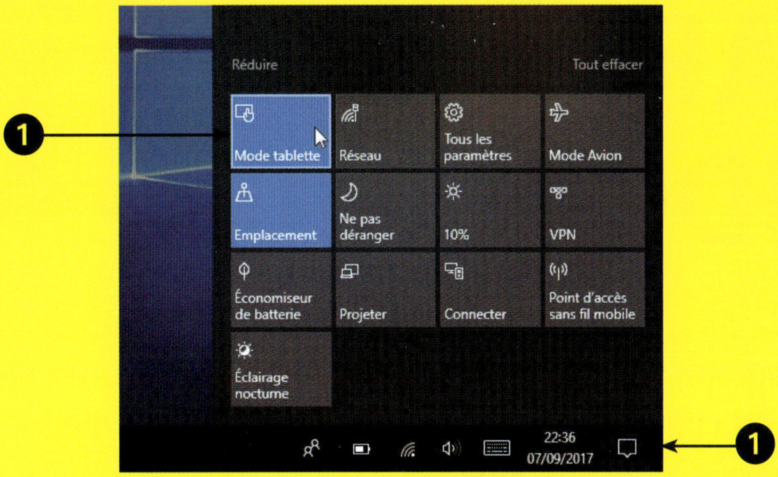

Réduire
Tout effacer
Mode tablette
Réseau
Tous les paramètres
Mode Avion
Emplacement
Ne pas déranger
10%
VPN
Économiseur de batterie
Projeter
Connecter
Point d'accès sans fil mobile
Éclairage nocturne
22:36
07/09/2017
1
1

3
2
Coup d'oeil sur les activités
Jouer et explorer
jeudi
7
Courrier
Xbox
Groove Music
Films et TV
Skype
Cartes
Caméra
Microsoft Edge
Photos
Cortana
Révolution anglaise pour le mercato!
Sport
Notepad++
Application Liste d...
Actualité
Globalement clair
21°
26°
15°
Cassis
Lecteur
Fallout Shelter
Microsoft Solitaire Collection
OneNote
Obtenir Office
Microsoft Store
Mes pages préférées
France.tv - Pluzz e...
Citations
Pensées Positives
22:36
07/09/2017
5
4

METTRE EN VEILLE OU ARRÊTER WINDOWS 10

1. Si des programmes ou des applications sont ouverts, fermez-les en touchant ou cliquant sur le bouton × dans leur angle supérieur droit (comme expliqué au chapitre 3).
2. Touchez ou cliquez sur le bouton **Démarrer** au début de la barre des tâches).
3. Le *menu* ***Démarrer*** apparaît : dans sa partie inférieure gauche, touchez ou cliquez sur l'icône **Marche/Arrêt** ⏻.
4. Selon que vous voulez juste mettre votre ordinateur en veille ou l'éteindre complètement, touchez ou cliquez respectivement sur **Mettre en veille** ou sur **Arrêter**.
5. Si vous possédez un ordinateur de bureau et si vous l'avez arrêté, éteignez l'écran en enfonçant brièvement son bouton de marche/arrêt (marqué de l'icône ⏻).

Pour ranimer votre ordinateur et Windows après une mise en veille, appuyez sur une touche du clavier ou, si cela reste sans effet, enfoncez brièvement le bouton de mise en route.

30 SEC

NIVEAU :

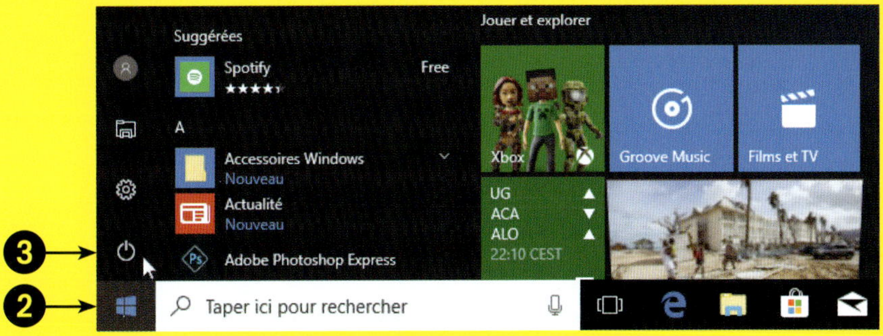

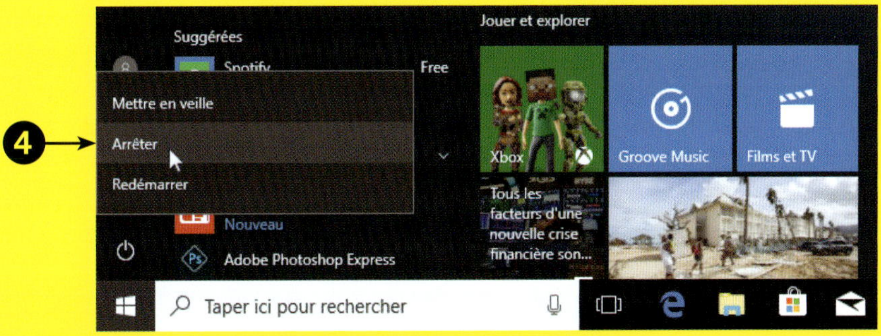

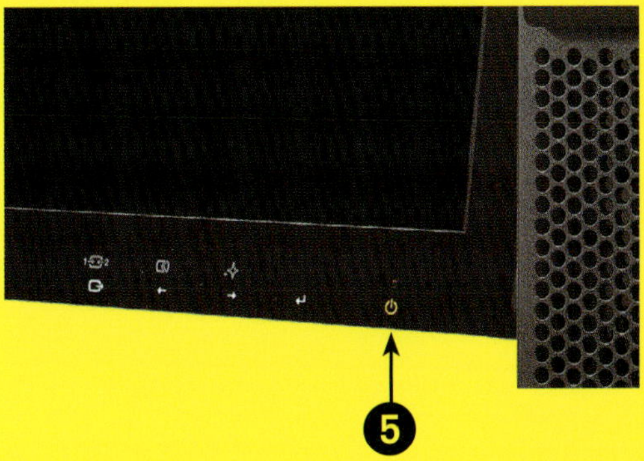

CHAPITRE 2

PRÉPARER L'AVENIR

Maintenant que vous êtes familiarisé avec l'environnement de Windows 10, vous pouvez accomplir les préparatifs indispensables pour que ce programme vous donne le meilleur de lui-même. Ensuite, il vous restera à prendre en main ses composants essentiels. À la fin de ce chapitre, vous aurez rempli ces deux missions !

- Utiliser le panneau Paramètres
- Établir et couper la connexion Internet
- Créer un compte Microsoft
- Utiliser et personnaliser Cortana
- Utiliser le Centre de notifications
- Utiliser le Microsoft Store

UTILISER LE PANNEAU PARAMÈTRES

1. Véritable centre névralgique, le panneau **Paramètres** donne accès à la plupart des commandes qui permettent de régler et de personnaliser Windows, l'ordinateur, les applications, la souris, *etc*. Pour l'ouvrir, touchez ou cliquez sur le bouton **Démarrer** au début de la barre des tâches, puis sur l'icône **Paramètres** au bas de la colonne gauche du menu **Démarrer**.
2. Le panneau **Paramètres** apparaît : touchez ou cliquez sur la rubrique dont relève l'aspect à régler, personnaliser, ou autre.
3. La rubrique choisie s'affiche : dans sa colonne gauche, touchez ou cliquez sur l'aspect sur lequel vous voulez intervenir.
4. À droite, réglez et/ou sélectionnez les options souhaitées. Quand l'une d'elles est associée à un curseur bleu ou gris , touchez ou cliquez sur celui-ci si vous souhaitez respectivement désactiver ou activer l'option correspondante.
5. Au besoin, touchez ou cliquez sur **Accueil** en haut à gauche pour revenir aux rubriques de l'étape 2.
6. Après avoir terminé, fermez le panneau **Paramètres** en touchant ou cliquant sur son bouton en haut à droite.

3 MIN

NIVEAU :

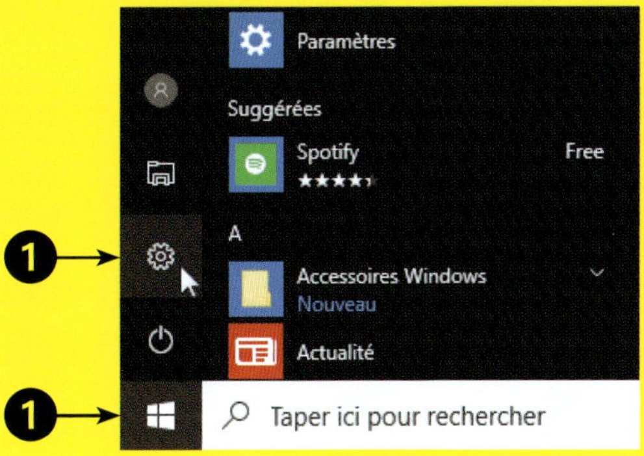
Paramètres
Suggérées
Spotify
Free
A
Accessoires Windows
Nouveau
Actualité
Taper ici pour rechercher
1
1

Paramètres Windows
Rechercher un paramètre
Système
Affichage, notifications, alimentation
Périphériques
Bluetooth, imprimantes, souris
Téléphone
Associer votre téléphone Android
Réseau et Internet
Wi-Fi, mode Avion, VPN
Personnalisation
Arrière-plan, écran de verrouillage, couleurs
Applications
Désinstaller, valeurs par défaut, fonctionnalités facultatives
Comptes
Comptes, adresse e-mail, sync., travail, famille
Heure et langue
Voix, région, date
Jeux
Barre de jeux, DVR, diffusion, mode jeux
Options d'ergonomie
Narrateur, loupe, contraste élevé
2

Paramètres
Accueil
Rechercher un paramètre
Options d'ergonomie
Narrateur
Loupe
Couleur et contraste élevé
Sous-titres
Clavier
Clavier
Clavier visuel
Active le clavier visuel
Désactivé
Touches rémanentes
Utiliser les raccourcis clavier en appuyant sur une touche à la fois
Activé
Touches bascules
Entendre un son quand vous appuyez sur Verr maj, Verr Num ou Arrêt défil
Activé
3
4
5
6

SE CONNECTER À L'INTERNET

1. Après avoir installé votre box, vérifiez que le Wi-Fi est activé sur votre ordinateur : si l'icône correspondante à la fin de la barre des tâches se présente sous la forme et non , touchez ou cliquez dessus, puis sur la vignette grise **Wi-Fi** pour la bleuir.
2. Touchez ou cliquez sur l'icône , puis sur le nom de votre box dans la liste des connexions Wi-Fi détectées par Windows.
3. Touchez ou cliquez sur le bouton **Se connecter**.
4. Dans la zone **Entrez la clé de sécurité réseau**, tapez la *clé de sécurité* de votre box (indiquée dans la documentation remise par votre fournisseur d'accès Internet).
5. Touchez ou cliquez sur **Suivant**.
6. Pour autoriser les autres appareils qui fonctionnent en Wi-Fi à détecter votre ordinateur et donc pouvoir les utiliser sans effectuer le moindre branchement, touchez ou cliquez sur **Oui**. La mention « Connecté, sécurisé » apparaît sous le nom de votre connexion, et l'icône s'affiche dans la barre des tâches : c'est gagné !

6 MIN

NIVEAU :

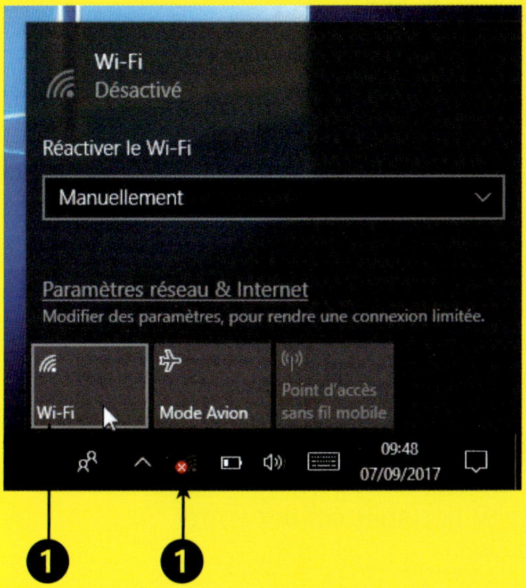

Wi-Fi
Désactivé
Réactiver le Wi-Fi
Manuellement
Paramètres réseau & Internet
Modifier des paramètres, pour rendre une connexion limitée.
Wi-Fi
Mode Avion
Point d'accès sans fil mobile
09:48
07/09/2017
1
1

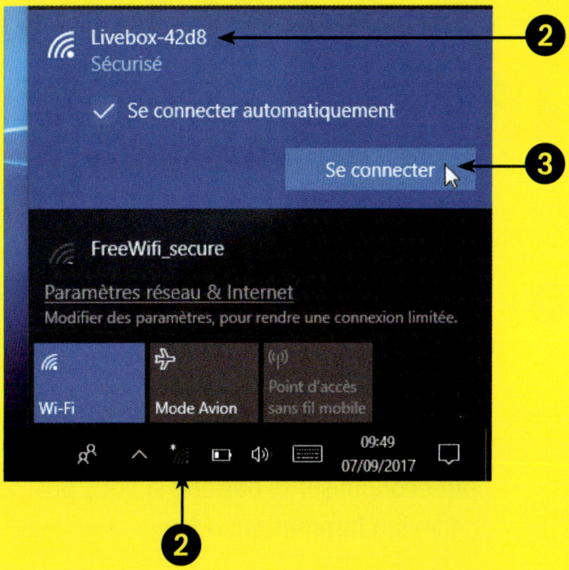

Livebox-42d8
Sécurisé
Se connecter automatiquement
Se connecter
FreeWifi_secure
Paramètres réseau & Internet
Modifier des paramètres, pour rendre une connexion limitée.
Wi-Fi
Mode Avion
Point d'accès sans fil mobile
09:49
07/09/2017
2
3
2

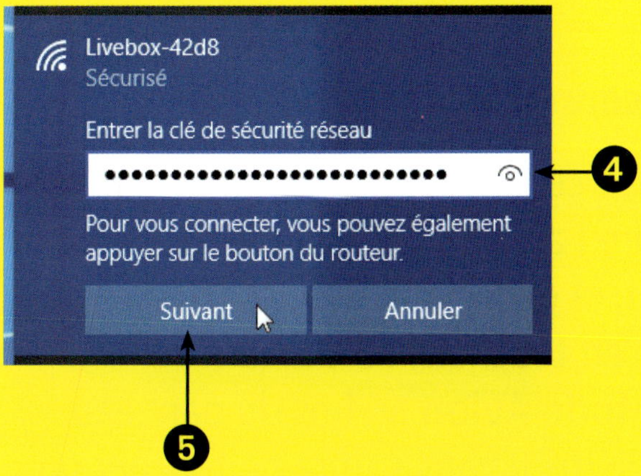

Livebox-42d8
Sécurisé
Entrer la clé de sécurité réseau
Pour vous connecter, vous pouvez également appuyer sur le bouton du routeur.
Suivant
Annuler
4
5

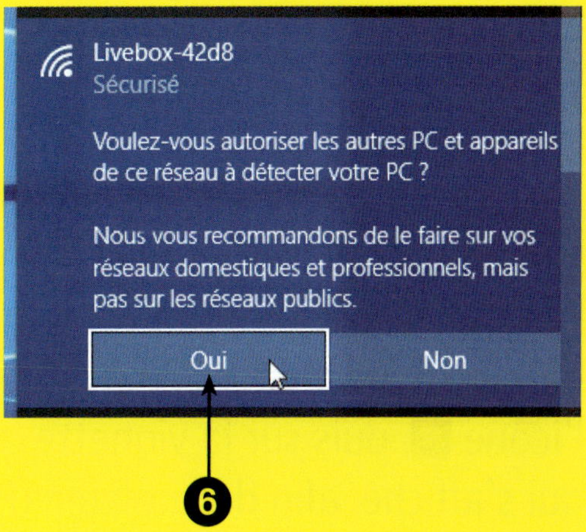

Livebox-42d8
Sécurisé
Voulez-vous autoriser les autres PC et appareils de ce réseau à détecter votre PC ?
Nous vous recommandons de le faire sur vos réseaux domestiques et professionnels, mais pas sur les réseaux publics.
Oui
Non
6

COUPER LA CONNEXION INTERNET

❶ Touchez ou cliquez sur l'icône dans la zone de notification de la barre des tâches.

Pour vous protéger contre les menaces extérieures, telles que les virus, et pour économiser la batterie si vous possédez un ordinateur portable, coupez votre connexion Internet quand vous n'en avez pas besoin pendant un long moment.

❷ Dans la liste des connexions qui s'affichent, touchez ou cliquez sur la vôtre.

❸ Touchez ou cliquez sur le bouton **Déconnecter**.

❹ Sachez quand même que si vous devez couper toutes les connexions sans fil (par exemple, avant de prendre l'avion), il est inutile de couper successivement la connexion Internet, la connexion Bluetooth, *etc.* : basculez directement en *mode Avion* en touchant ou cliquant sur l'icône , puis sur la vignette grise **Mode Avion** au bas du panneau qui s'affiche, afin de la bleuir. (Par la suite, il vous suffira de toucher ou cliquer sur la vignette **Wi-Fi** pour réactiver votre connexion Wi-Fi.)

30 SEC

NIVEAU :

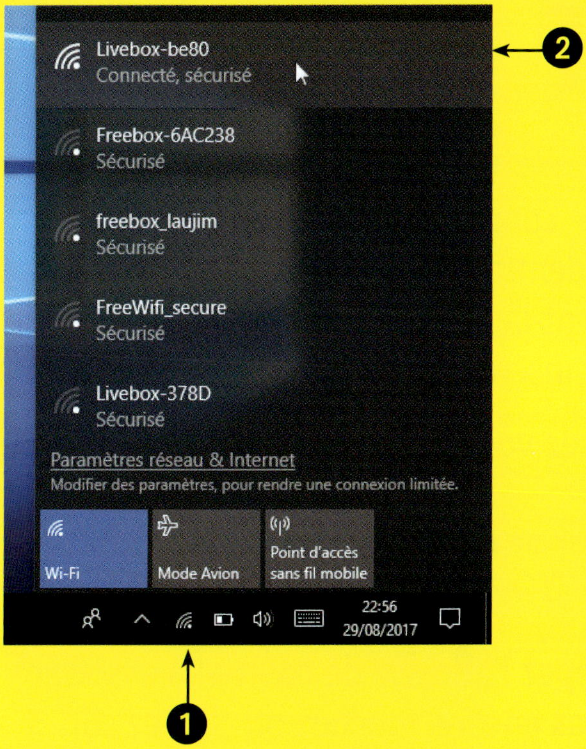

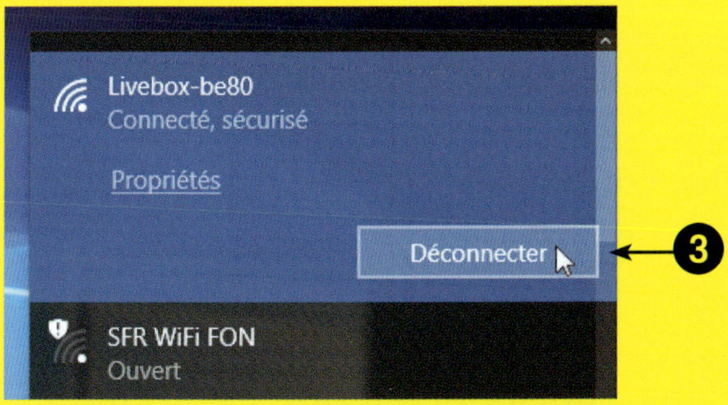

CRÉER UN COMPTE MICROSOFT

1. Windows réclamant si souvent votre compte Microsoft, attendez juste qu'un message vous demande ses identifiant et mot de passe pour commencer sa création : à ce moment-là, touchez ou cliquez sur l'option du type **Créer un compte**, souvent inscrite en petit, tout en bas.

2. Dans le formulaire d'inscription, tapez vos nom et prénom.

> Seuls les renseignements associés à un astérisque doivent forcément être fournis. Donc par exemple, vous n'êtes pas obligé de donner votre numéro de téléphone.

3. Dans la zone **Nom d'utilisateur**, tapez l'adresse de courriel à associer à votre compte. Si vous n'en avez pas encore, touchez ou cliquez sur **Obtenez une nouvelle adresse e-mail** et tapez l'adresse voulue.

> L'adresse doit se terminer par `outlook.com`, `outlook.fr` ou `hotmail.com`.

4. Tapez un mot de passe original de huit caractères ou plus, qui combine au moins deux de ces types de caractères : minuscules, majuscules, chiffres, symboles.

5. Tapez une adresse de secours. Cette fois, choisissez-en une existante, comme celle fournie par votre FAI, car Microsoft l'utilisera en cas de problème avec votre compte.

7 MIN

NIVEAU :

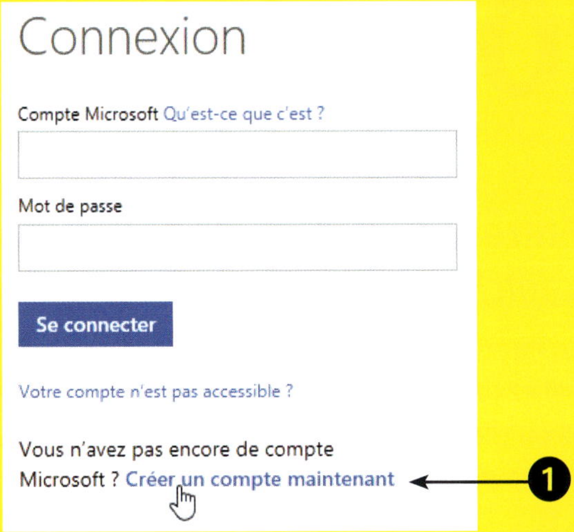
Connexion
Compte Microsoft Qu'est-ce que c'est ?
Mot de passe
Se connecter
Votre compte n'est pas accessible ?
Vous n'avez pas encore de compte Microsoft ? Créer un compte maintenant
1

Prénom
Nom
Sabine
Arte
2
Nom d'utilisateur
xyz@example.com
3
Obtenez une nouvelle adresse e-mail

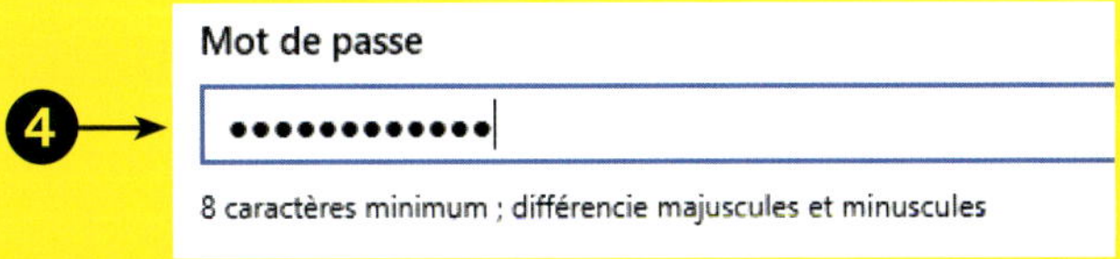
Mot de passe
4
8 caractères minimum ; différencie majuscules et minuscules

Numéro de téléphone
Adresse de messagerie de secours
5
arte@hotmail.com

CRÉER UN COMPTE MICROSOFT (SUITE)

❻ À la rubrique **Entrez les caractères que vous voyez**, tapez le *code antispam* (ou *captcha*).

Si vous ne parvenez pas à identifier les caractères alambiqués du captcha, touchez ou cliquez sur **Nouveau** pour afficher un autre code ou sur **Fichier audio** pour en obtenir une lecture orale.

❼ Après avoir fourni tous les renseignements requis, touchez ou cliquez sur **Créer un compte**.

❽ Si le formulaire initial réapparaît, recherchez la zone encadrée en rouge qui pose problème, puis apportez le changement requis ou renseignez la zone si vous l'aviez omise alors qu'elle est obligatoire.

❾ Le plus souvent, Microsoft vous salue, et la procédure s'arrête là. Mais si d'autres instructions s'affichent, suivez-les scrupuleusement. Par exemple, si Microsoft vous envoie un courriel avec un code confidentiel à l'adresse de secours spécifiée à l'étape 5, tapez-le dans la zone prévue à cet effet.

❿ Sitôt créé, votre compte devient accessible et modifiable d'un simple toucher ou clic sur le bouton **Démarrer** au début de la barre des tâches, puis sur l'icône de buste dans la colonne gauche du menu **Démarrer** et sur **Modifier les paramètres du compte**.

7 MIN

NIVEAU :

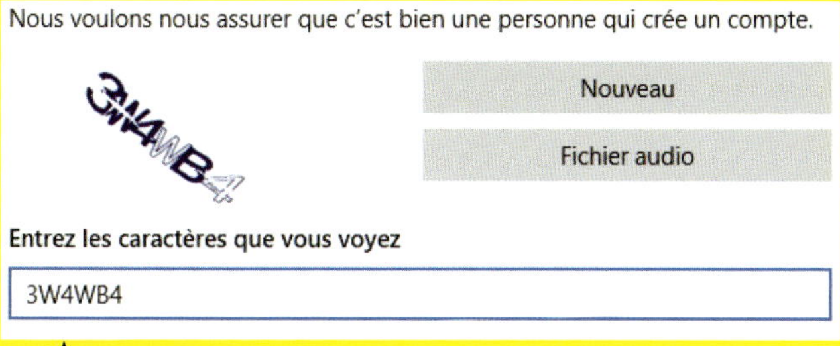

6

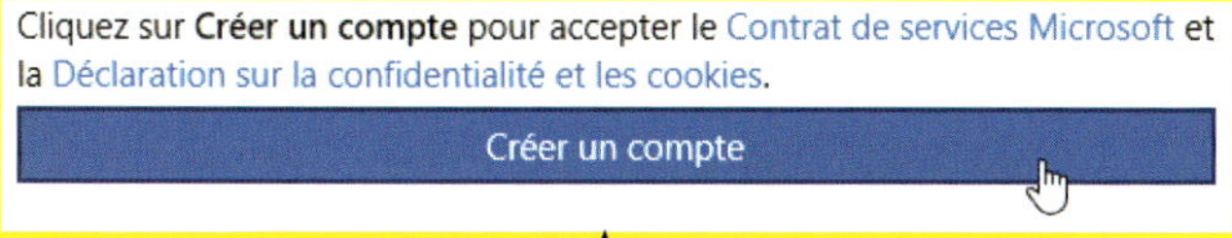

7

9

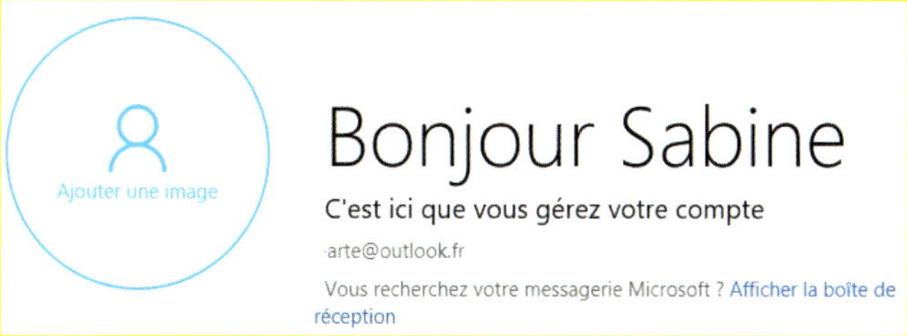

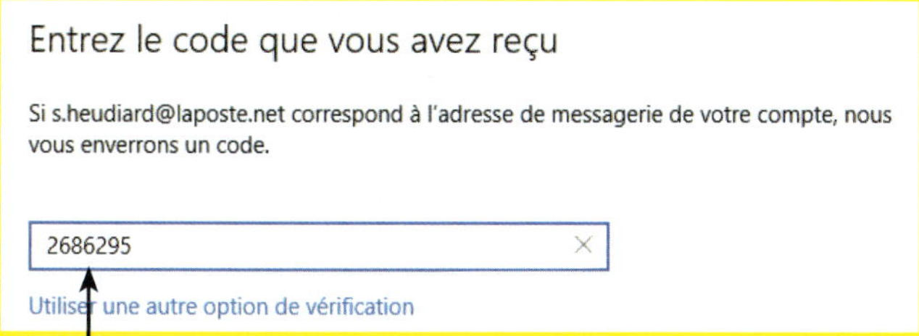

9

10
10
10

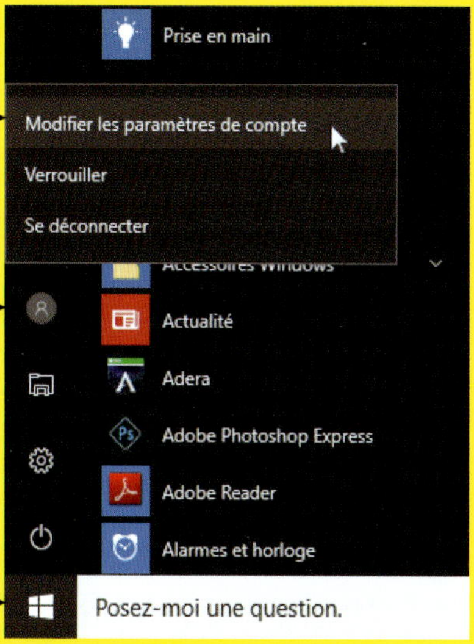

INTERROGER CORTANA

1. Après avoir vérifié que vous étiez bien connecté à l'Internet, touchez ou cliquez dans la zone de saisie rectangulaire qui représente Cortana et qui contient généralement le texte **Taper ici pour rechercher** ou **Posez-moi une question**, vers le début de la barre des tâches.

2. Si vous préférez dicter votre requête, branchez un micro sur votre ordinateur, puis touchez ou cliquez sur l'icône 🎙 à la fin de la zone de Cortana.

> La première fois, Cortana vous pose quelques questions pour s'adapter à vous et vos préférences : répondez-y successivement, jusqu'à ce qu'elle vous salue et/ou vous propose son aide. Si vous utilisez ses fonctions vocales, vous devrez aussi effectuer quelques réglages très simples.

3. Commencez à taper ou prononcer distinctement ce que vous recherchez, comme une information sur l'Internet, un document ou un programme présent sur votre ordinateur, ou une question.

4. Dès que Cortana propose l'intégralité du texte que vous alliez taper, touchez ou cliquez sur celui-ci.

5. Soit l'élément convoité apparaît directement, soit le navigateur Edge (traité au chapitre 6) s'ouvre et liste différentes pages Web a priori pertinentes : touchez ou cliquez sur celle qui vous intéresse.

2 MIN

NIVEAU :

1 2

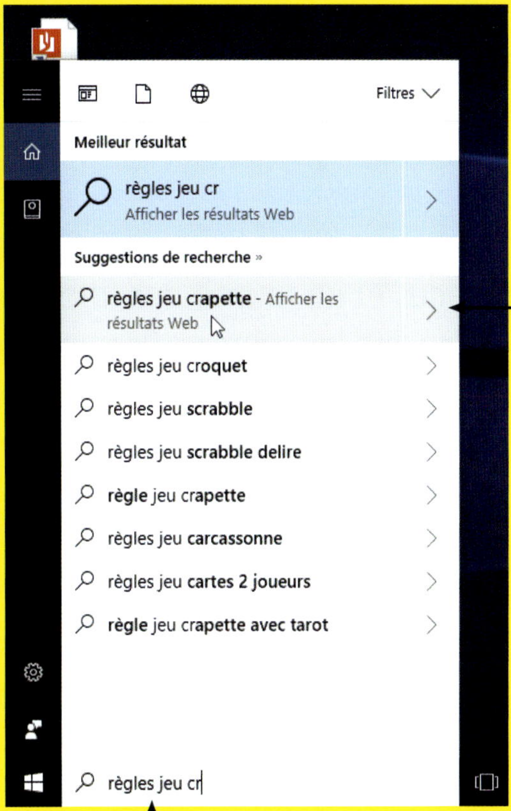

4

3

5

PERSONNALISER CORTANA

1. Pour rendre Cortana encore plus efficace, vous pouvez ajuster ses réglages et lui fournir des informations personnelles. Dans le premier cas, ouvrez le panneau **Paramètres**, traité en début de chapitre, en touchant ou cliquant sur le bouton **Démarrer** dans la barre des tâches, puis sur l'icône **Paramètres** en bas à gauche du menu **Démarrer**.

2. Le panneau **Paramètres** apparaît : vers le bas, touchez ou cliquez sur **Cortana**.

3. Sa rubrique **Cortana** apparaît : parcourez les réglages disponibles et activez/désactivez ceux souhaités en cliquant sur leur curseur /.

4. Pour fournir des informations personnelles, comme vos goûts culinaires ou des dates importantes à vos yeux, oubliez le panneau **Paramètres** et touchez ou cliquez dans la zone de Cortana dans la barre des tâches, puis sur l'icône **Carnet de notes** en haut de la colonne gauche du panneau.

5. Touchez ou cliquez sur la rubrique ou l'aspect que vous voulez personnaliser.

6. En fonction de votre choix à l'étape 5, tapez les renseignements demandés ou sélectionnez les options souhaitées.

5 MIN

NIVEAU :

1

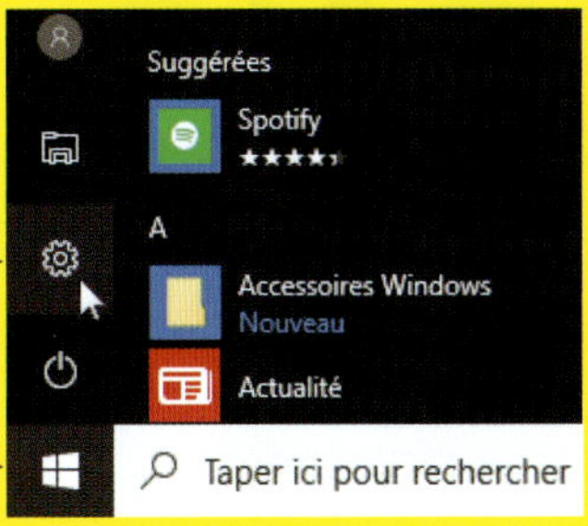

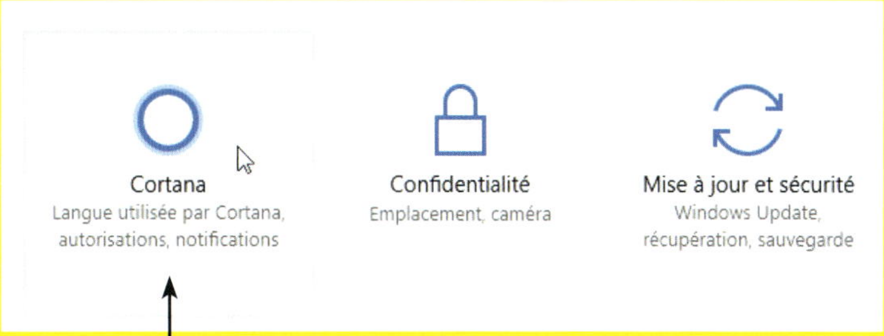

2

3

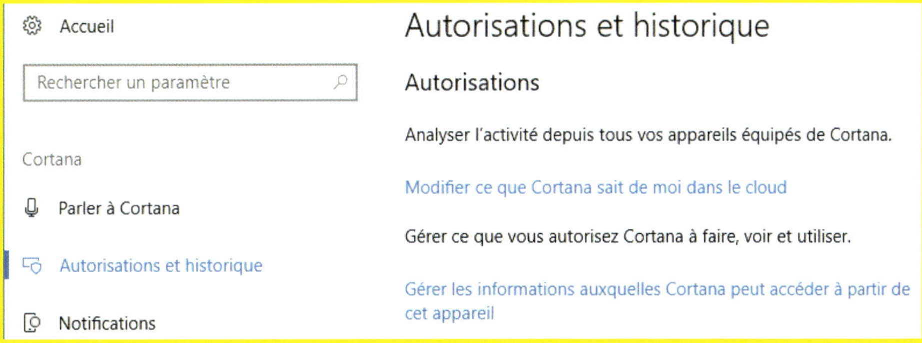

4

5

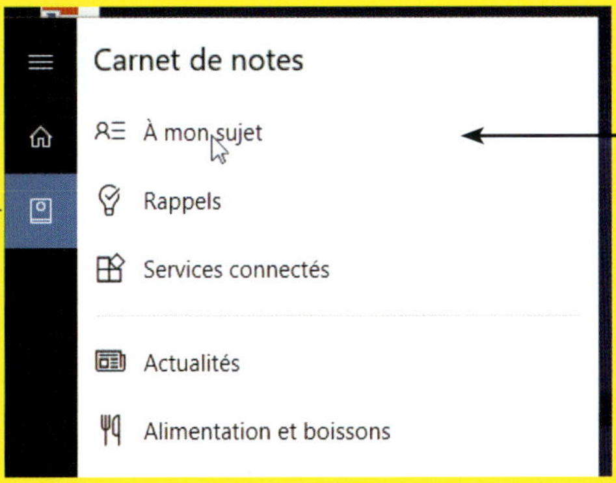

6

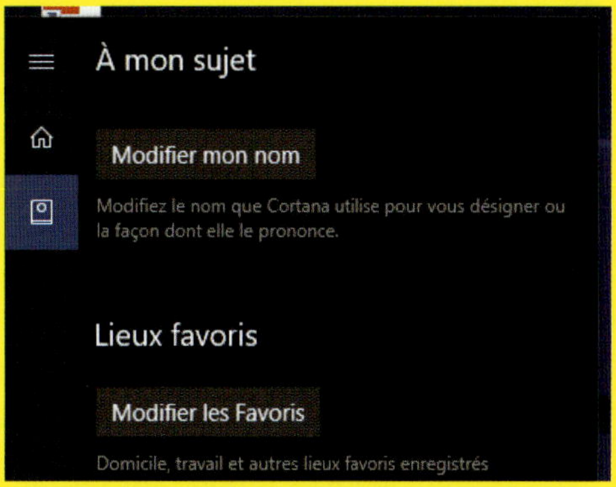

UTILISER LE CENTRE DE NOTIFICATIONS

❶ Pour ouvrir le Centre de notifications, touchez ou cliquez sur son icône à la fin de la barre des tâches.

Quand le Centre de notifications renferme des notifications, son icône affiche leur nombre dans un rond.

❷ Le Centre de notifications apparaît et affiche, en haut, les dernières notifications : pour accéder à la fonctionnalité correspondant à l'une d'entre elles, touchez ou cliquez sur la notification concernée.

Par exemple, si une notification informe de la réception d'un courriel, la toucher ou cliquer dessus ouvre ce message dans l'application Courrier. Et si une notification alerte sur un problème de sécurité, la toucher ou cliquer dessus démarre aussitôt le programme en cause.

❸ La partie inférieure du Centre de notifications est occupée par des vignettes qui matérialisent chacune une fonctionnalité : selon que cette dernière est activée ou non, sa vignette apparaît bleue ou grise. Pour activer ou désactiver une fonctionnalité, touchez ou cliquez sur sa vignette, simplement.

Par exemple, si vous voulez que Windows puisse déterminer votre position géographique pour vous fournir automatiquement la météo ou l'actualité de votre région, la localisation doit être activée et, donc, la vignette correspondante, bleue.

1 MIN

NIVEAU :

Exécution automatique
Lexar (F:)
Cliquez pour sélectionner l'action à exécuter avec lecteurs amovibles.
23:18
Réduire
Tout effacer
Mode tablette
Réseau
Tous les paramètres
Mode Avion
Emplacement
Ne pas déranger
10%
VPN
Économiseur de batterie
Projeter
Connecter
Point d'accès sans fil mobile
Éclairage nocturne
23:20
29/08/2017
2
3
1
Windows Store
tripwolf - votre guide de voyage
L'installation vient de s'achever. Voyez par vous-même.
mercredi
Puzzles Magiques
L'installation vient de s'achever. Voyez par vous
mardi
Hub de commentaires
Allez-vous recommander votre application
Réduire
Tout effacer
Mode tablette
Réseau
Tous les paramètres
Mode Avion
Emplacement
Ne pas déranger
10%
VPN
Économiseur de batterie
Projeter
Connecter
Point d'accès sans fil mobile
Éclairage nocturne
23:10
31/08/2017
1

UTILISER LE MICROSOFT STORE

❶ Touchez ou cliquez sur l'icône du *Microsoft Store* vers le début de la barre des tâches.

❷ Le magasin en ligne de Microsoft apparaît : si vous connaissez déjà le nom du film, de l'application, du jeu ou autre qui vous intéresse, tapez-le dans la zone **Rechercher**, en haut à droite.

❸ Sinon, en haut, touchez ou cliquez sur le type de produit recherché.

❹ Parcourez les produits proposés : vous pouvez explorer n'importe quelle rubrique en touchant ou cliquant sur **Afficher tout**, à droite.

❺ Pour consulter un genre musical ou type spécifique d'applications, par exemple, touchez ou cliquez sur la rubrique souhaitée, tout en bas de la page.

❻ Quand un produit vous plaît, touchez ou cliquez sur sa vignette.

❼ La page du produit s'affiche : agissez en fonction des options proposées, comme une location pour un film ou un téléchargement pour une application gratuite.

5 MIN

NIVEAU :

Posez-moi une question.

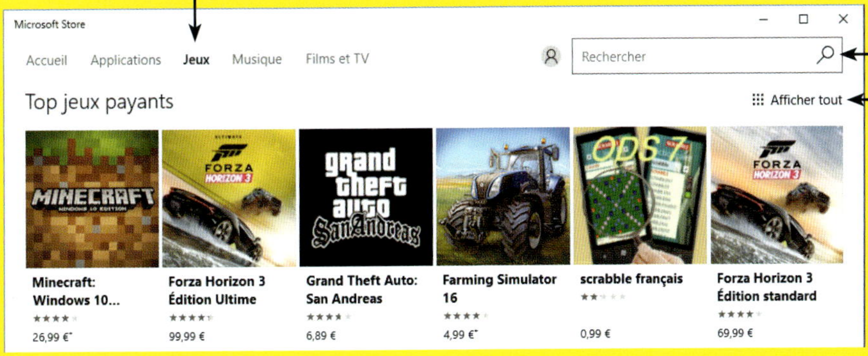
Microsoft Store
Accueil
Applications
Jeux
Musique
Films et TV
Rechercher
Top jeux payants
Afficher tout
Minecraft: Windows 10...
26,99 €*
Forza Horizon 3 Édition Ultime
99,99 €
Grand Theft Auto: San Andreas
6,89 €
Farming Simulator 16
4,99 €*
scrabble français
0,99 €
Forza Horizon 3 Édition standard
69,99 €

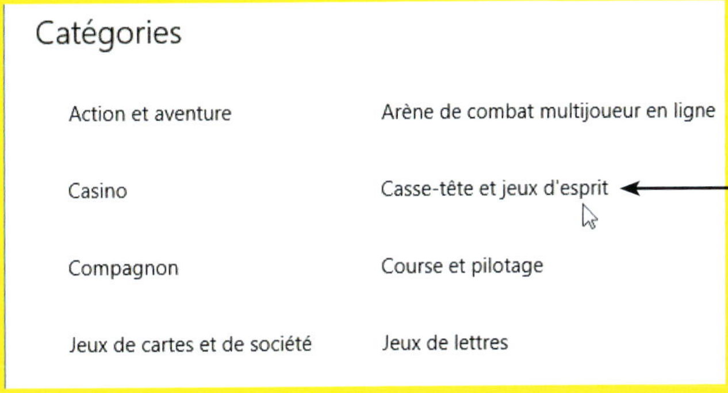
Catégories
Action et aventure
Arène de combat multijoueur en ligne
Casino
Casse-tête et jeux d'esprit
Compagnon
Course et pilotage
Jeux de cartes et de société
Jeux de lettres

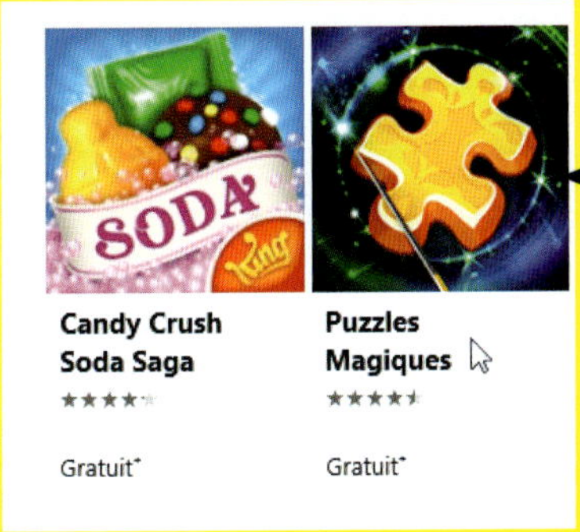
Candy Crush Soda Saga
Gratuit*
Puzzles Magiques
Gratuit*

Puzzles Magiques
ZiMAD
1 505
Gratuit*
Obtenir
Hub de jeux
Partager
+ Offre des achats in-app

CHAPITRE 3

PROGRAMMES ET APPLICATIONS

Les programmes et les applications seront vos compagnons de tous les instants, car vous ne pourrez accomplir aucune tâche concrète sans eux : impossible d'échanger des messages sans l'application Courrier, d'écouter une chanson sans Groove Musique, ou de faire un achat en ligne sans Edge !

- Démarrer et fermer une application ou un programme
- Parcourir le contenu d'une fenêtre
- Agir dans une application ou un programme
- Déplacer et redimensionner une fenêtre
- Utiliser plusieurs applications et programmes à la fois
- Créer et enregistrer un fichier
- Ouvrir et fermer un fichier
- Imprimer ou numériser un document ou une photo

OUVRIR UNE APPLICATION OU UN PROGRAMME

1. Si le programme ou l'application à ouvrir possède une icône sur le bureau, tapotez ou double-cliquez sur cette dernière.
2. S'il ou elle possède une icône dans la barre des tâches, vous pouvez aussi toucher ou cliquer sur cette icône.
3. Et si aucune icône ne représente l'application ou le programme, touchez ou cliquez sur le bouton **Démarrer** au début de la barre des tâches, puis sur le nom ou la vignette de l'application ou du programme.

Pour accéder aux noms et vignettes masqués, faites défiler la liste centrale ou l'échiquier en la/le balayant vers le haut ou en utilisant les barres de défilement qui apparaissent quand vous pointez le menu avec la souris.

4. Si l'application ou le programme convoité reste introuvable, commencez à taper son nom dans la zone de Cortana, au début de la barre des tâches, puis touchez ou cliquez sur le nom attendu dès qu'il apparaît.
5. L'application ou le programme s'ouvre sur le bureau, dans un panneau rectangulaire appelé *fenêtre*. Si son icône figurait déjà dans la barre des tâches, un trait bleu apparaît dans sa partie inférieure ; sinon, une nouvelle icône dotée de ce même trait bleu s'installe dans cette barre.

1 MIN

NIVEAU :

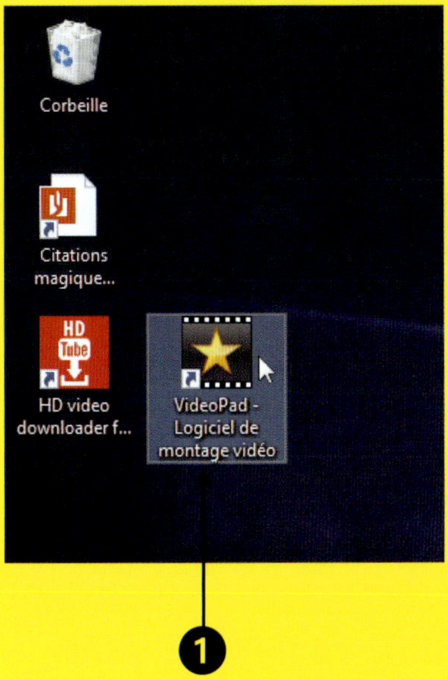
Corbeille
Citations magique...
HD video downloader f...
VideoPad - Logiciel de montage vidéo
1

Feedback Hub
Films et TV
Finance
Fonctionnalités optionnelles
Fresh Paint
Get Office
Groove Music
HD video downloader for Youtube
Horloge mondiale
iCloud
Instants vidéos
Intel AT Service
Coup d'oeil sur les activités
mercredi 30
Courrier
Microsoft Edge
Photos
Cortana
Cassis
Lecteur
Windows Store
Jouer et explorer
Xbox
Groove Music
Films et TV
Le mobile, futur de la publicité digitale
L'info qu'il ne fallait pas manquer ce mercredi
Taper ici pour rechercher
3
2

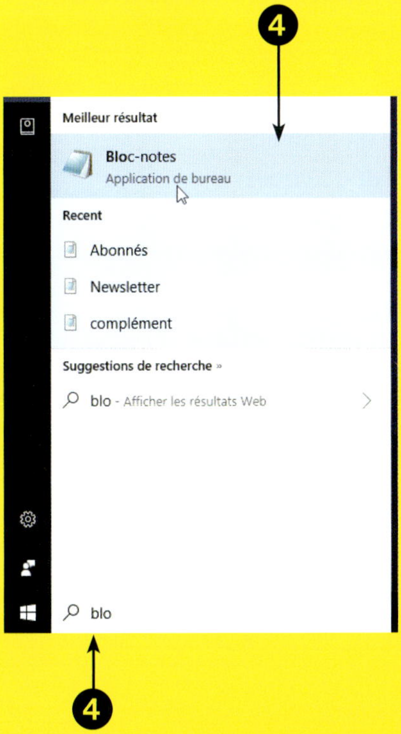
4
Meilleur résultat
Bloc-notes
Application de bureau
Recent
Abonnés
Newsletter
complément
Suggestions de recherche
blo - Afficher les résultats Web
blo

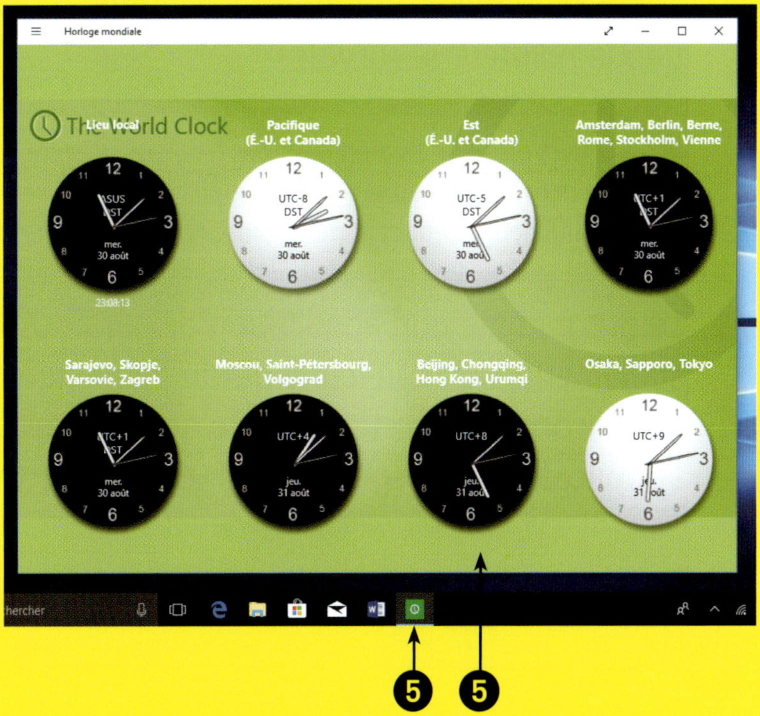
Horloge mondiale
The World Clock
Lieu local
Pacifique (É.-U. et Canada)
Est (É.-U. et Canada)
Amsterdam, Berlin, Berne, Rome, Stockholm, Vienne
Sarajevo, Skopje, Varsovie, Zagreb
Moscou, Saint-Pétersbourg, Volgograd
Beijing, Chongqing, Hong Kong, Urumqi
Osaka, Sapporo, Tokyo
5
5

FERMER UNE APPLICATION OU UN PROGRAMME

Pour économiser les ressources de votre ordinateur, a fortiori s'il s'agit d'un portable, et ne pas grever ses performances, fermez systématiquement les programmes et applications dont vous n'avez plus besoin.

1. Touchez ou cliquez sur le bouton × à la fin de la *barre de titre*, dans l'angle supérieur droit du programme ou de l'application : il rougit dès que le pointeur le survole.

Toujours présente tout en haut des fenêtres, la barre de titre indique au moins le nom du programme ou de l'application, et se termine par quelques boutons qui permettent de redimensionner, réduire et fermer cette fenêtre.

2. Le programme ou l'application disparaît du bureau, mais pas seulement : soit son icône quitte également la barre des tâches, soit cette icône perd juste le trait bleu qui indiquait que le programme ou l'application correspondant(e) était ouvert(e).

30 SEC

NIVEAU :

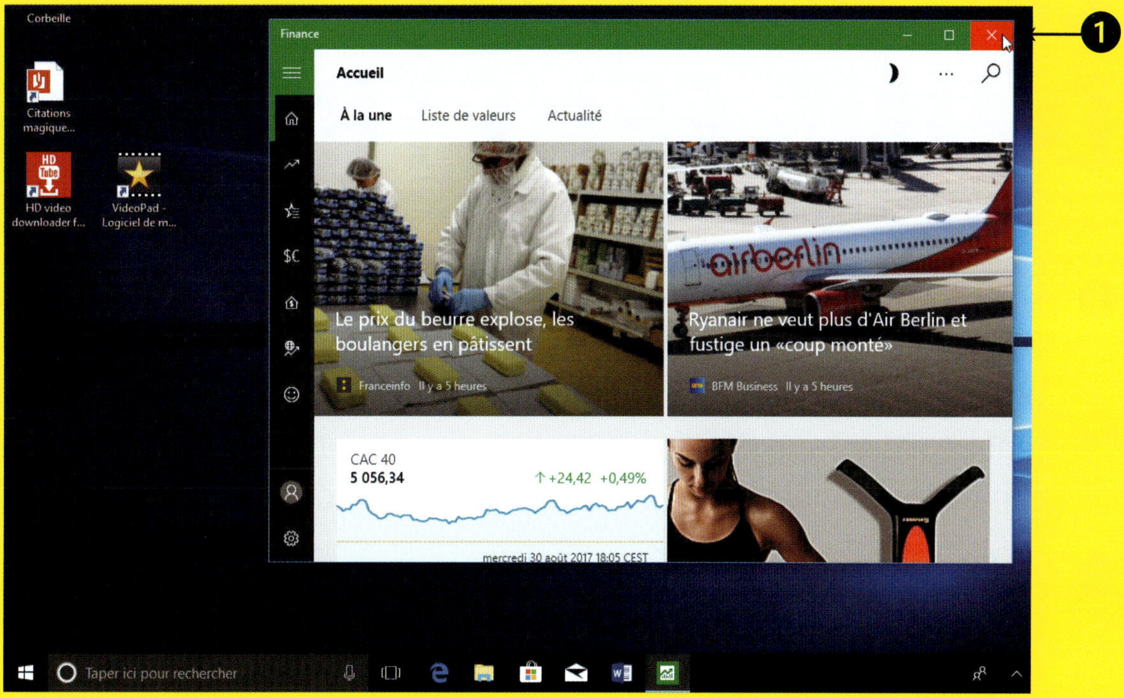

PARCOURIR LE CONTENU D'UNE FENÊTRE

❶ Quand une fenêtre est trop petite pour présenter l'intégralité de son contenu, au moins une *barre de défilement* verticale apparaît contre son bord droit automatiquement ou quand vous bougez le pointeur dans la fenêtre. Pour faire défiler lentement le contenu de la fenêtre, touchez ou cliquez sur la flèche qui débute ou termine la barre de défilement.

❷ Pour parcourir rapidement le contenu de la fenêtre, faites glisser le rectangle central (le *curseur de défilement*) de la barre de défilement dans le sens requis.

❸ Si vous possédez un écran tactile, vous pouvez aussi vous contenter de balayer le contenu de la fenêtre.

❹ Outre un défilement, la plupart des fenêtres permettent d'agrandir et de réduire l'affichage de diverses manières (tout dépend de l'application ou du programme en cours) :

- en écartant et pinçant l'écran tactile, respectivement ;

- en utilisant le *curseur de zoom*, visible en permanence ou situé dans un menu ;

- en touchant ou cliquant sur l'icône + ou -.

45 SEC **NIVEAU :**

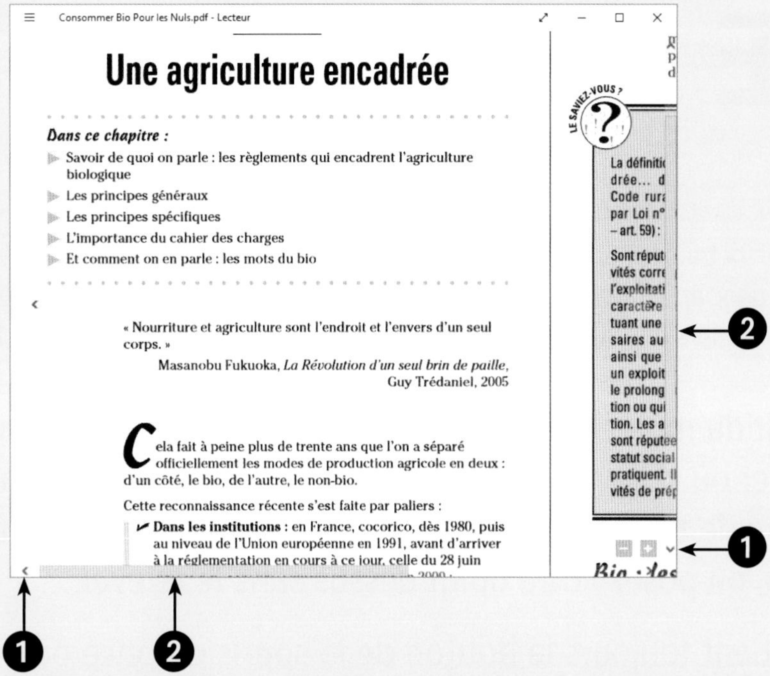

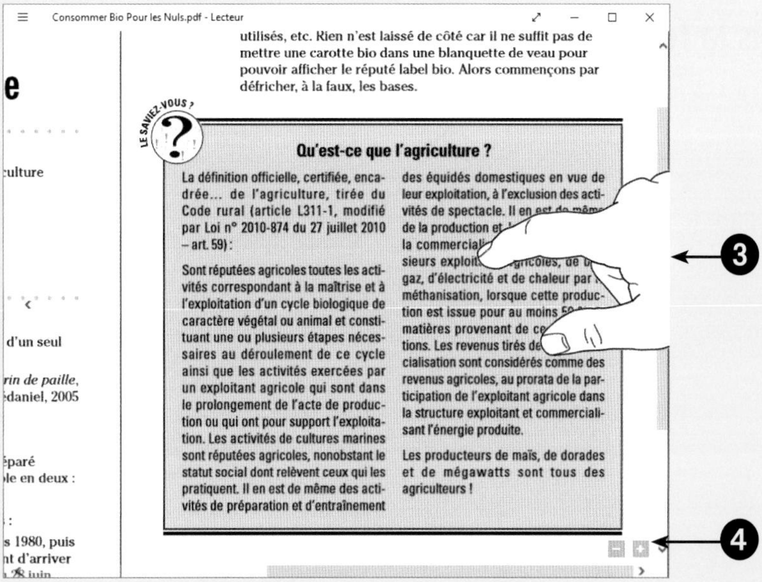

DÉPLACER UNE FENÊTRE

Une fenêtre peut être soit *flottante*, et n'occuper alors qu'une partie de l'écran (laissant donc apparaître une partie du bureau), soit *agrandie au maximum*, et s'accaparer alors absolument tout l'espace (masquant donc totalement le bureau).

1. À partir du moment où une fenêtre est flottante, vous pouvez la déplacer où bon vous semble : cliquez dans une zone sans boutons de sa barre de titre, tout en haut, mais sans relâcher le bouton de la souris à la fin, ou posez votre doigt dessus sans le relever.
2. En gardant toujours le bouton de la souris enfoncé ou votre doigt sur l'écran, faites glisser la fenêtre à l'endroit souhaité.
3. Une fois la fenêtre à destination, relâchez le bouton ou relevez votre doigt.

30 SEC

NIVEAU :

❶ ❷

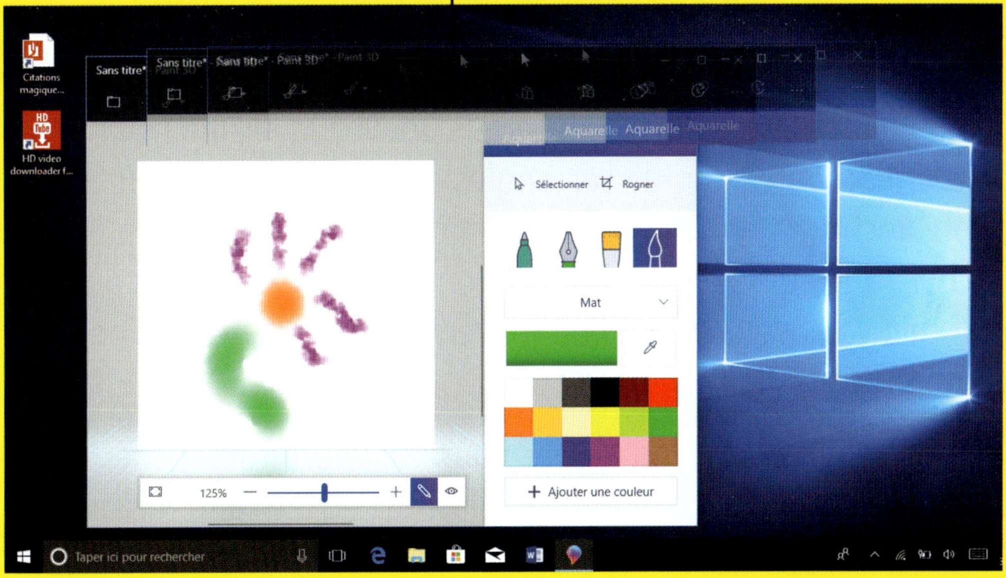

❸

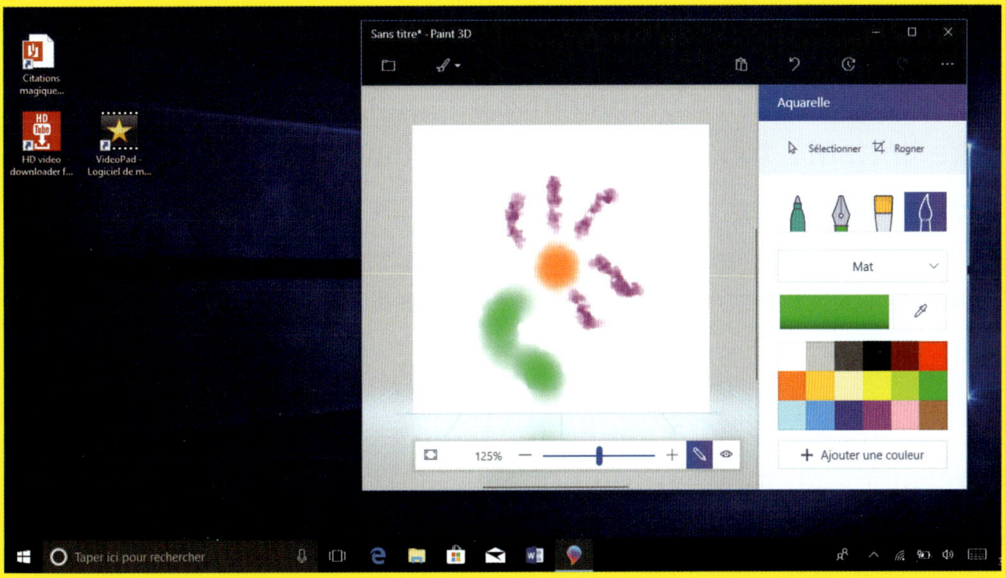

REDIMENSIONNER UNE FENÊTRE

1. Quand une fenêtre est flottante, vous pouvez la redimensionner librement : pointez l'un de ses angles et, quand le pointeur devient une double flèche, enfoncez le bouton gauche de la souris puis, sans le relâcher, faites glisser l'angle de la fenêtre vers l'extérieur ou l'intérieur, selon que vous voulez agrandir ou réduire cette fenêtre. Une fois celle-ci à la bonne taille, relâchez le bouton.

   Si vous possédez un écran tactile, vous pouvez aussi toucher un angle de la fenêtre puis, en gardant le contact avec l'écran, faire glisser votre doigt dans le sens approprié, jusqu'à ce que la fenêtre ait la taille souhaitée.

2. Pour agrandir au maximum une fenêtre flottante, touchez ou cliquez sur l'avant-dernier bouton de sa barre de titre.

3. Pour réduire la taille d'une fenêtre agrandie au maximum et, donc, la rendre flottante, touchez ou cliquez sur l'avant-dernier bouton de la barre de titre.

> L'avant-dernier bouton de la barre de titre change d'apparence et de rôle selon que la fenêtre est flottante ou agrandie au maximum.

4. Vous pouvez aussi agrandir au maximum une fenêtre flottante, et inversement, en tapotant ou double-cliquant simplement dans une zone sans boutons de sa barre de titre.

1 MIN NIVEAU :

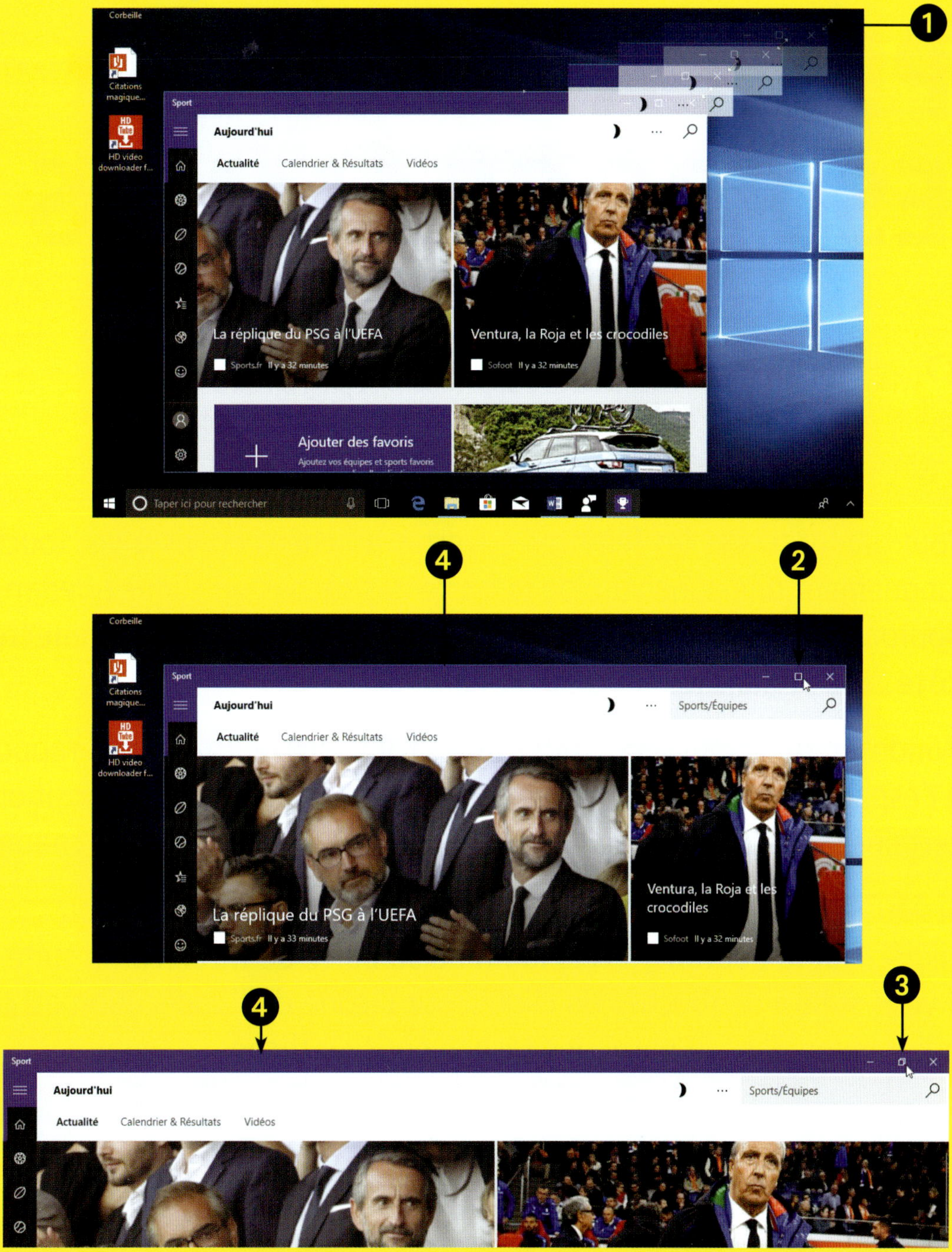
1
Corbeille
Citations magique...
HD video downloader f...
Sport
Aujourd'hui
Actualité
Calendrier & Résultats
Vidéos
La réplique du PSG à l'UEFA
Ventura, la Roja et les crocodiles
Ajouter des favoris
Taper ici pour rechercher
4
2
Sports/Équipes
3
4

JUXTAPOSER DES APPLICATIONS ET DES PROGRAMMES

Windows permet de garder plusieurs applications et programmes ouverts en même temps, mais vous ne pouvez agir que dans un(e) seul(e) à la fois : sa fenêtre est alors qualifiée d'*active*, et les autres, d'*inactives*.

1. Pour garder toutes les fenêtres ouvertes affichées en vis-à-vis, touchez longuement une zone vide de la barre des tâches ou cliquez dedans du bouton droit dans, puis touchez ou cliquez sur **Afficher les fenêtres côte à côte** dans le menu qui apparaît.

2. Windows juxtapose les fenêtres en maximisant leur taille par rapport à l'espace disponible. Si nécessaire, ajustez la taille et/ou la position de certaines fenêtres comme vous l'avez appris plus tôt dans ce chapitre.

3. Si vous souhaitez en masquer une temporairement, touchez ou cliquez sur le bouton [-] vers la fin de sa barre de titre. (Par la suite, il vous suffira de toucher ou cliquer sur l'icône de l'application ou du programme dans la barre des tâches pour réafficher sa fenêtre.)

1 MIN

NIVEAU :

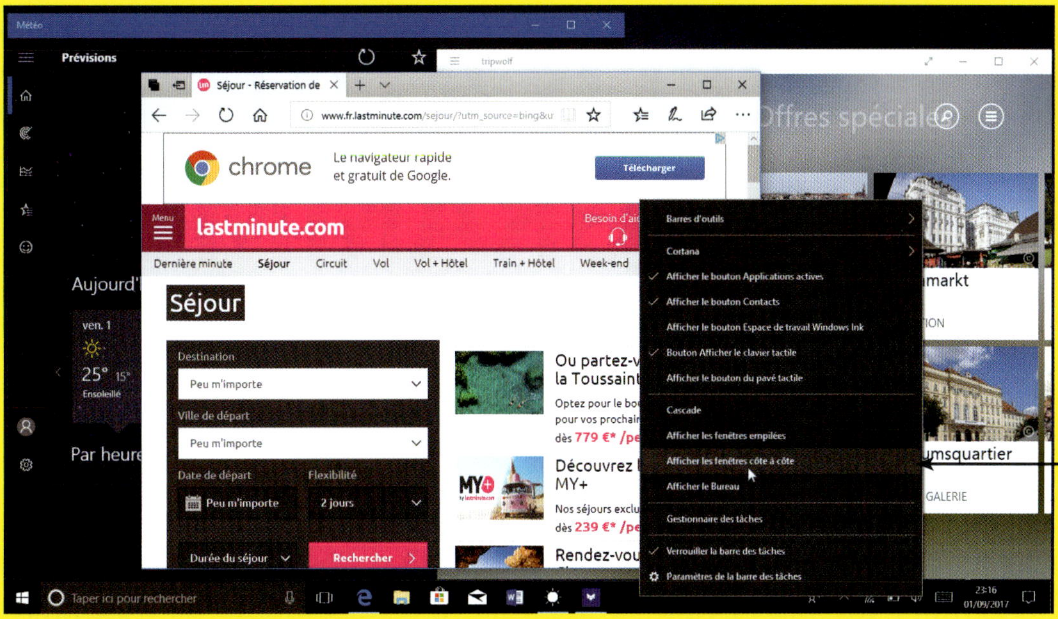

1

3

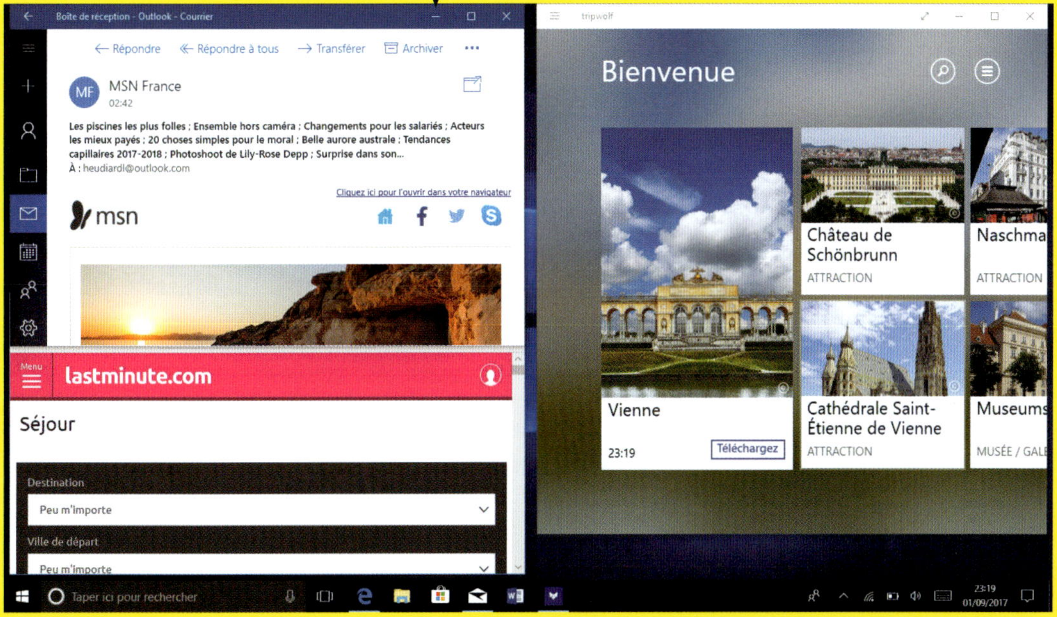

BASCULER ENTRE DES APPLICATIONS ET DES PROGRAMMES

1. Si la fenêtre du programme ou de l'application à utiliser est au moins partiellement visible, touchez-la ou cliquez dedans.

2. Sinon, touchez ou cliquez sur son icône dans la barre des tâches. Quand vous utilisez la souris, une vignette d'aperçu apparaît dès que le pointeur survole l'icône ; et lorsque plusieurs éléments sont ouverts dans l'application ou le programme, une miniature s'affiche pour chacun : touchez ou cliquez alors sur la bonne.

3. Si le programme ou l'application à atteindre est complètement masqué et si vous voulez en obtenir un grand aperçu, même avec le doigt, touchez ou cliquez sur l'icône **Applications actives** vers le début de la barre des tâches, ou balayez l'écran depuis son bord gauche vers l'intérieur.

4. Une miniature de chaque fenêtre ouverte apparaît : touchez ou cliquez sur la miniature du programme ou de l'application à utiliser.

Si vous êtes à l'aise avec le clavier, vous pouvez aussi enfoncer la touche **Alt** Alt et, sans la relâcher, appuyer sur la touche **Tab** autant de fois que nécessaires pour que la miniature du programme ou de l'application à atteindre apparaisse encadrée ; relâchez alors les deux touches.

2 MIN

NIVEAU :

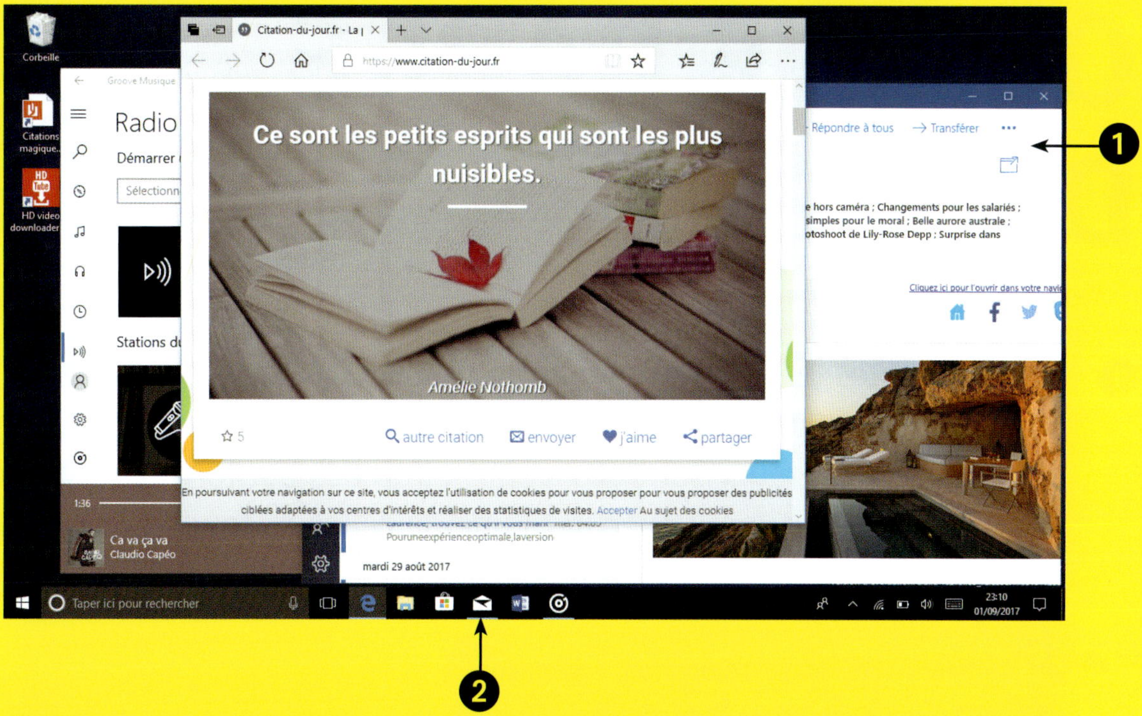
Corbeille
Citation-du-jour.fr - La p
https://www.citation-du-jour.fr
Ce sont les petits esprits qui sont les plus nuisibles.
Amélie Nothomb
autre citation
envoyer
j'aime
partager
Radio
Démarrer
Stations du
Répondre à tous
Transférer
Ca va ça va
Claudio Capéo
mardi 29 août 2017
Taper ici pour rechercher
23:10
01/09/2017
1
2

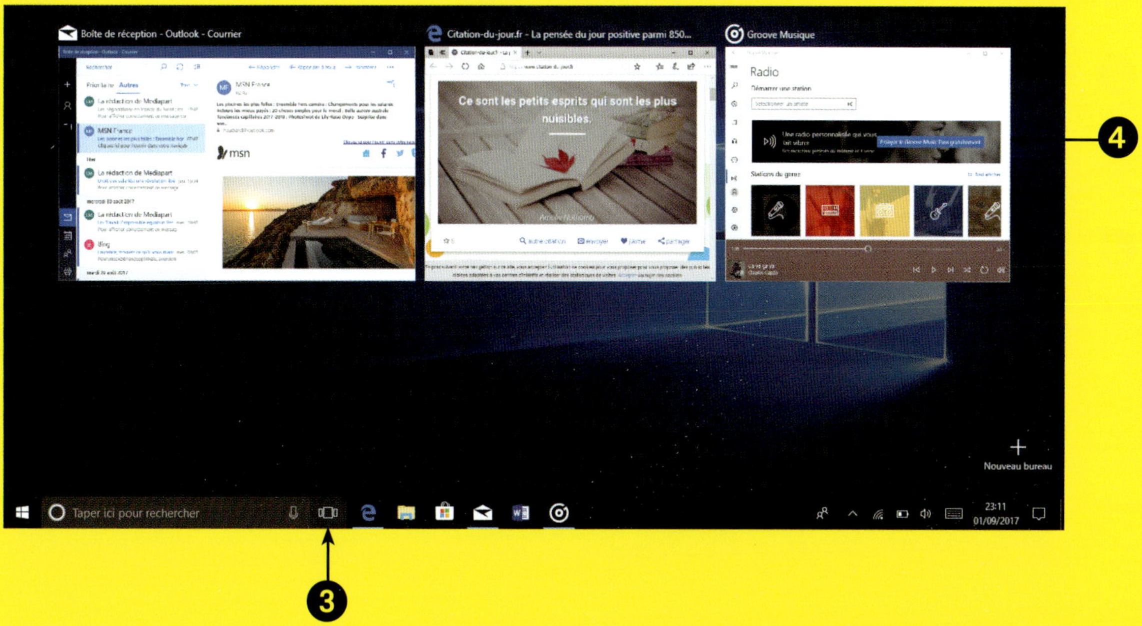
Boîte de réception - Outlook - Courrier
Citation-du-jour.fr - La pensée du jour positive parmi 850...
Groove Musique
Radio
Ce sont les petits esprits qui sont les plus nuisibles.
Nouveau bureau
Taper ici pour rechercher
23:11
01/09/2017
3
4

UTILISER LE RUBAN OU UNE BARRE D'OUTILS

❶ Presque toutes les fenêtres comportent au-dessous de leur barre de titre soit une *barre d'outils* (voire plusieurs), soit un *ruban* (mais jamais les deux), chacun(e) réunissant des icônes et/ou des boutons correspondant à des commandes : pour exécuter l'une de celles-ci, touchez ou cliquez alors sur son icône ou son bouton.

Certaines applications comportent également une barre d'outils au bas de leur fenêtre.

❷ Plus riche, le ruban classe toujours ses options thématiquement en *onglets*, semblables aux intercalaires de classeurs papier : pour en afficher un, touchez ou cliquez dessus, simplement.

❸ Dans les applications, la barre d'outils disparaît souvent au bout de quelques instants, afin de maximiser l'espace disponible pour le contenu (photo, vidéo, document PDF ou autre) : pour la réafficher, effectuez alors un toucher prolongé ou un clic du bouton droit dans la fenêtre.

1 MIN

NIVEAU :

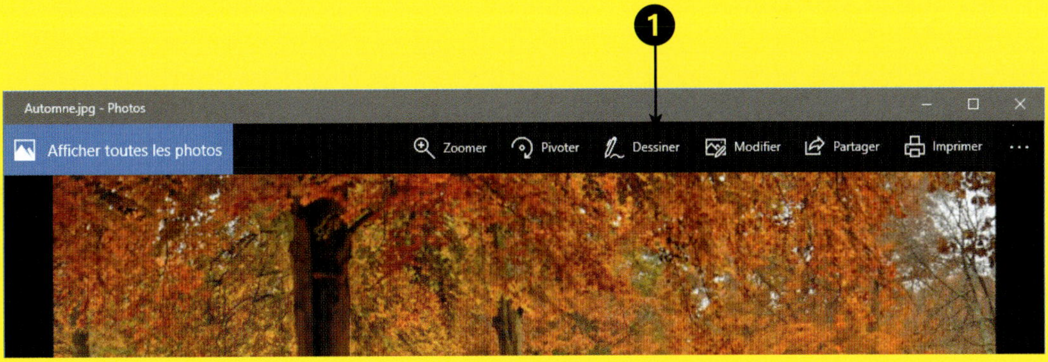
1
Automne.jpg - Photos
Afficher toutes les photos
Zoomer
Pivoter
Dessiner
Modifier
Partager
Imprimer

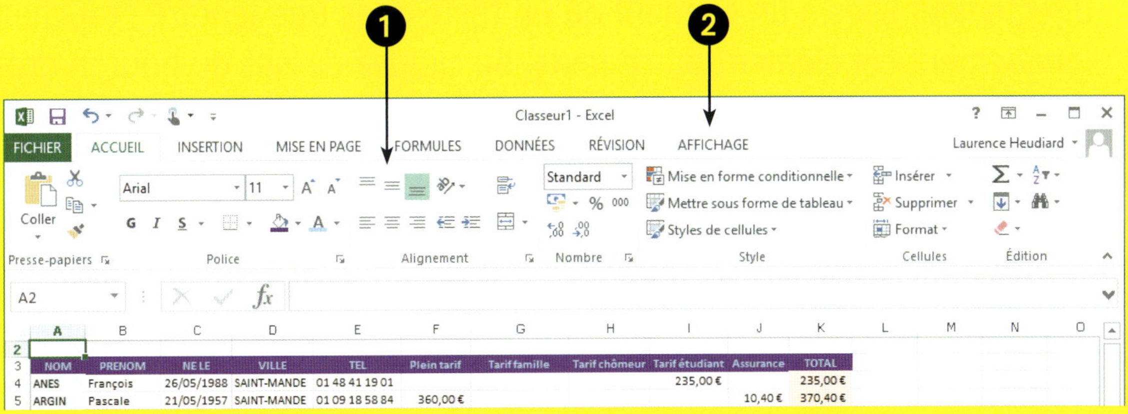
1
2
Classeur1 - Excel
FICHIER
ACCUEIL
INSERTION
MISE EN PAGE
FORMULES
DONNÉES
RÉVISION
AFFICHAGE
Laurence Heudiard
Coller
Arial
11
G I S
Standard
Mise en forme conditionnelle
Mettre sous forme de tableau
Styles de cellules
Insérer
Supprimer
Format
Presse-papiers
Police
Alignement
Nombre
Style
Cellules
Édition
A2
NOM
PRENOM
NE LE
VILLE
TEL
Plein tarif
Tarif famille
Tarif chômeur
Tarif étudiant
Assurance
TOTAL
ANES
François
26/05/1988
SAINT-MANDE
01 48 41 19 01
235,00 €
235,00 €
ARGIN
Pascale
21/05/1957
SAINT-MANDE
01 09 18 58 84
360,00 €
10,40 €
370,40 €

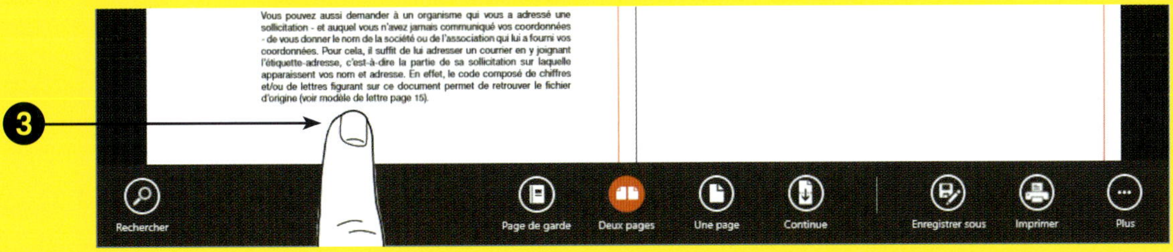
Vous pouvez aussi demander à un organisme qui vous a adressé une sollicitation - et auquel vous n'avez jamais communiqué vos coordonnées - de vous donner le nom de la société ou de l'association qui lui a fourni vos coordonnées. Pour cela, il suffit de lui adresser un courrier en y joignant l'étiquette-adresse, c'est-à-dire la partie de sa sollicitation sur laquelle apparaissent vos nom et adresse. En effet, le code composé de chiffres et/ou de lettres figurant sur ce document permet de retrouver le fichier d'origine (voir modèle de lettre page 15).
3
Rechercher
Page de garde
Deux pages
Une page
Continue
Enregistrer sous
Imprimer
Plus

UTILISER UN MENU

1. Outre les commandes visibles, beaucoup de fenêtres incluent des *menus*. Pour en afficher un, selon ce qui est disponible, touchez ou cliquez sur une icône de trois traits ☰ en haut à gauche ou de trois points ··· à la fin de la barre d'outils.

2. Touchez ou cliquez sur la commande textuelle à exécuter.

3. Souvent, vous pouvez aussi afficher un *menu contextuel* de commandes directement liées à un élément ou un texte dans une fenêtre : touchez longuement cet élément ou ce texte, ou cliquez dessus du bouton droit.

Si, après avoir déroulé un menu, vous ne voulez finalement plus exécuter de commande, touchez ou cliquez à côté de lui ou appuyez sur la touche **Echap** du clavier pour le fermer sans déclencher aucune action.

2 MIN

NIVEAU :

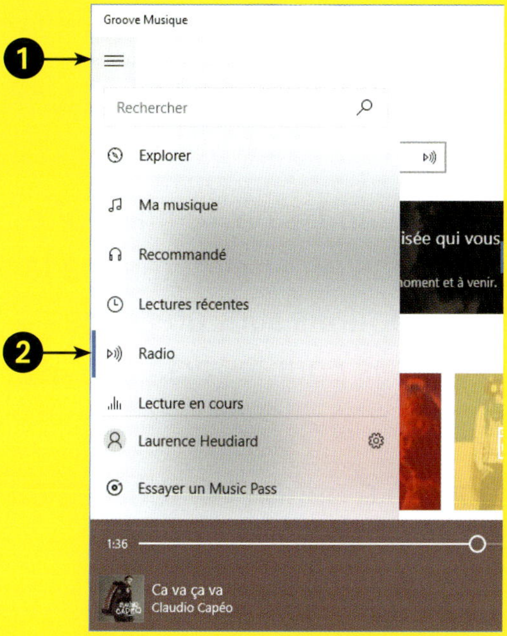

Groove Musique
Rechercher
Explorer
Ma musique
Recommandé
Lectures récentes
Radio
Lecture en cours
Laurence Heudiard
Essayer un Music Pass
1:36
Ca va ça va
Claudio Capéo

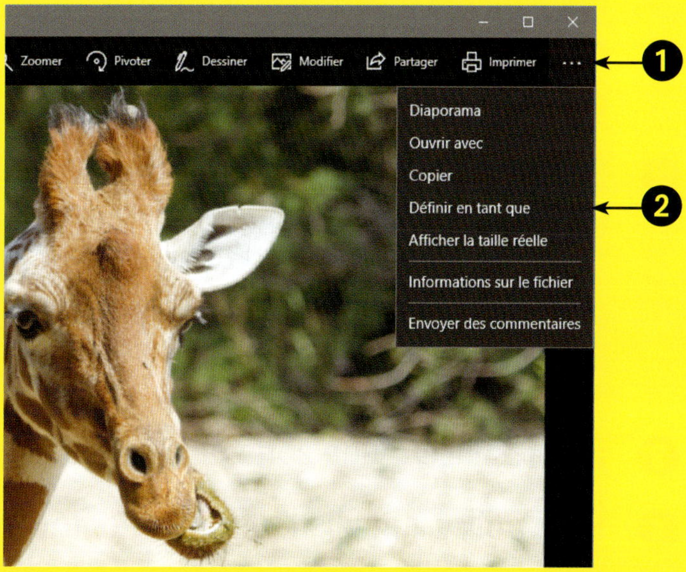

Zoomer
Pivoter
Dessiner
Modifier
Partager
Imprimer
Diaporama
Ouvrir avec
Copier
Définir en tant que
Afficher la taille réelle
Informations sur le fichier
Envoyer des commentaires

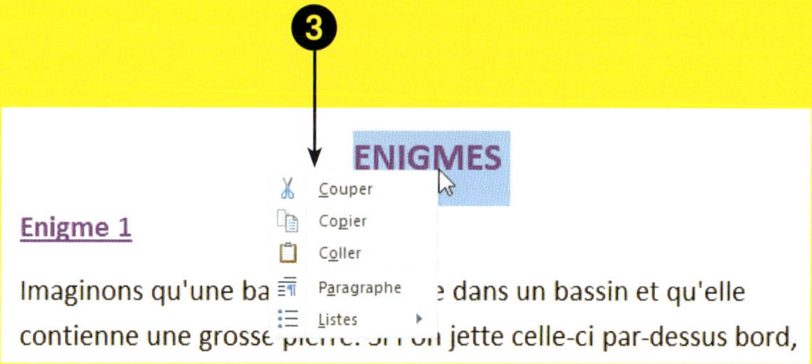

ENIGMES
Enigme 1
Couper
Copier
Coller
Paragraphe
Listes

UTILISER UNE BOÎTE DE DIALOGUE

❶ Toucher ou cliquer sur certaines icônes ou commandes ouvre une *boîte de dialogue*, qui permet de préciser à l'application ou au programme la manière d'exécuter la commande. Si certaines options sont précédées d'une case à cocher ☐, touchez ou cliquez dessus pour les activer (case cochée) ou désactiver (case vide).

❷ Si plusieurs options sont précédées d'un bouton d'option ◉, touchez ou cliquez sur celle à activer.

Vous pouvez cocher autant de cases que vous le souhaitez, mais dans un groupe de boutons d'options, vous ne pouvez en sélectionner qu'un.

❸ En présence d'une zone de texte, tapez le texte ou la valeur souhaitée.

❹ Pour utiliser une liste déroulante, touchez ou cliquez sur l'option visible, puis sur celle à activer dans la liste qui apparaît.

❺ Si la boîte de dialogue réunit plusieurs onglets, touchez ou cliquez sur celui que vous voulez afficher.

❻ Au final, touchez ou cliquez sur **OK** (voire **Confirmer** ou **Valider**) pour valider vos réglages.

Si vous ne voulez plus exécuter la commande, touchez ou cliquez sur **Annuler** ou appuyez sur la touche **Echap** [Echap] pour fermer la boîte sans déclencher aucune action.

3 MIN

NIVEAU :

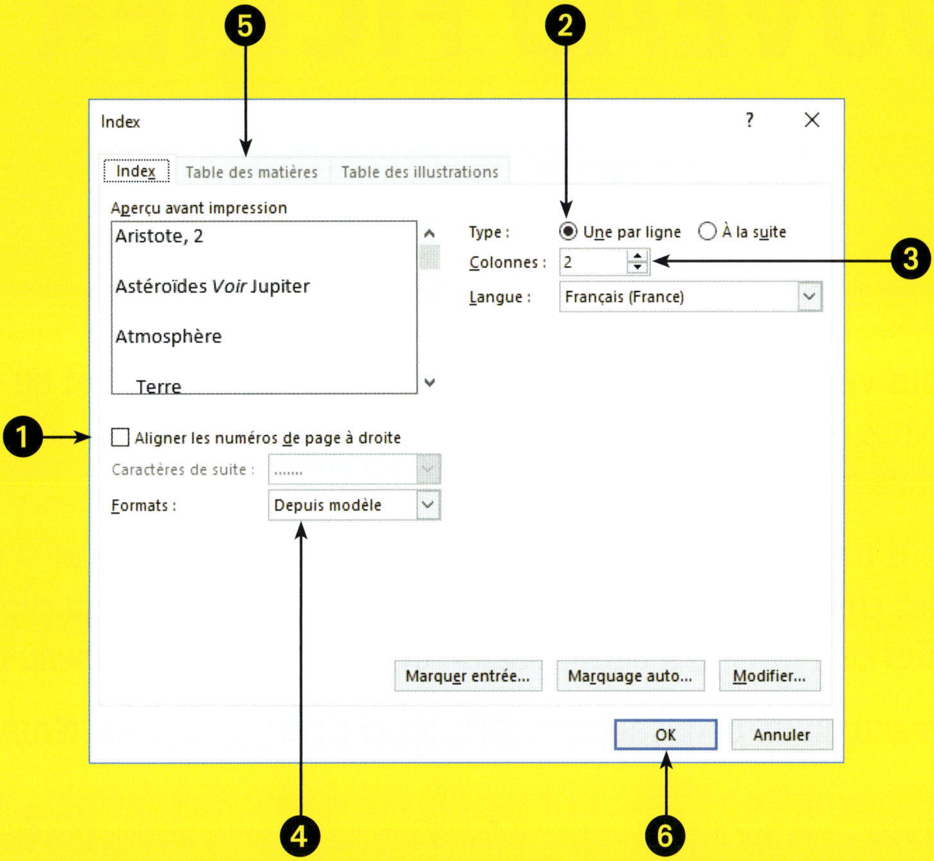
5
2
Index
?
Index
Table des matières
Table des illustrations
Aperçu avant impression
Aristote, 2
Astéroïdes *Voir* Jupiter
Atmosphère
Terre
Type :
Une par ligne
À la suite
Colonnes :
2
3
Langue :
Français (France)
1
Aligner les numéros de page à droite
Caractères de suite :
Formats :
Depuis modèle
Marquer entrée...
Marquage auto...
Modifier...
OK
Annuler
4
6

CRÉER UN NOUVEAU FICHIER

La plupart du temps, quand vous ouvrez un programme ou une application dédié(e) à la création de documents, de dessins ou de présentations, notamment, il ou elle propose déjà un fichier vierge : vous pouvez alors commencer sur-le-champ à taper du texte, dessiner, *etc.*

1. Si vous venez de démarrer le programme ou l'application et qu'il ou elle vous donne le choix entre créer un fichier ou en ouvrir un existant, touchez ou cliquez sur **Nouveau**.
2. Si vous travaillez déjà dans le programme ou l'application et si vous voulez créer un nouveau document, dessin, *etc.*, touchez ou cliquez sur **Fichier** ou l'icône qui permet de dérouler le menu ou panneau principal.
3. Un menu ou un panneau apparaît : touchez ou cliquez sur **Nouveau**.

Si vous aimez agir depuis le clavier, enfoncer simultanément les touches **Ctrl** Ctrl (en bas à gauche) et **N** permet de créer un nouveau fichier dans la plupart des programmes.

4. Soit le programme ou l'application crée directement un nouveau fichier vide, soit il ou elle vous invite à choisir un modèle : dans ce cas, touchez ou cliquez sur celui souhaité.

Attention, certain(e)s programmes et applications obligent à fermer le fichier en cours avant de pouvoir en créer un nouveau.

30 SEC NIVEAU :

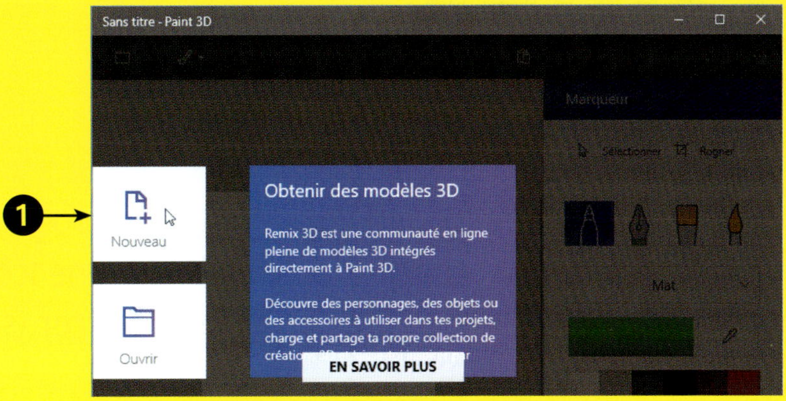

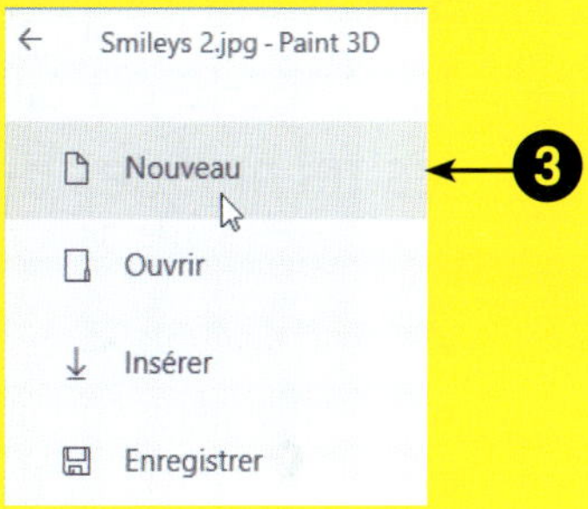

ENREGISTRER UN FICHIER

1. Pour ne pas perdre votre travail quand vous quittez un programme ou une application, enregistrez-le : touchez ou cliquez sur une icône de disquette, comme ou , ou une commande **Enregistrer** (souvent dans le menu **Fichier** ou principal).

2. La première fois, la boîte de dialogue **Enregistrer sous** s'affiche : sélectionnez l'endroit où stocker le fichier. S'il est déjà visible à gauche, touchez-le ou cliquez dessus ; sinon, naviguez jusqu'à lui en appliquant les techniques de l'Explorateur, présentées au chapitre 4.

Parfois, vous accédez à un panneau qui propose les derniers lieux d'enregistrement utilisés : si celui souhaité y figure, touchez-le ou cliquez dessus ; sinon, touchez ou cliquez sur **Parcourir** pour accéder à la boîte **Enregistrer sous**.

3. Dans la zone **Nom du fichier**, tapez un nom explicite pour votre fichier.

4. Touchez ou cliquez sur le bouton **Enregistrer**.

5. Le nom du fichier apparaît dans la barre de titre. Poursuivez votre travail, en touchant ou cliquant régulièrement sur l'icône de l'étape 1 pour enregistrer vos modifications au fur et à mesure.

Quand vos doigts sont déjà sur le clavier, vous pouvez enregistrer votre travail en enfonçant en même temps les touches **Ctrl** Ctrl (en bas à gauche) et **S**.

2 MIN

NIVEAU :

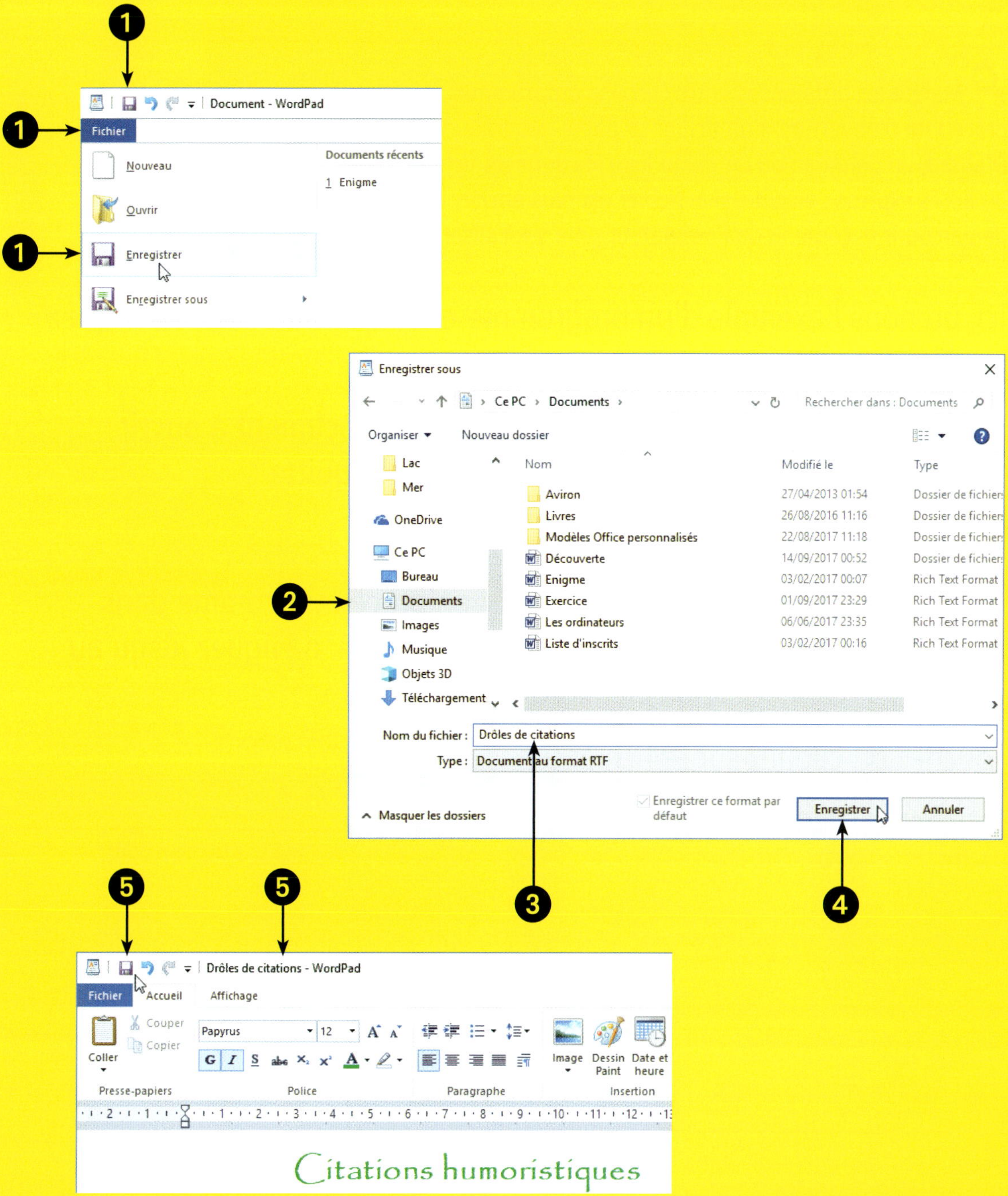
1
1
1
Document - WordPad
Fichier
Nouveau
Ouvrir
Enregistrer
Enregistrer sous
Documents récents
1 Enigme
Enregistrer sous
Ce PC › Documents ›
Rechercher dans : Documents
Organiser
Nouveau dossier
Lac
Mer
OneDrive
Ce PC
Bureau
Documents
Images
Musique
Objets 3D
Téléchargement
Nom
Modifié le
Type
Aviron
27/04/2013 01:54
Dossier de fichiers
Livres
26/08/2016 11:16
Dossier de fichiers
Modèles Office personnalisés
22/08/2017 11:18
Dossier de fichiers
Découverte
14/09/2017 00:52
Dossier de fichiers
Enigme
03/02/2017 00:07
Rich Text Format
Exercice
01/09/2017 23:29
Rich Text Format
Les ordinateurs
06/06/2017 23:35
Rich Text Format
Liste d'inscrits
03/02/2017 00:16
Rich Text Format
Nom du fichier : Drôles de citations
Type : Document au format RTF
Enregistrer ce format par défaut
Enregistrer
Annuler
Masquer les dossiers
2
3
4
5
5
Drôles de citations - WordPad
Fichier
Accueil
Affichage
Couper
Copier
Coller
Papyrus
12
Image
Dessin Paint
Date et heure
Presse-papiers
Police
Paragraphe
Insertion
Citations humoristiques

OUVRIR UN FICHIER

Malgré les différences entre certains programmes et/ou applications, la procédure d'ouverture d'un fichier se passe généralement en deux temps. D'abord, un panneau ou un menu liste les derniers fichiers consultés, y offrant un accès express ; ensuite, si le fichier est plus ancien, une commande permet de parcourir le contenu de l'ordinateur pour y localiser le fichier convoité.

1. Ici, prenons l'exemple d'un programme classique : touchez ou cliquez sur **Fichier**.
2. Un panneau ou menu apparaît : s'il affiche le document à ouvrir, touchez celui-ci ou cliquez dessus, et vous êtes quitte.
3. Sinon, touchez ou cliquez sur **Ouvrir**.
4. La boîte de dialogue **Ouvrir** apparaît : en procédant comme dans l'Explorateur que vous découvrirez au chapitre 4, naviguez jusqu'au dossier qui contient le précieux fichier.
5. Touchez ou cliquez sur le fichier.
6. Touchez ou cliquez sur **Ouvrir**.

2 MIN

NIVEAU :

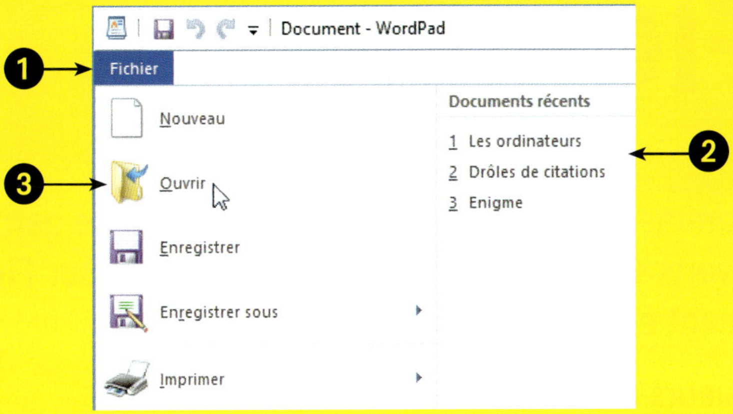
Document - WordPad
1
Fichier
Nouveau
3
Ouvrir
Enregistrer
Enregistrer sous
Imprimer
Documents récents
1 Les ordinateurs
2 Drôles de citations
3 Enigme
2

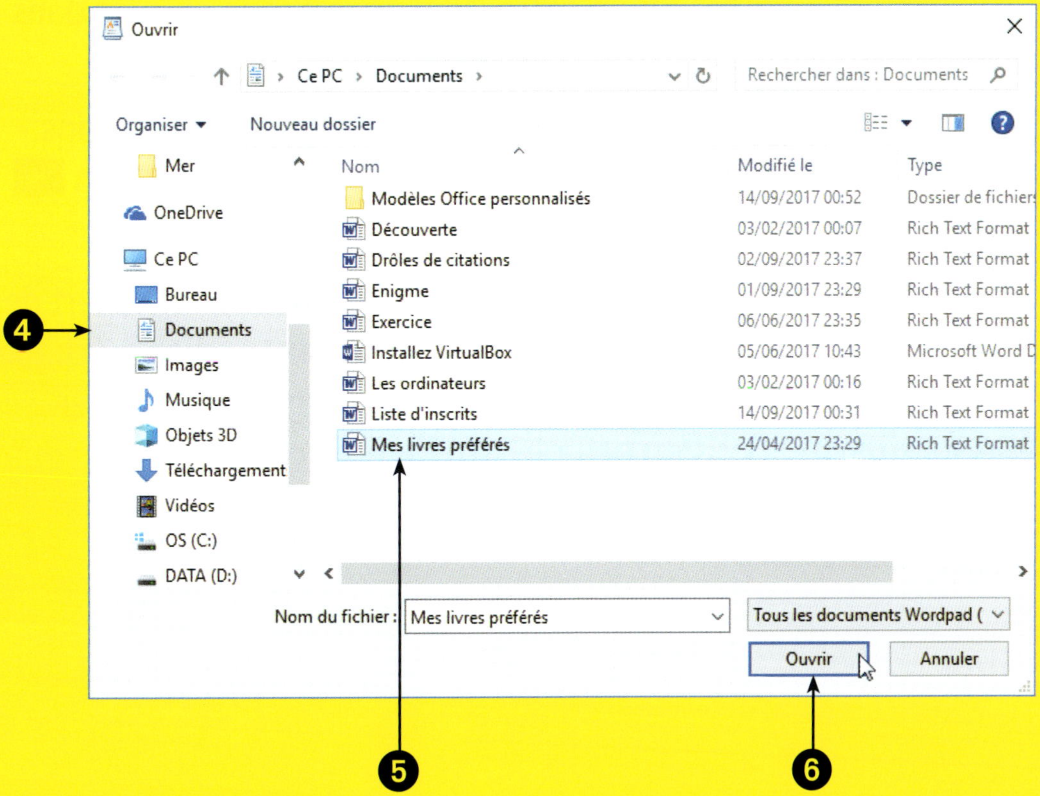
Ouvrir
Ce PC › Documents ›
Rechercher dans : Documents
Organiser
Nouveau dossier
Mer
OneDrive
Ce PC
Bureau
4
Documents
Images
Musique
Objets 3D
Téléchargement
Vidéos
OS (C:)
DATA (D:)
Nom
Modifié le
Type
Modèles Office personnalisés 14/09/2017 00:52 Dossier de fichiers
Découverte 03/02/2017 00:07 Rich Text Format
Drôles de citations 02/09/2017 23:37 Rich Text Format
Enigme 01/09/2017 23:29 Rich Text Format
Exercice 06/06/2017 23:35 Rich Text Format
Installez VirtualBox 05/06/2017 10:43 Microsoft Word D
Les ordinateurs 03/02/2017 00:16 Rich Text Format
Liste d'inscrits 14/09/2017 00:31 Rich Text Format
Mes livres préférés 24/04/2017 23:29 Rich Text Format
Nom du fichier :
Mes livres préférés
Tous les documents Wordpad (
Ouvrir
Annuler
5
6

FERMER UN FICHIER

1. Si le programme ou l'application en cours permet de garder plusieurs fichiers ouverts simultanément, touchez ou cliquez sur **Fichier** (généralement en haut à gauche), puis sur **Fermer**.

2. Sinon, plusieurs alternatives possibles :

   - si vous voulez rester dans le programme ou l'application, créez un nouveau fichier ou ouvrez-en un autre, comme expliqué plus tôt dans ce chapitre ;

   - si vous n'avez plus besoin du programme ou de l'application dans l'immédiat, quittez-le ou la en touchant ou cliquant sur le bouton  à la fin de la barre de titre.

3. Dans tous les cas, si vous n'avez pas enregistré le fichier, la plupart des programmes et applications vous invitent à le faire : touchez ou cliquez alors sur **Oui** dans le message qui apparaît et enregistrez le fichier comme vous l'avez appris un peu plus tôt dans ce chapitre.

30 SEC

NIVEAU :

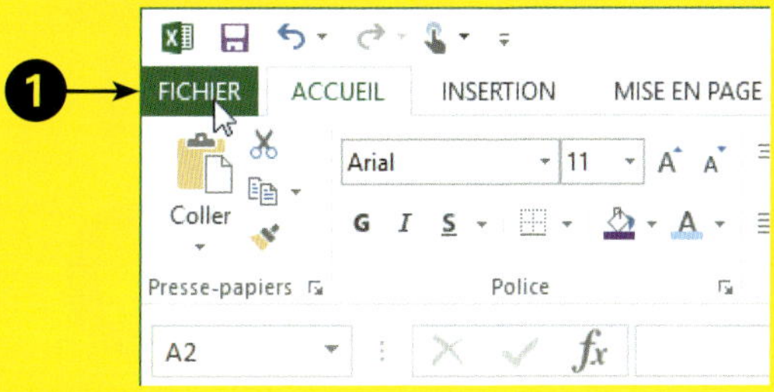

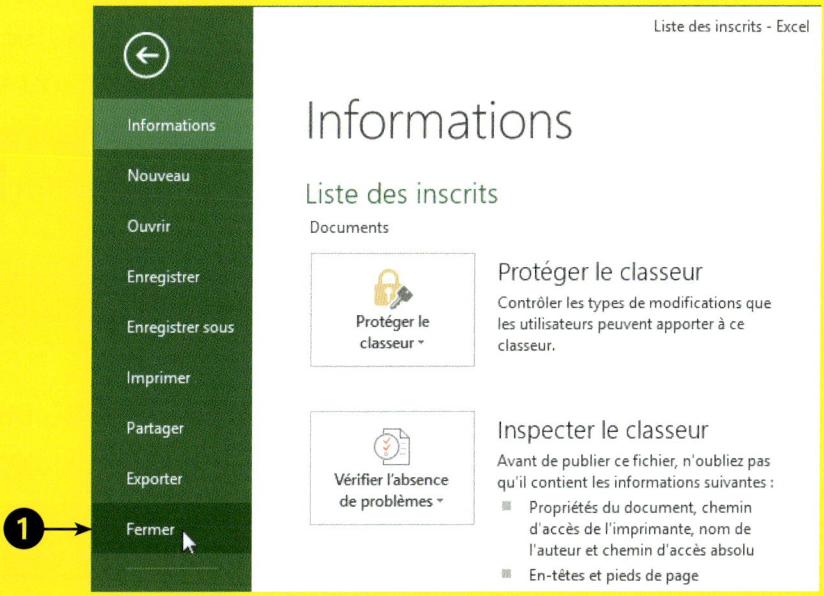

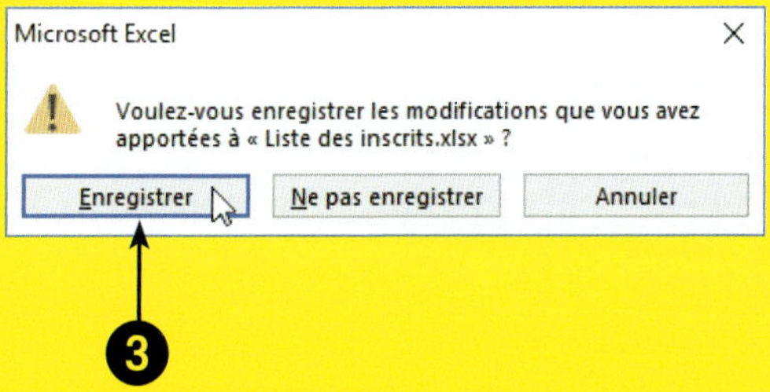

IMPRIMER UN DOCUMENT OU UNE PHOTO

1. Après avoir ouvert le document, la page Web, la photo ou autre à imprimer, touchez ou cliquez sur **Fichier**, en haut à gauche, ou sur l'icône des trois points ···, à la fin de la barre d'outils, puis sur **Imprimer**. En l'absence de menu, touchez ou cliquez sur l'icône d'impression.

Dans la plupart des programmes et applications, vous pouvez éviter les détours par les menus en enfonçant en même temps les touches **Ctrl** Ctrl (en bas à gauche) et **P**.

2. Parfois, une boîte de dialogue apparaît. Mais le plus souvent, un panneau s'ouvre et donne un aperçu du résultat imprimé : si celui-ci vous convient, passez à l'étape 3 ; sinon, appuyez sur la touche **Echap** Echap du clavier pour revenir au fichier et apportez les modifications souhaitées.

3. Paramétrez l'impression : sélectionnez l'imprimante à utiliser et indiquez notamment l'orientation souhaitée pour les feuilles, le nombre d'exemplaires, et si vous préférez une impression en noir et blanc.

4. Si certaines options sont masquées, touchez ou cliquez sur **Préférences** ou **Autres paramètres**.

5. Touchez ou cliquez sur le bouton **Imprimer**.

2 MIN

NIVEAU :

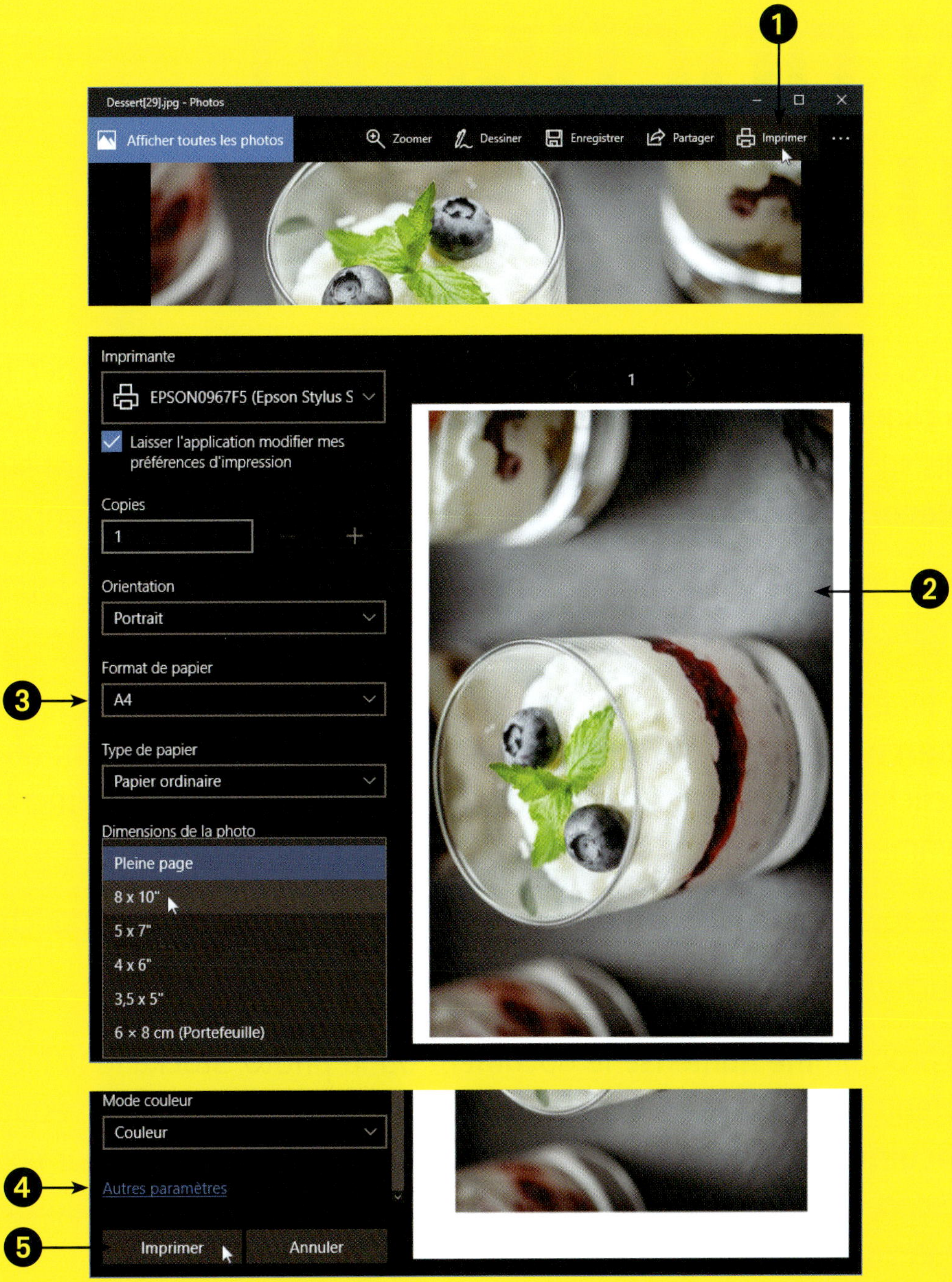
1
Dessert[29].jpg - Photos
Afficher toutes les photos
Zoomer
Dessiner
Enregistrer
Partager
Imprimer
Imprimante
EPSON0967F5 (Epson Stylus S
Laisser l'application modifier mes préférences d'impression
Copies
1
Orientation
Portrait
Format de papier
A4
Type de papier
Papier ordinaire
Dimensions de la photo
Pleine page
8 x 10"
5 x 7"
4 x 6"
3,5 x 5"
6 × 8 cm (Portefeuille)
2
3
Mode couleur
Couleur
Autres paramètres
4
5
Imprimer
Annuler

NUMÉRISER UN DOCUMENT OU UNE PHOTO

1. Après avoir placé le document ou la photo sur la vitre du scanner, touchez ou cliquez sur le bouton **Démarrer** au début de la barre des tâches, puis sur **Accessoires Windows** dans la liste des applications, et sur **Télécopie et numérisation Windows** dans la sous-liste qui apparaît.
2. Le programme Télécopie et numérisation Windows démarre : touchez ou cliquez sur **Nouvelle numérisation**.
3. La fenêtre **Nouvelle numérisation** s'ouvre : touchez ou cliquez sur **Aperçu** et observez la zone d'aperçu, à droite : si le document ou le cliché est mal placé, repositionnez-le sur la vitre et réexécutez la commande **Aperçu**.
4. Une fois satisfait, configurez le scan grâce aux options à sa gauche.
5. Touchez ou cliquez sur **Numériser**.
6. Le programme numérise le document ou la photo, stocke le fichier obtenu dans le dossier **Documents numérisés** de la bibliothèque **Documents** et en affiche un aperçu au bas de la fenêtre. Pour consulter le scan, tapotez ou double-cliquez sur son nom dans la liste au-dessus de la zone de visualisation.

2 MIN

NIVEAU :

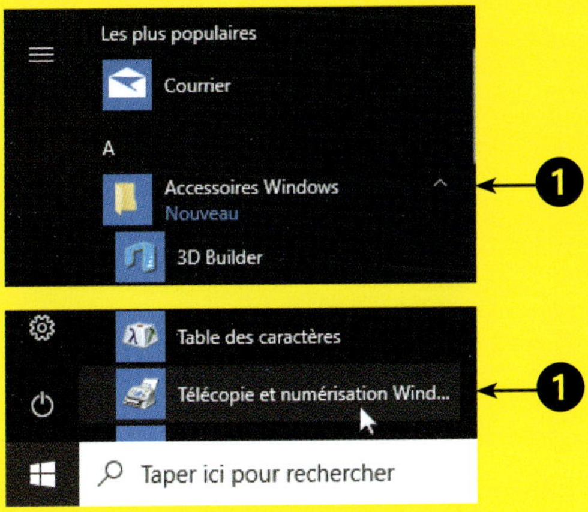
Les plus populaires
Courrier
A
Accessoires Windows
Nouveau
3D Builder
1
Table des caractères
Télécopie et numérisation Wind...
1
Taper ici pour rechercher

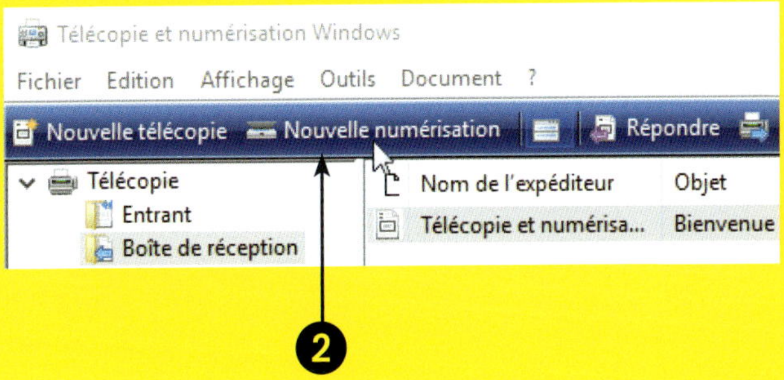
Télécopie et numérisation Windows
Fichier
Edition
Affichage
Outils
Document
?
Nouvelle télécopie
Nouvelle numérisation
Répondre
Télécopie
Entrant
Boîte de réception
Nom de l'expéditeur
Objet
Télécopie et numérisa...
Bienvenue
2

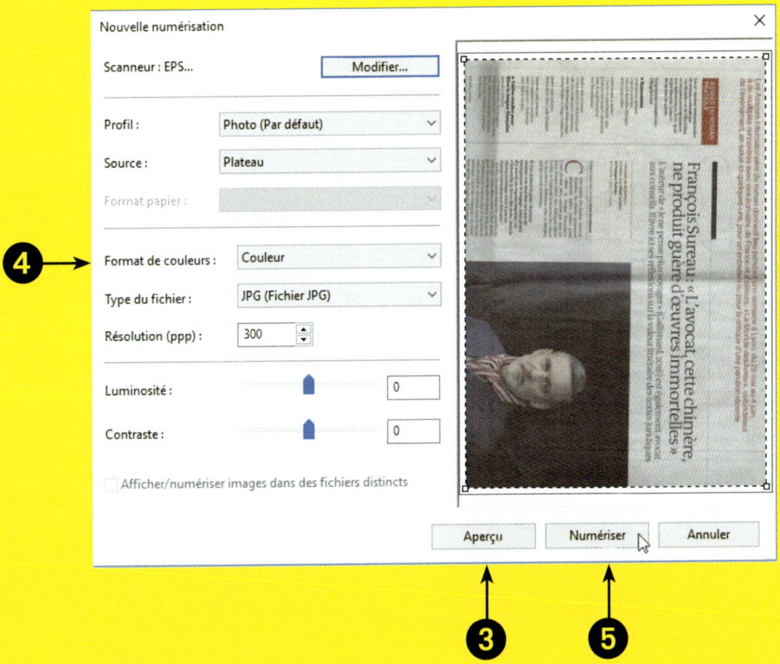
Nouvelle numérisation
Scanneur : EPS...
Modifier...
Profil :
Photo (Par défaut)
Source :
Plateau
Format papier :
4
Format de couleurs :
Couleur
Type du fichier :
JPG (Fichier JPG)
Résolution (ppp) :
300
Luminosité :
0
Contraste :
0
Afficher/numériser images dans des fichiers distincts
Aperçu
Numériser
Annuler
3
5

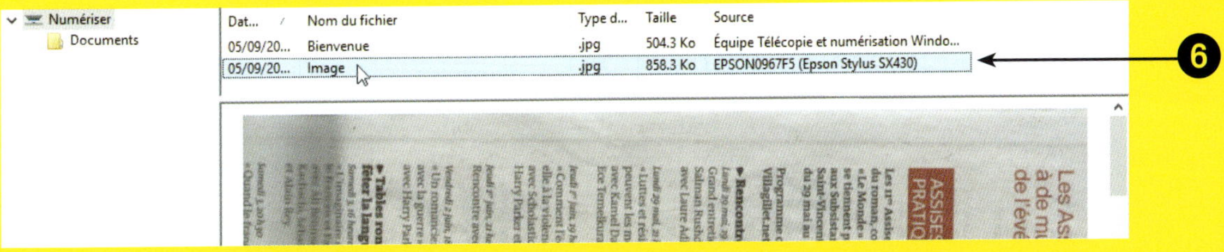
Numériser
Documents
Dat...
Nom du fichier
Type d...
Taille
Source
05/09/20...
Bienvenue
.jpg
504.3 Ko
Équipe Télécopie et numérisation Windo...
05/09/20...
Image
.jpg
858.3 Ko
EPSON0967F5 (Epson Stylus SX430)
6

CHAPITRE 4

PARCOURIR ET GÉRER LE CONTENU DE L'ORDINATEUR

Entre les informations indispensables à son fonctionnement et à celui de Windows 10, les applications, les programmes et vos documents, photos, vidéos, *etc.*, votre ordinateur renferme une quantité d'informations astronomique. Pour y accéder et les organiser, un seul outil qui vaille : l'Explorateur.

- Parcourir vos dossiers et vos fichiers
- Rechercher un fichier égaré
- Optimiser l'affichage de l'Explorateur
- Sélectionner des fichiers
- Renommer des fichiers
- Créer des dossiers
- Déplacer et copier des fichiers
- Supprimer des fichiers et les récupérer
- Vider la Corbeille

PARCOURIR LES LECTEURS, DOSSIERS ET FICHIERS

1. Cliquez sur l'icône marquée d'un dossier vers le début de la barre des tâches.
2. L'Explorateur s'affiche : pour ouvrir un lecteur ou un dossier visible au centre de la fenêtre, double-cliquez dessus.
3. Quand l'endroit à atteindre n'apparaît pas au centre, double-cliquez dessus dans le *volet de navigation*, à gauche.
4. Pour vous « enfoncer » dans la hiérarchie des dossiers, répétez les étapes 2 et/ou 3 autant de fois que nécessaires. Par exemple, pour ouvrir un sous-dossier d'un dossier stocké dans une *bibliothèque*, double-cliquez sur celle-ci, puis sur le dossier et, finalement, sur le sous dossier.

Les bibliothèques désignent des dossiers que Windows a créés pour vos productions personnelles, comme **Images** pour vos photos, et **Musique** pour vos chansons.

5. Pour ouvrir un fichier visible au centre de la fenêtre, double-cliquez dessus.

2 MIN

NIVEAU :

Taper ici pour rechercher
1

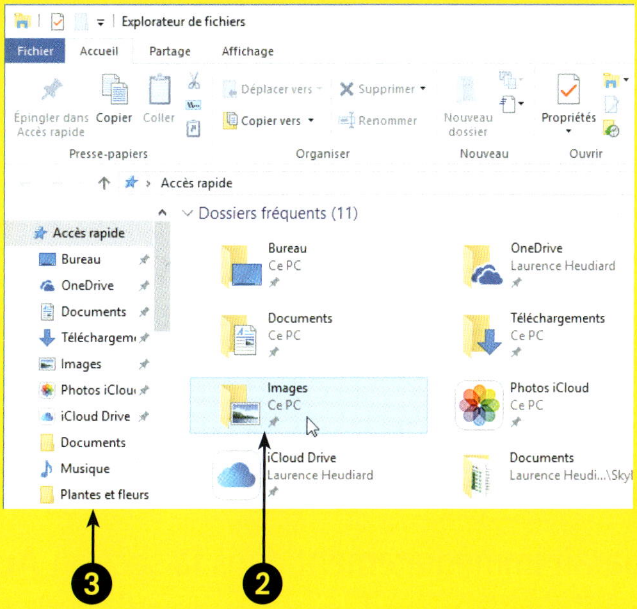
Explorateur de fichiers
Fichier
Accueil
Partage
Affichage
Épingler dans Accès rapide
Copier
Coller
Déplacer vers
Copier vers
Supprimer
Renommer
Nouveau dossier
Propriétés
Presse-papiers
Organiser
Nouveau
Ouvrir
Accès rapide
Dossiers fréquents (11)
Bureau
Ce PC
OneDrive
Laurence Heudiard
Documents
Téléchargements
Images
Photos iCloud
iCloud Drive
Laurence Heudi...\Skyl
Musique
Plantes et fleurs
3
2

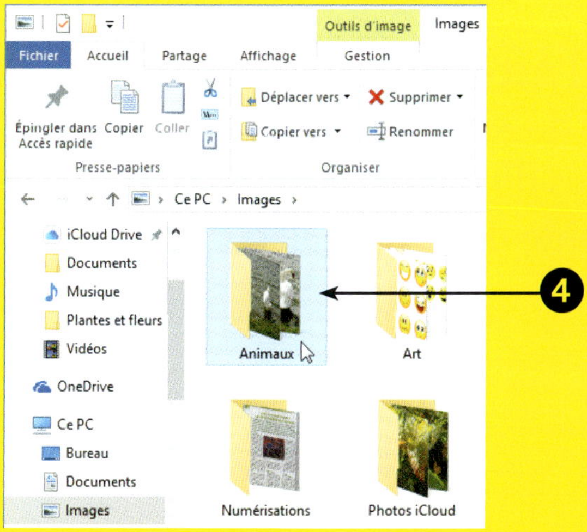
Outils d'image
Images
Fichier
Accueil
Partage
Affichage
Gestion
Épingler dans Accès rapide
Copier
Coller
Déplacer vers
Copier vers
Supprimer
Renommer
Presse-papiers
Organiser
Ce PC › Images ›
iCloud Drive
Documents
Musique
Plantes et fleurs
Vidéos
OneDrive
Ce PC
Bureau
Documents
Images
Animaux
Art
Numérisations
Photos iCloud
4

Ce PC › Images › Animaux
Téléchargem
Images
Photos iClou
iCloud Drive
Documents
Musique
Plantes et fleurs
Vidéos
Abeille
Coccinelle
Cygne (1)
Perroquet
Sauterelle
5

GARDER UN ACCÈS EXPRESS À UN DOSSIER

1. Pour pouvoir accéder à vos dossiers préférés d'un simple clic, vous pouvez les ajouter dans la section **Accès rapide**, tout en haut du volet de navigation. D'abord, cliquez sur le dossier en question dans la partie centrale de l'Explorateur.
2. Au début de l'onglet **Accueil** du ruban, cliquez sur **Épingler dans Accès rapide**.
3. Le dossier apparaît immédiatement dans la section **Accès rapide** de l'Explorateur : à l'avenir, quand vous voudrez l'ouvrir, vous n'aurez plus qu'à cliquer dessus.
4. Pour préserver la fonction première de l'Accès rapide, néanmoins, attention à ne pas y accumuler trop de dossiers : quand vous en repérez un qui n'y a plus sa place, cliquez dessus du bouton droit, puis du gauche sur **Supprimer de l'accès rapide** dans le menu qui apparaît.

1 MIN

NIVEAU :

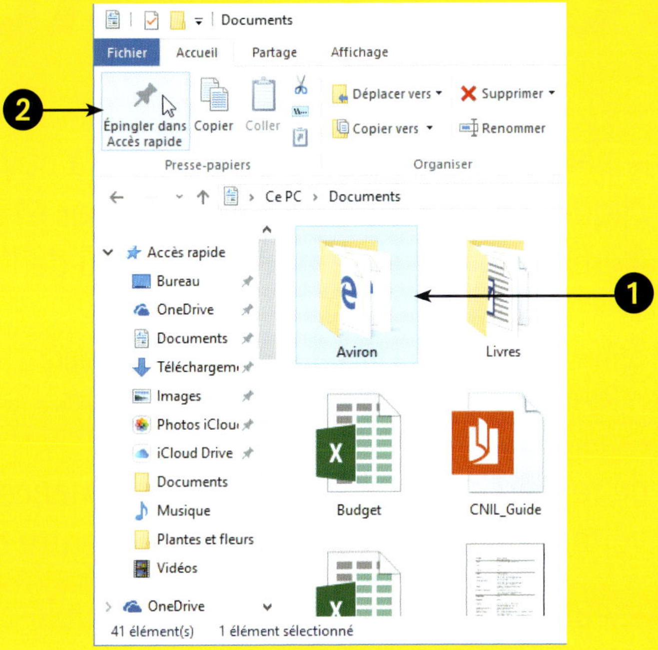
Documents
Fichier
Accueil
Partage
Affichage
Épingler dans Accès rapide
Copier
Coller
Déplacer vers
Supprimer
Copier vers
Renommer
Presse-papiers
Organiser
Ce PC › Documents
Accès rapide
Bureau
OneDrive
Documents
Téléchargem
Images
Photos iClou
iCloud Drive
Documents
Musique
Plantes et fleurs
Vidéos
OneDrive
Aviron
Livres
Budget
CNIL_Guide
41 élément(s) 1 élément sélectionné
2
1

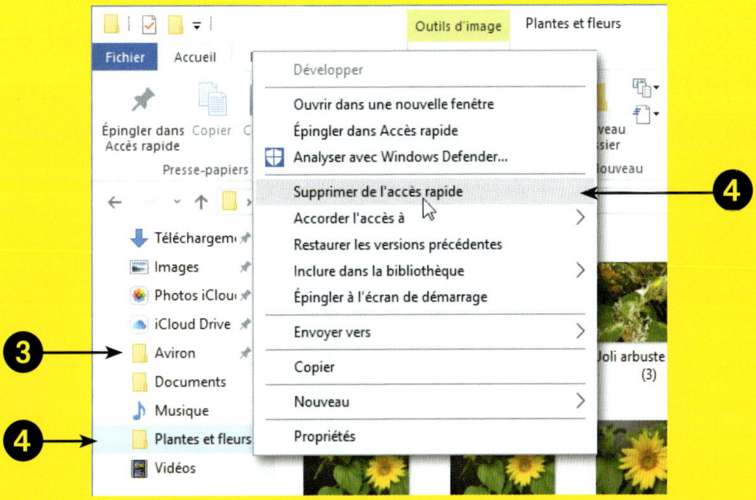
Outils d'image
Plantes et fleurs
Fichier
Accueil
Épingler dans Accès rapide
Copier
Presse-papiers
Développer
Ouvrir dans une nouvelle fenêtre
Épingler dans Accès rapide
Analyser avec Windows Defender...
Supprimer de l'accès rapide
Accorder l'accès à
Restaurer les versions précédentes
Inclure dans la bibliothèque
Épingler à l'écran de démarrage
Envoyer vers
Copier
Nouveau
Propriétés
Téléchargem
Images
Photos iClou
iCloud Drive
Aviron
Documents
Musique
Plantes et fleurs
Vidéos
Joli arbuste (3)
3
4
4

RECHERCHER UN FICHIER PERDU

1. Quand vous ne parvenez pas à localiser le fichier à ouvrir dans l'Explorateur, cliquez sur le *disque dur* (identifié par C) à gauche, afin de lancer une recherche qui porte sur tout le contenu de l'ordinateur.

> Le disque dur correspond au lecteur fondamental de l'ordinateur : il en contient toutes les informations, vos applications et vos fichiers.

2. Dans la zone de recherche, en haut à droite, commencez à taper le nom du fichier convoité, en guettant les résultats au centre de la fenêtre.

3. Dès que le précieux fichier s'affiche au centre, double-cliquez dessus pour l'ouvrir.

4. Lorsque l'Explorateur est fermé, vous pouvez demander à Cortana d'effectuer la recherche : touchez ou cliquez dans sa zone et, là aussi, commencez à taper le nom du fichier égaré. Sitôt que celui-ci apparaît dans le panneau, touchez-le ou cliquez dessus.

1 MIN

NIVEAU :

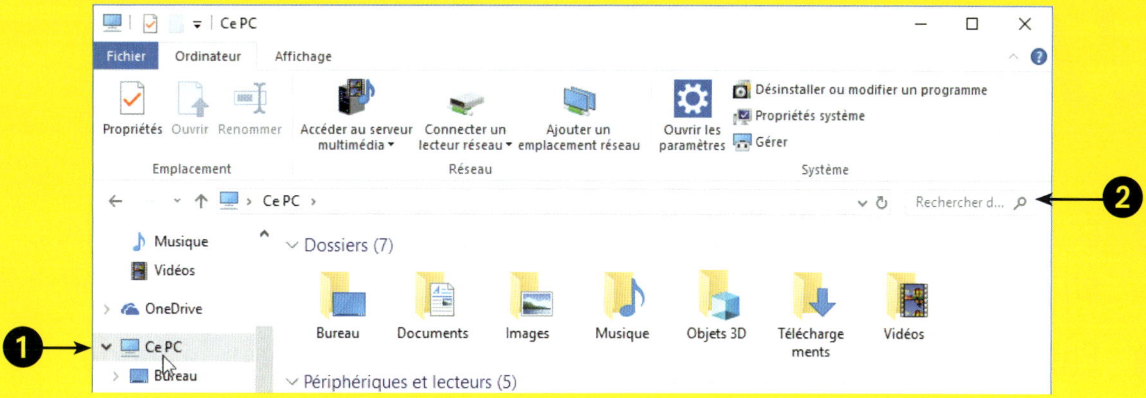

Ce PC
Fichier
Ordinateur
Affichage
Propriétés
Ouvrir
Renommer
Accéder au serveur multimédia
Connecter un lecteur réseau
Ajouter un emplacement réseau
Ouvrir les paramètres
Désinstaller ou modifier un programme
Propriétés système
Gérer
Emplacement
Réseau
Système
Ce PC
Rechercher d...
2
Musique
Vidéos
OneDrive
1
Ce PC
Bureau
Dossiers (7)
Bureau
Documents
Images
Musique
Objets 3D
Télécharge ments
Vidéos
Périphériques et lecteurs (5)

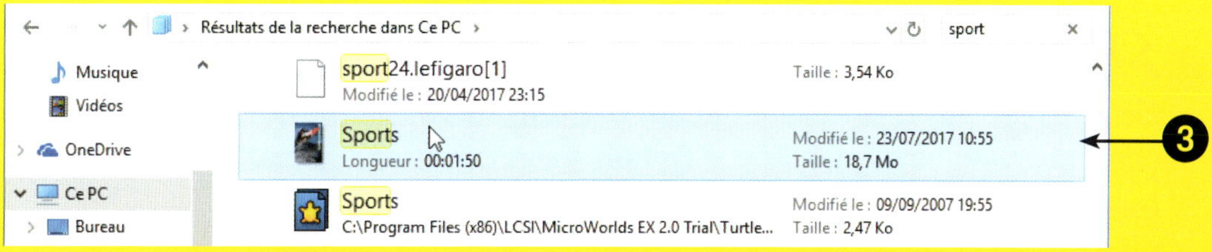

Résultats de la recherche dans Ce PC
sport
Musique
Vidéos
OneDrive
Ce PC
Bureau
sport24.lefigaro[1]
Modifié le : 20/04/2017 23:15
Taille : 3,54 Ko
Sports
Longueur : 00:01:50
Modifié le : 23/07/2017 10:55
Taille : 18,7 Mo
3
Sports
C:\Program Files (x86)\LCSI\MicroWorlds EX 2.0 Trial\Turtle...
Modifié le : 09/09/2007 19:55
Taille : 2,47 Ko

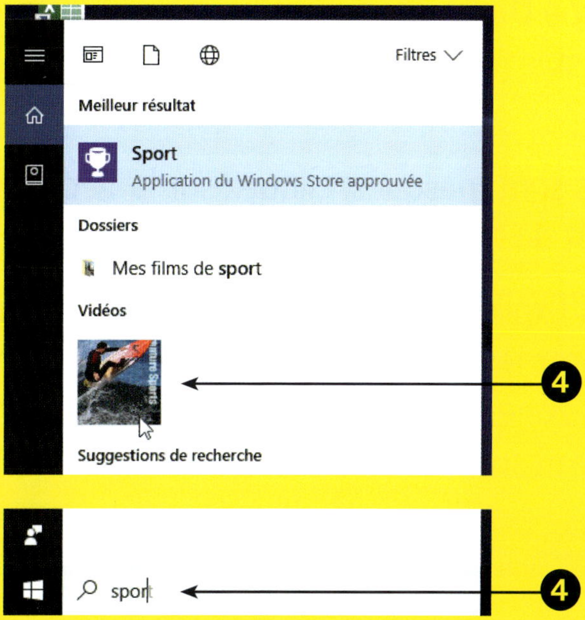

Filtres
Meilleur résultat
Sport
Application du Windows Store approuvée
Dossiers
Mes films de sport
Vidéos
4
Suggestions de recherche
spor
4

OPTIMISER L'AFFICHAGE

1. D'abord, cliquez sur la petite flèche ⌄ à la fin de la barre d'onglets, en haut à droite, pour que le ruban reste toujours affiché à l'avenir.
2. Ensuite, à chaque fois que vous aurez besoin de changer le *mode d'affichage*, cliquez sur l'onglet **Affichage** dans le ruban.

> Le *mode d'affichage* désigne la manière dont l'Explorateur présente les éléments dans sa fenêtre. Par exemple, **Grandes icônes** affiche des miniatures (idéal pour les photos), tandis que **Détails** fournit diverses informations, comme la taille et la date du fichier (parfait pour gérer des fichiers).

3. Dans le groupe **Disposition**, pointez le mode d'affichage qui vous intéresse et, si le résultat vous convient, cliquez dessus (sinon, testez-en un autre).
4. Si des modes sont masqués, cliquez sur la flèche dans l'angle inférieur droit du groupe **Disposition** pour y accéder.
5. En principe, l'Explorateur classe les fichiers par ordre alphabétique, mais si vous préférez les organiser selon un autre critère, cliquez du bouton droit dans la zone centrale, ailleurs que sur un fichier, puis du gauche sur **Trier par** et sur le critère souhaité.

> Par exemple, pour classer les fichiers par ordre chronologique, touchez ou cliquez sur **Date**.

2 MIN

NIVEAU :

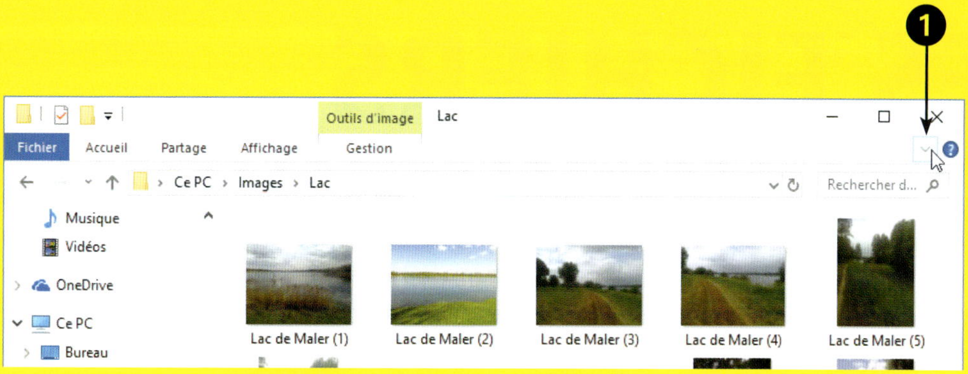
1
Outils d'image
Lac
Fichier
Accueil
Partage
Affichage
Gestion
Ce PC › Images › Lac
Rechercher d...
Musique
Vidéos
OneDrive
Ce PC
Bureau
Lac de Maler (1)
Lac de Maler (2)
Lac de Maler (3)
Lac de Maler (4)
Lac de Maler (5)

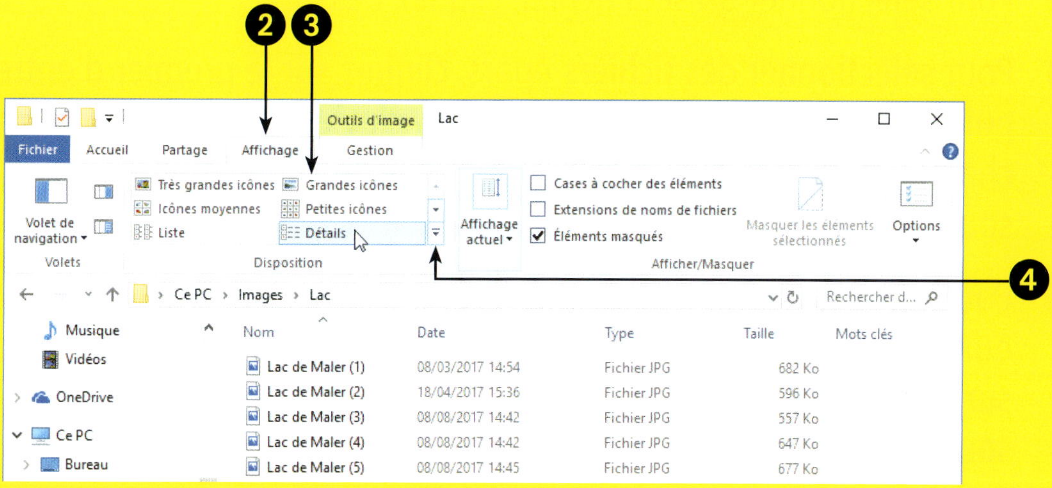
2
3
Outils d'image
Lac
Fichier
Accueil
Partage
Affichage
Gestion
Volet de navigation
Volets
Très grandes icônes
Grandes icônes
Icônes moyennes
Petites icônes
Liste
Détails
Disposition
Affichage actuel
Cases à cocher des éléments
Extensions de noms de fichiers
Éléments masqués
Masquer les éléments sélectionnés
Options
Afficher/Masquer
4
Ce PC › Images › Lac
Rechercher d...
Musique
Vidéos
OneDrive
Ce PC
Bureau
Nom
Date
Type
Taille
Mots clés
Lac de Maler (1) 08/03/2017 14:54 Fichier JPG 682 Ko
Lac de Maler (2) 18/04/2017 15:36 Fichier JPG 596 Ko
Lac de Maler (3) 08/08/2017 14:42 Fichier JPG 557 Ko
Lac de Maler (4) 08/08/2017 14:42 Fichier JPG 647 Ko
Lac de Maler (5) 08/08/2017 14:45 Fichier JPG 677 Ko

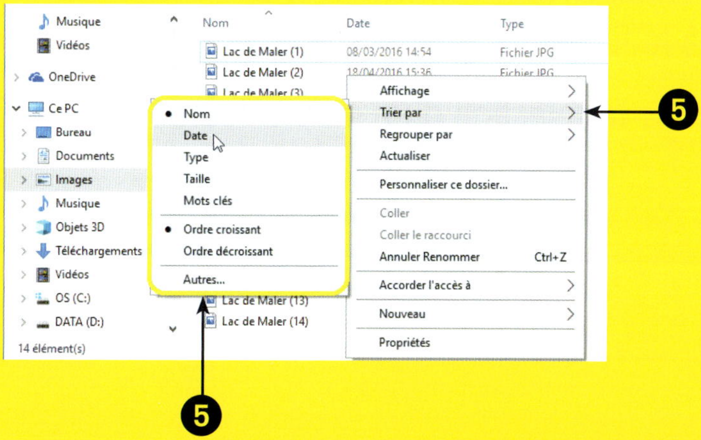
Musique
Vidéos
OneDrive
Ce PC
Bureau
Documents
Images
Musique
Objets 3D
Téléchargements
Vidéos
OS (C:)
DATA (D:)
14 élément(s)
Nom
Date
Type
Lac de Maler (1) 08/03/2016 14:54 Fichier JPG
Lac de Maler (2)
Nom
Date
Type
Taille
Mots clés
Ordre croissant
Ordre décroissant
Autres...
Lac de Maler (13)
Lac de Maler (14)
Affichage
Trier par
Regrouper par
Actualiser
Personnaliser ce dossier...
Coller
Coller le raccourci
Annuler Renommer Ctrl+Z
Accorder l'accès à
Nouveau
Propriétés
5
5

SÉLECTIONNER DES FICHIERS

Les fichiers sélectionnés apparaissent sur un fond bleuté qui demeure même quand le pointeur ne les survole plus.

1. Pour sélectionner un seul fichier, cliquez dessus.
2. Pour sélectionner des fichiers épars, cliquez sur le premier d'entre eux, puis, en gardant la touche **Ctrl** du clavier enfoncée, cliquez sur chaque autre fichier à sélectionner ; relâchez finalement la touche et la souris.
3. Pour sélectionner des fichiers contigus, cliquez sur le premier d'entre eux, puis, en gardant la touche **Maj** du clavier enfoncée, cliquez sur le dernier fichier à sélectionner ; relâchez finalement la touche et la souris.
4. Pour sélectionner tous les fichiers d'un dossier, cliquez sur **Sélectionner tout** à la fin de l'onglet **Accueil**, dans le ruban en haut de la fenêtre.
5. Pour annuler la sélection d'un ou plusieurs fichiers, cliquez à côté d'eux.

2 MIN

NIVEAU :

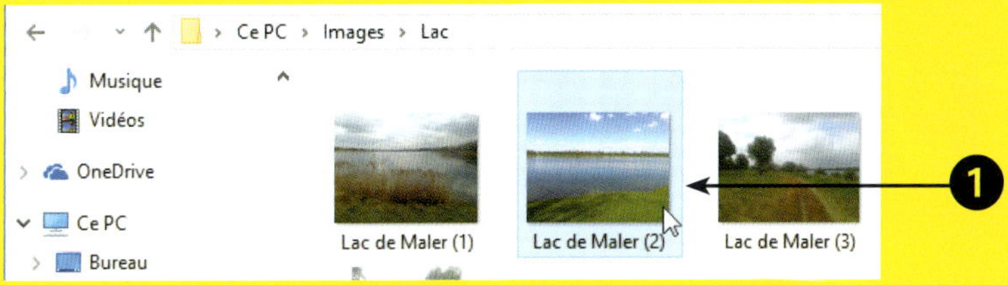
Ce PC › Images › Lac
Musique
Vidéos
OneDrive
Ce PC
Bureau
Lac de Maler (1)
Lac de Maler (2)
Lac de Maler (3)
1

2
W
X
Ctrl
Alt
Lac de Maler (1)
Lac de Maler (2)
Lac de Maler (3)
Lac de Maler (4)
Lac de Maler (5)

3
Q
S
D
W
X
Ctrl
Alt
Lac de Maler (1)
Lac de Maler (2)
Lac de Maler (3)
Lac de Maler (4)
Lac de Maler (5)

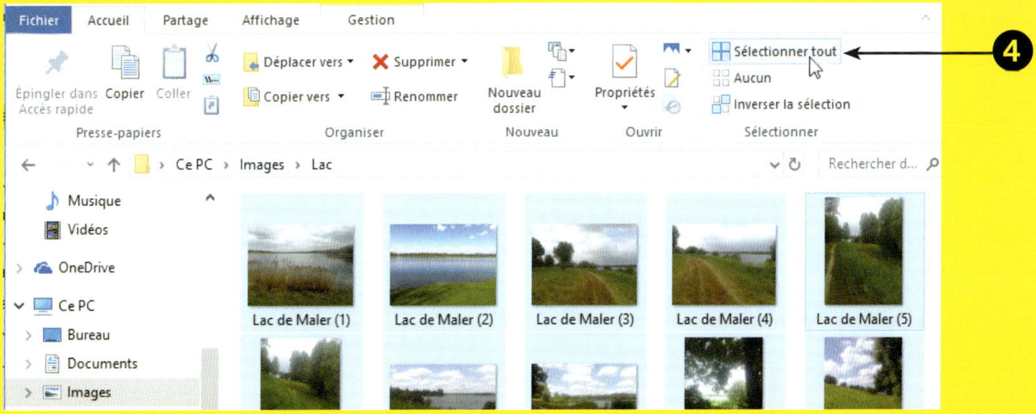
Fichier
Accueil
Partage
Affichage
Gestion
Épingler dans Accès rapide
Copier
Coller
Déplacer vers
Copier vers
Supprimer
Renommer
Nouveau dossier
Propriétés
Sélectionner tout
Aucun
Inverser la sélection
Presse-papiers
Organiser
Nouveau
Ouvrir
Sélectionner
Ce PC › Images › Lac
Rechercher d...
Musique
Vidéos
OneDrive
Ce PC
Bureau
Documents
Images
Lac de Maler (1)
Lac de Maler (2)
Lac de Maler (3)
Lac de Maler (4)
Lac de Maler (5)
4

RENOMMER UN FICHIER

1. Dans l'Explorateur de Windows, naviguez jusqu'au fichier à renommer, puis cliquez dessus dans la partie centrale de la fenêtre.
2. Dans l'onglet **Accueil** du ruban, cliquez sur **Renommer**.
3. Le nom se retrouve sélectionné dans un encadré : tapez la nouvelle appellation souhaitée et appuyez sur la touche **Entrée** du clavier.
4. Si vous devez renommer plusieurs fichiers qui concernent le même sujet, comme une série de photos du temple d'Angkor, sélectionnez-les et cliquez sur **Renommer**, là encore.
5. Le nom du premier fichier apparaît prêt à être modifié dans un encadré, tandis que les autres fichiers restent sélectionnés : tapez le nom commun à donner à chacun d'eux et appuyez sur **Entrée** : tous les fichiers sélectionnés adoptent le nouvel intitulé, suivi d'un numéro de série entre parenthèses.

1 MIN

NIVEAU :

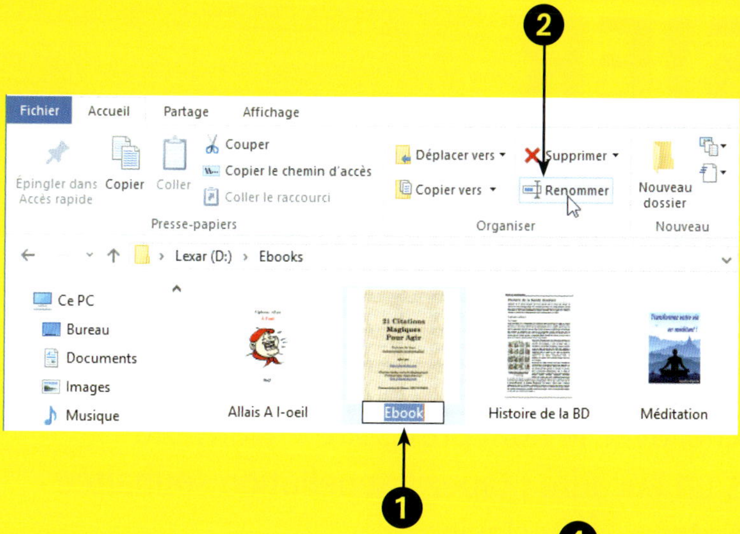
2
Fichier
Accueil
Partage
Affichage
Épingler dans Accès rapide
Copier
Coller
Couper
Copier le chemin d'accès
Coller le raccourci
Presse-papiers
Déplacer vers
Copier vers
Supprimer
Renommer
Organiser
Nouveau dossier
Nouveau
Lexar (D:) › Ebooks
Ce PC
Bureau
Documents
Images
Musique
Allais A l-oeil
Ebook
Histoire de la BD
Méditation
1

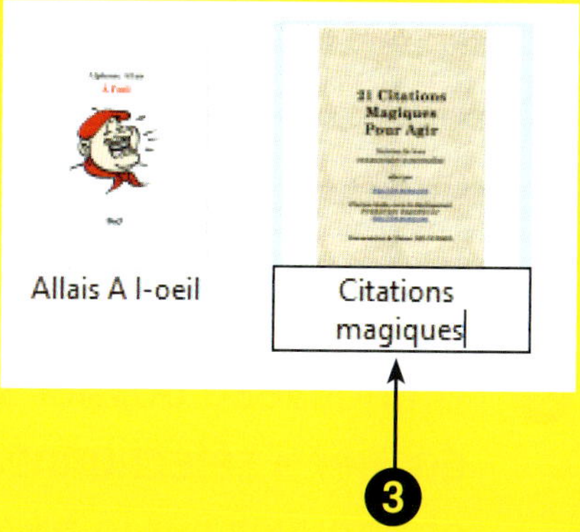
Allais A l-oeil
Citations magiques
3

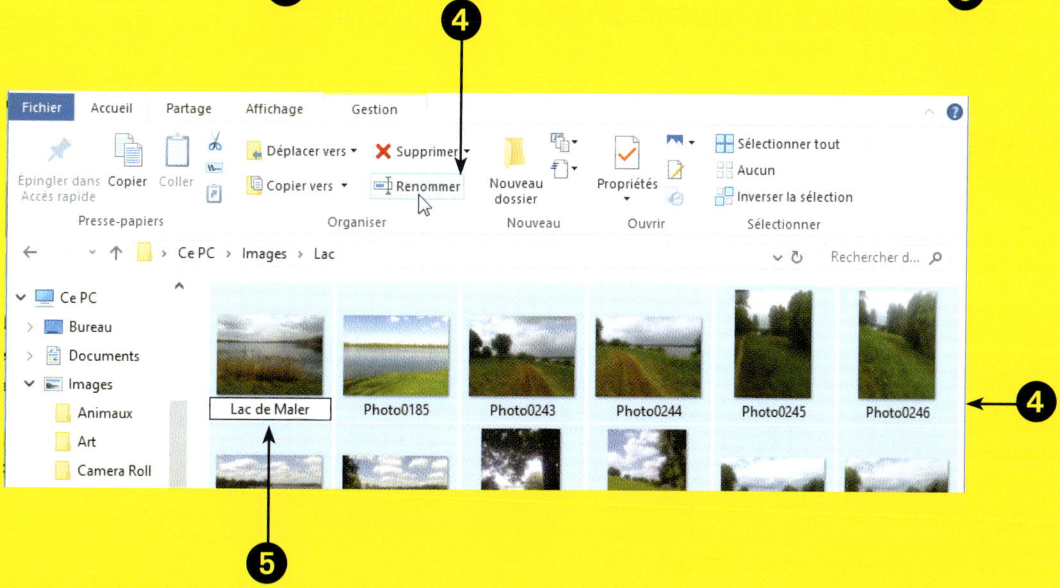
4
Fichier
Accueil
Partage
Affichage
Gestion
Épingler dans Accès rapide
Copier
Coller
Presse-papiers
Déplacer vers
Copier vers
Supprimer
Renommer
Organiser
Nouveau dossier
Nouveau
Propriétés
Ouvrir
Sélectionner tout
Aucun
Inverser la sélection
Sélectionner
Ce PC › Images › Lac
Rechercher d...
Ce PC
Bureau
Documents
Images
Animaux
Art
Camera Roll
Lac de Maler
Photo0185
Photo0243
Photo0244
Photo0245
Photo0246
4
5

5
Lac de Maler (1)
Lac de Maler (2)
Lac de Maler (3)
Lac de Maler (4)

CRÉER UN DOSSIER

1. Dans l'Explorateur, ouvrez le lecteur, le dossier ou la bibliothèque où créer votre dossier.
2. Cliquez sur **Nouveau dossier** dans l'onglet **Accueil** du ruban.
3. Un nouveau dossier s'affiche, avec le nom provisoire « Nouveau dossier » sélectionné dans un encadré : tapez l'appellation souhaitée et appuyez sur la touche **Entrée** du clavier.

30 SEC

NIVEAU :

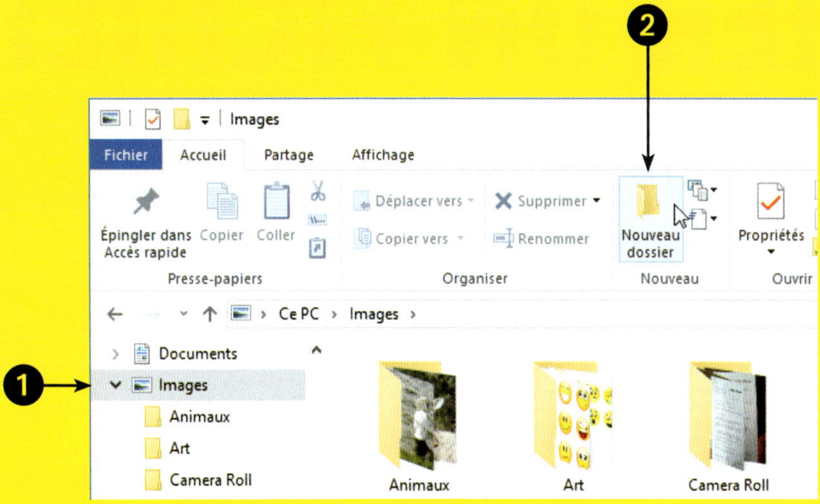

DÉPLACER OU COPIER UN FICHIER

1. Dans l'Explorateur, naviguez jusqu'au fichier à changer d'endroit ou à dupliquer, puis cliquez dessus.

Vous pouvez déplacer ou copier plusieurs fichiers à la fois en les sélectionnant à l'étape 1.

2. Dans l'onglet **Accueil** du ruban, cliquez sur **Déplacer vers** ou sur **Copier vers**, selon que vous voulez stocker le fichier à un autre endroit ou en créer un second exemplaire.

3. Une longue liste de destinations possibles apparaît : si vous voyez l'endroit où vous voulez placer le fichier ou une copie de celui-ci, cliquez dessus, rien de plus !

4. En revanche, si la destination souhaitée n'est pas visible, cliquez sur **Choisir un emplacement**.

5. La boîte de dialogue **Déplacer les éléments** ou **Copier les éléments** s'affiche : cliquez sur la ou les petites flèches grises requises pour accéder au dossier où placer votre fichier ou sa copie, puis cliquez sur ce dossier.

6. Cliquez sur **Déplacer** ou **Copier**.

2 MIN

NIVEAU :

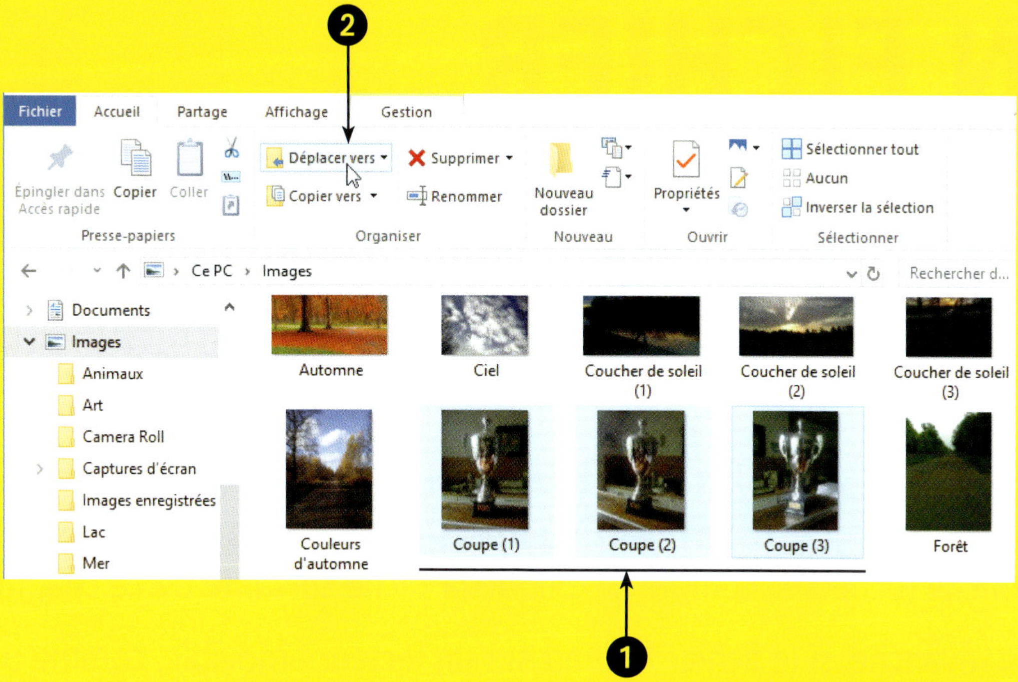
2
Fichier
Accueil
Partage
Affichage
Gestion
Épingler dans Accès rapide
Copier
Coller
Presse-papiers
Déplacer vers
Copier vers
Supprimer
Renommer
Organiser
Nouveau dossier
Nouveau
Propriétés
Ouvrir
Sélectionner tout
Aucun
Inverser la sélection
Sélectionner
Ce PC › Images
Rechercher d...
Documents
Images
Animaux
Art
Camera Roll
Captures d'écran
Images enregistrées
Lac
Mer
Automne
Ciel
Coucher de soleil (1)
Coucher de soleil (2)
Coucher de soleil (3)
Couleurs d'automne
Coupe (1)
Coupe (2)
Coupe (3)
Forêt
1

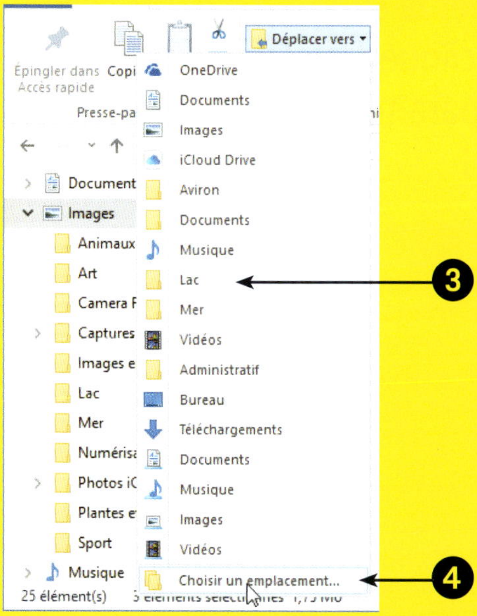
Déplacer vers
OneDrive
Documents
Images
iCloud Drive
Aviron
Documents
Musique
Lac
Mer
Vidéos
Administratif
Bureau
Téléchargements
Documents
Musique
Images
Vidéos
Choisir un emplacement...
3
4
25 élément(s)

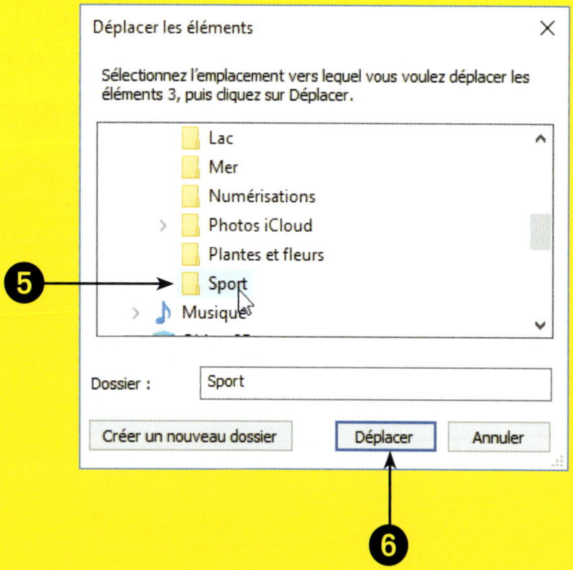
Déplacer les éléments
Sélectionnez l'emplacement vers lequel vous voulez déplacer les éléments 3, puis cliquez sur Déplacer.
Lac
Mer
Numérisations
Photos iCloud
Plantes et fleurs
Sport
Musique
Dossier :
Sport
Créer un nouveau dossier
Déplacer
Annuler
5
6

SUPPRIMER UN FICHIER

1. Dans l'Explorateur, ouvrez le lecteur ou le dossier qui contient le fichier à supprimer et cliquez sur celui-ci.
2. Appuyez sur la touche **Suppr** dans le pavé directionnel du clavier, à droite.
3. Si le fichier se trouvait sur le disque dur, il est envoyé dans la Corbeille : en cas de regret, même deux ou trois semaines plus tard, vous pourrez donc le récupérer, comme l'explique la tâche suivante de ce chapitre.
4. En revanche, si le fichier figurait sur un lecteur amovible, comme une clé USB, un message vous demande de confirmer la suppression, car celle-ci sera irrémédiable. Autrement dit, si vous cliquez sur **Oui**, le fichier ne sera pas envoyé dans la Corbeille : il disparaîtra définitivement de l'ordinateur. Donc n'agissez pas à la légère !

30 SEC **NIVEAU :**

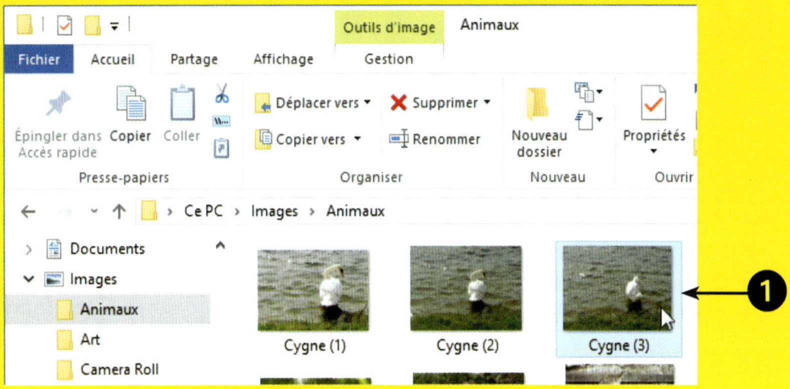

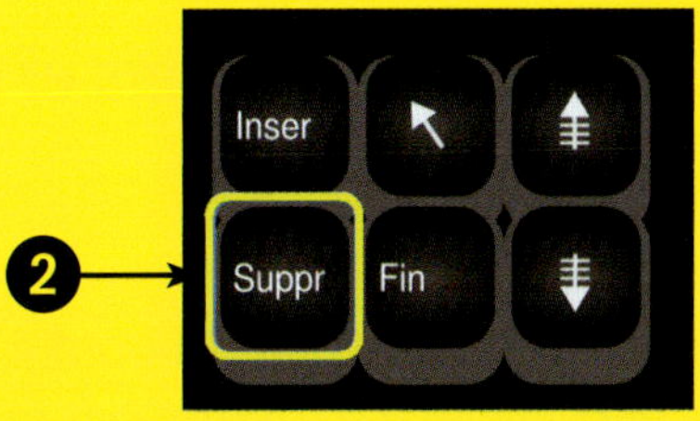

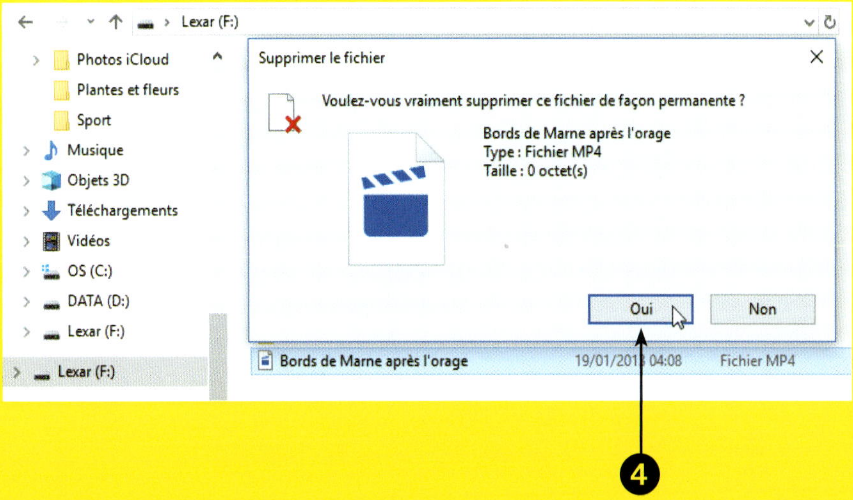

RÉCUPÉRER UN FICHIER SUPPRIMÉ

1. Pour accéder aux fichiers supprimés, vous devez ouvrir la Corbeille. Donc si l'Explorateur est déjà devant vous, cliquez sur la première flèche au début de la zone d'adresse, puis sur **Corbeille** dans le menu qui s'affiche.

2. Sinon, double-cliquez sur l'icône **Corbeille** sur le bureau.

3. La Corbeille s'ouvre, affichant tous les fichiers et dossiers supprimés du disque dur : cliquez sur celui à récupérer.

En principe, les éléments effacés sont classés dans leur ordre chronologique de suppression : normalement, les derniers effacés se trouvent donc en bas de la liste.

4. Dans le ruban, cliquez sur **Restaurer les éléments sélectionnés** . Le fichier se retrouve instantanément là où il était avant sa suppression.

30 SEC

NIVEAU :

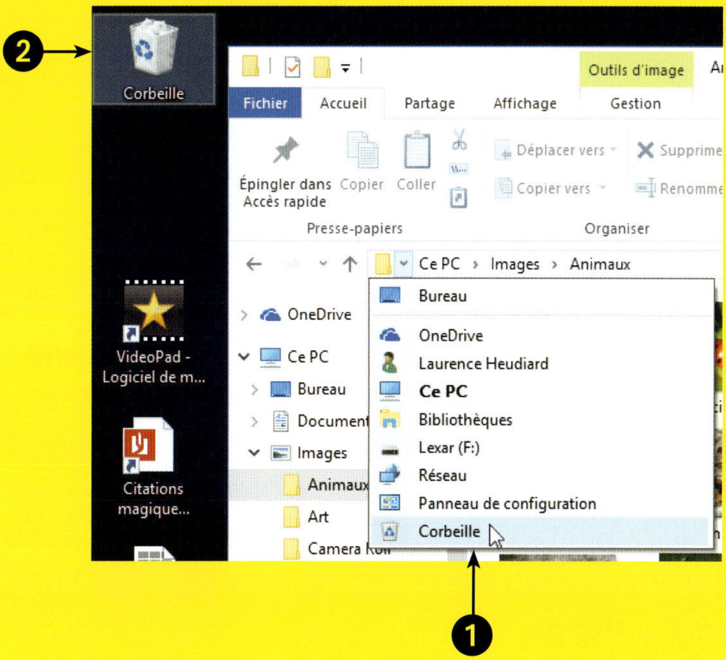

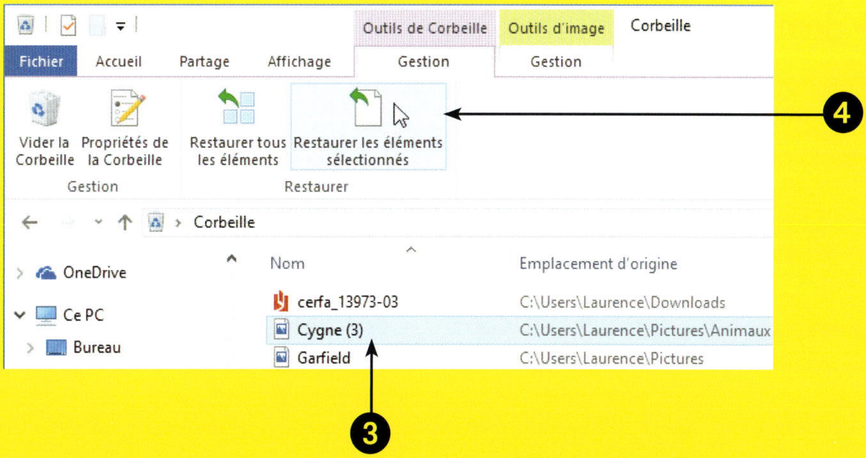

VIDER LA CORBEILLE

1. Pour ouvrir la Corbeille, double-cliquez sur son icône dans la partie supérieure gauche du bureau.

Il est possible de vider la Corbeille directement depuis le bureau, en cliquant du bouton droit sur son icône, puis du gauche sur **Vider la Corbeille** dans le menu qui s'affiche, mais mieux vaut l'ouvrir pour vérifier rapidement qu'elle ne contient pas de fichiers que vous voudriez garder.

2. Si l'Explorateur est déjà devant vous, vous pouvez aussi cliquer sur la première flèche au début de la zone d'adresse, puis sur **Corbeille** dans le menu qui s'affiche.
3. Tout au début du ruban, cliquez sur **Vider la Corbeille** .
4. Une demande de confirmation s'affiche : cliquez sur **Oui**.

30 SEC

NIVEAU :

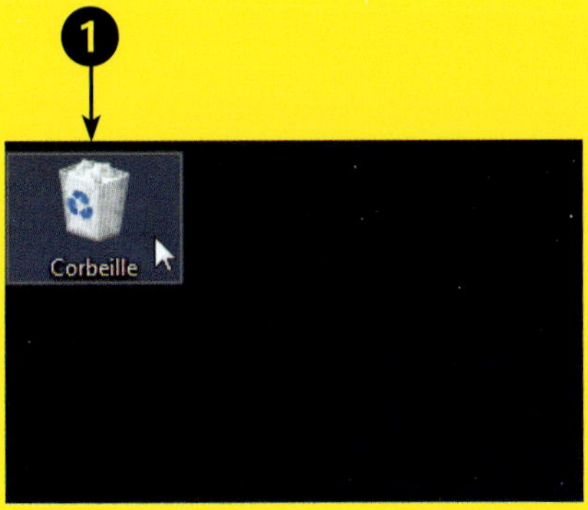

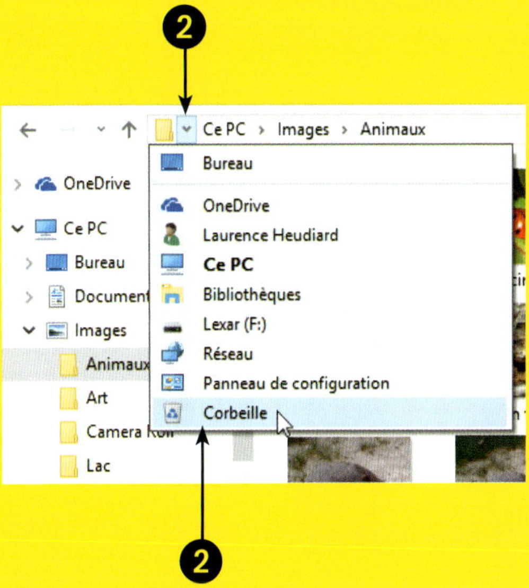

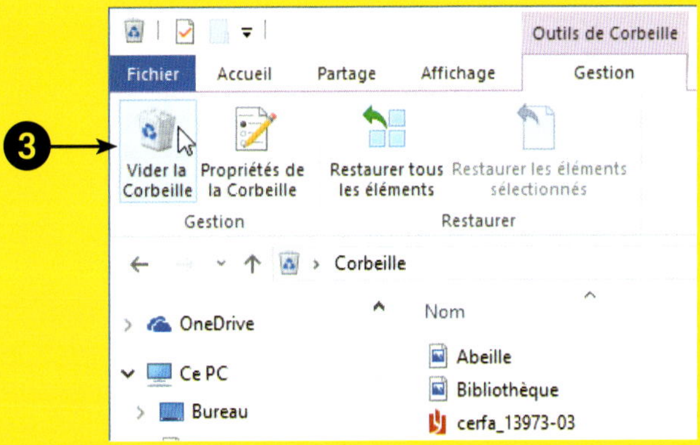

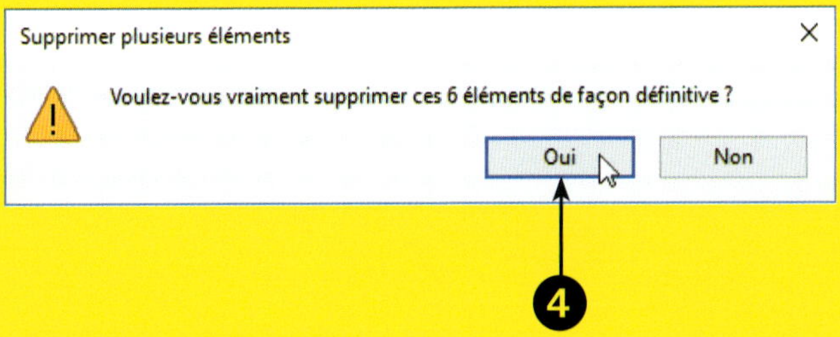

CHAPITRE 5

SÉCURISER L'ORDINATEUR ET VOS ACTIVITÉS

Sitôt votre ordinateur ouvert au monde extérieur, notamment *via* la connexion Internet, tout son contenu se retrouve exposé à diverses menaces, certaines sans grand danger, d'autres aussi catastrophiques que le vol de vos coordonnées bancaires. Voici donc un chapitre pour protéger votre machine.

- Mettre Windows à jour
- Sécuriser l'ordinateur
- Sauvegarder vos documents, photos et vidéos sur un lecteur amovible
- Actualiser les copies de sauvegarde
- Configurer OneDrive
- Utiliser OneDrive

METTRE WINDOWS À JOUR

1. Pour accéder à l'outil *Windows Update* qui met à jour Windows, touchez ou cliquez sur le bouton **Démarrer** au début de la barre des tâches, puis sur l'icône **Paramètres** au bas du menu **Démarrer**.

> Les *mises à jour* améliorent les programmes en y apportant des correctifs gratuits, récupérés sur le site de leur éditeur.

2. Le panneau **Paramètres** s'ouvre : touchez ou cliquez sur **Mise à jour et sécurité**.
3. La fenêtre **Mise à jour et sécurité** affiche sa section **Windows Update** : si les date et heure de dernière mise à jour sont anciennes, touchez ou cliquez sur **Rechercher des mises à jour**.
4. S'il existe des mises à jour pas encore téléchargées ou installées, touchez ou cliquez sur **Télécharger** ou **Installer maintenant**.
5. Si vous voulez consulter la liste des mises à jour effectuées, touchez ou cliquez sur **Afficher l'historique des mises à jour installées**.
6. Si le panneau **Paramètres** ou une infobulle en bas à droite de l'écran indique qu'il faut redémarrer l'ordinateur, fermez tous les programmes et applications ouverts, et touchez ou cliquez sur **Redémarrer**.

1 MIN

NIVEAU :

Spotify
A
Accessoires Windows
Nouveau
Actualité
Taper ici pour rechercher

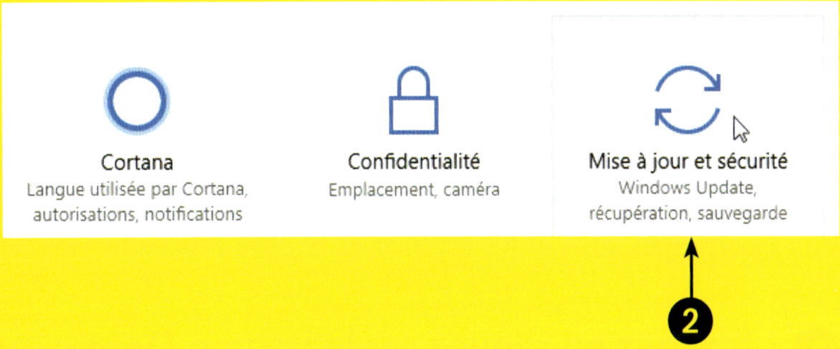
Cortana
Langue utilisée par Cortana, autorisations, notifications
Confidentialité
Emplacement, caméra
Mise à jour et sécurité
Windows Update, récupération, sauvegarde

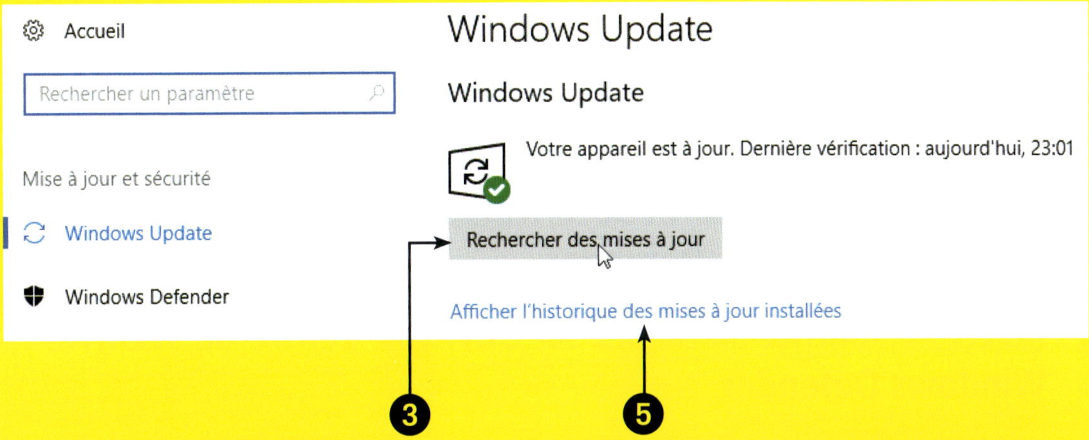
Accueil
Rechercher un paramètre
Mise à jour et sécurité
Windows Update
Windows Defender
Windows Update
Windows Update
Votre appareil est à jour. Dernière vérification : aujourd'hui, 23:01
Rechercher des mises à jour
Afficher l'historique des mises à jour installées

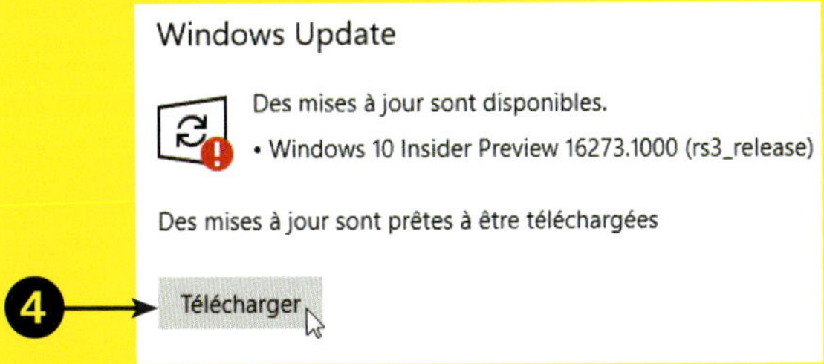
Windows Update
Des mises à jour sont disponibles.
• Windows 10 Insider Preview 16273.1000 (rs3_release)
Des mises à jour sont prêtes à être téléchargées
Télécharger

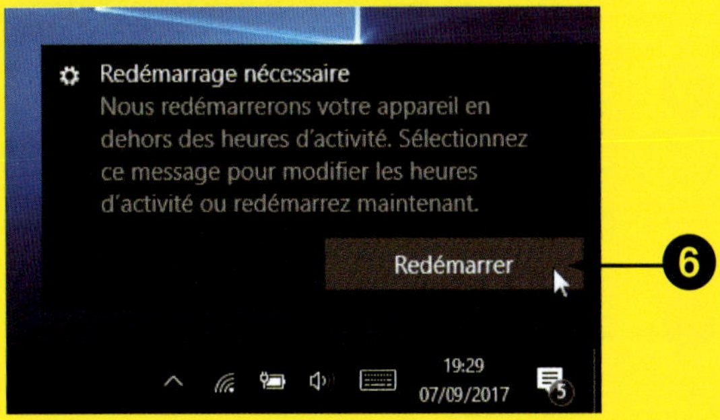
Redémarrage nécessaire
Nous redémarrerons votre appareil en dehors des heures d'activité. Sélectionnez ce message pour modifier les heures d'activité ou redémarrez maintenant.
Redémarrer
19:29
07/09/2017

SÉCURISER L'ORDINATEUR

Windows inclut deux programmes de sécurité : *Windows Defender*, contre les virus et les espions, et le *pare-feu*, contre les pirates.

1. Touchez ou cliquez sur le bouton **Démarrer** dans la barre des tâches, puis sur l'icône **Paramètres** au bas du menu **Démarrer**.
2. Le panneau **Paramètres** apparaît ; touchez ou cliquez sur **Mise à jour et sécurité**.
3. La fenêtre **Mise à jour et sécurité** s'ouvre : à gauche, touchez ou cliquez sur **Windows Defender**.
4. Au centre, touchez ou cliquez sur **Ouvrir le Centre de sécurité Windows Defender**.
5. Le statut de vos programmes de protection apparaît dans le Centre de sécurité. En cas de problème, agissez en fonction du message affiché.
6. Sinon, pour demander une analyse antivirus complète à Windows Defender, touchez ou cliquez sur **Protection contre les virus et les menaces**.
7. Et pour accéder au pare-feu afin de le désactiver le temps d'installer un programme, par exemple, touchez ou cliquez sur **Pare-feu et protection du réseau**.

1 MIN

NIVEAU :

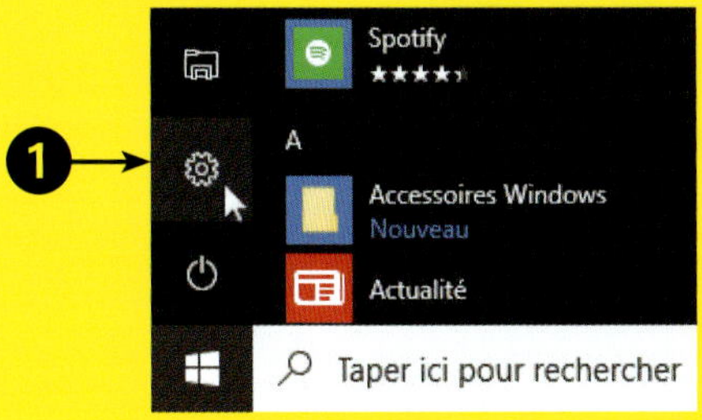
1
Spotify
A
Accessoires Windows
Nouveau
Actualité
Taper ici pour rechercher

Confidentialité
Emplacement, caméra
Mise à jour et sécurité
Windows Update,
récupération, sauvegarde
2

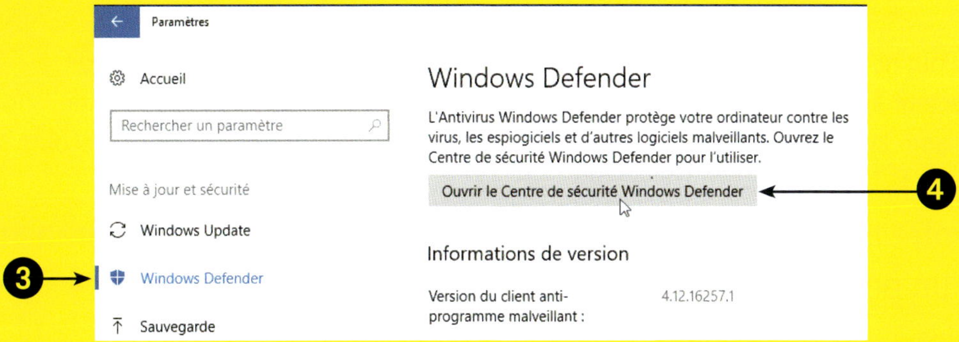
Paramètres
Accueil
Rechercher un paramètre
Mise à jour et sécurité
Windows Update
3
Windows Defender
Sauvegarde
Windows Defender
L'Antivirus Windows Defender protège votre ordinateur contre les virus, les espiogiciels et d'autres logiciels malveillants. Ouvrez le Centre de sécurité Windows Defender pour l'utiliser.
Ouvrir le Centre de sécurité Windows Defender
4
Informations de version
Version du client anti-programme malveillant :
4.12.16257.1

Votre appareil est protégé.
Dernière analyse des menaces : 22/08/2017
Dernière mise à jour de définition de menaces : 25/08/2017
Dernière analyse d'intégrité : 25/08/2017
Protection contre les virus et menaces
Aucune action requise.
Performances des appareils et intégrité
Windows requiert votre attention pour mettre à jour votre appareil.
Ouvrir les paramètres
Pare-feu et protection du réseau
Aucune action requise.
Contrôle des applications et du navigateur
Vous utilisez les paramètres recommandés.
6
5
7

SAUVEGARDER SUR UN LECTEUR AMOVIBLE

Pour ne pas risquer de perdre les fichiers auxquels vous tenez, copiez-les sur un lecteur amovible, tel qu'une clé USB ou un disque dur externe. Ainsi, en cas de problème avec l'original stocké sur l'ordinateur, vous aurez un exemplaire de secours.

1. Si votre lecteur amovible ne prend pas le Wi-Fi en charge, branchez-le sur un port USB (petit, rectangulaire et identifié par l'icône).
2. Si vous utilisez un disque dur avec un bouton de marche/arrêt, allumez-le.
3. En bas à droite de l'écran, une infobulle vous invite à choisir une action : touchez ou cliquez dessus.
4. Un panneau apparaît en haut à droite : touchez ou cliquez sur **Ouvrir le dossier et afficher les fichiers**.
5. L'Explorateur affiche le contenu du lecteur amovible. Comme expliqué au chapitre 4, ouvrez le dossier de l'ordinateur qui contient le(s) fichier(s) à dupliquer et copiez ce(s) dernier(s) sur le lecteur amovible.
6. Une copie conforme du ou des fichiers apparaît sur le lecteur amovible : éteignez et/ou retirez celui-ci de l'ordinateur.

3 MIN

NIVEAU :

1

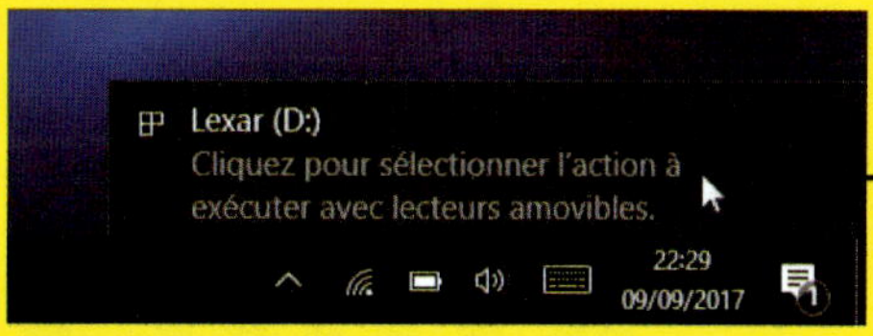

3

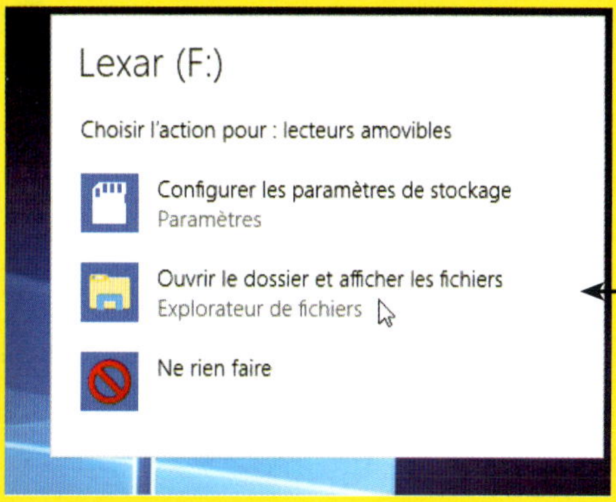

4

5

5

5

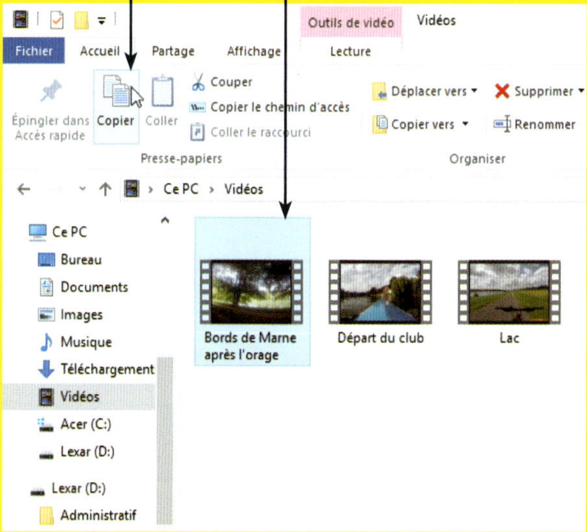

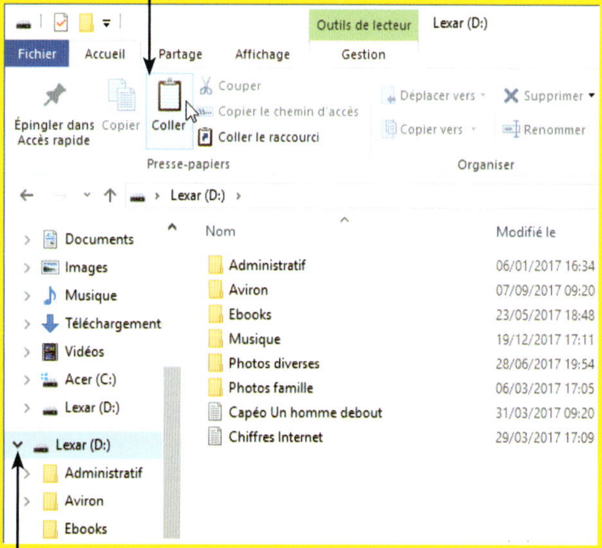

5

ACTUALISER LES COPIES DE SAUVEGARDE

1. Pour jouer leur rôle de sauvegarde, les fichiers présents sur le lecteur amovible doivent rester identiques à la version originale sur l'ordinateur. Donc quand vous modifiez les fichiers sur l'ordinateur, il faut de nouveau les copier sur le lecteur amovible, afin d'actualiser la version présente sur ce dernier.
2. Une demande de confirmation s'affiche : vérifiez qu'elle indique bien une copie depuis l'ordinateur vers votre lecteur amovible.
3. Si tout est en ordre, touchez ou cliquez sur **Remplacer le fichier dans la destination**.
4. Sinon, annulez tout en touchant ou cliquant sur **Ignorer ce fichier**.
5. En cas de doute, touchez ou cliquez sur **Comparer les informations relatives aux deux fichiers** ; ensuite, en fonction des dates et heures indiquées pour les deux fichiers, touchez ou cliquez sur **Continuer** pour effectuer la copie ou sur **Annuler** pour faire marche arrière.

3 MIN

NIVEAU :

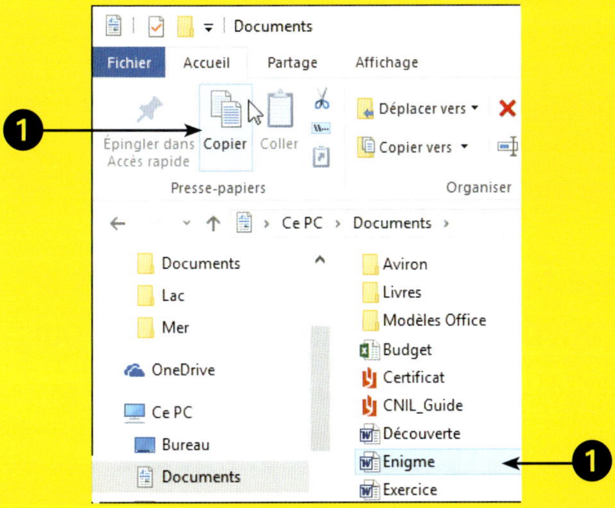
Documents
Fichier
Accueil
Partage
Affichage
Épingler dans Accès rapide
Copier
Coller
Déplacer vers
Copier vers
Presse-papiers
Organiser
Ce PC > Documents >
Documents
Lac
Mer
OneDrive
Ce PC
Bureau
Documents
Aviron
Livres
Modèles Office
Budget
Certificat
CNIL_Guide
Découverte
Enigme
Exercice
1
1

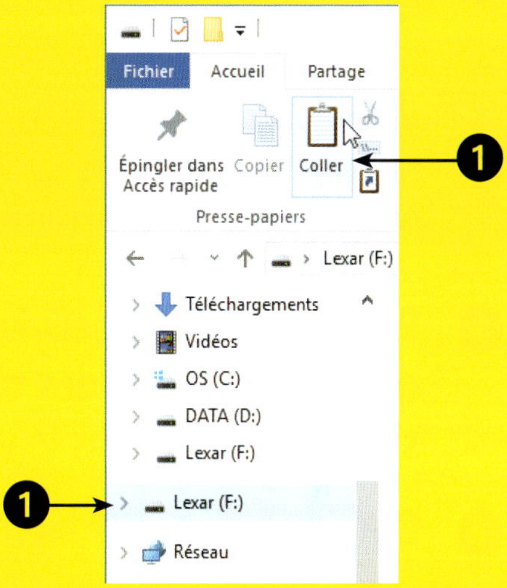
Fichier
Accueil
Partage
Épingler dans Accès rapide
Copier
Coller
Presse-papiers
Lexar (F:)
Téléchargements
Vidéos
OS (C:)
DATA (D:)
Lexar (F:)
Lexar (F:)
Réseau
1
1

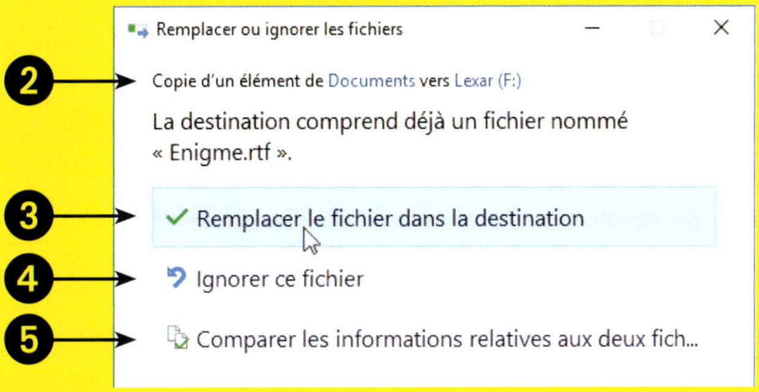
Remplacer ou ignorer les fichiers
Copie d'un élément de Documents vers Lexar (F:)
La destination comprend déjà un fichier nommé « Enigme.rtf ».
Remplacer le fichier dans la destination
Ignorer ce fichier
Comparer les informations relatives aux deux fich...
2
3
4
5

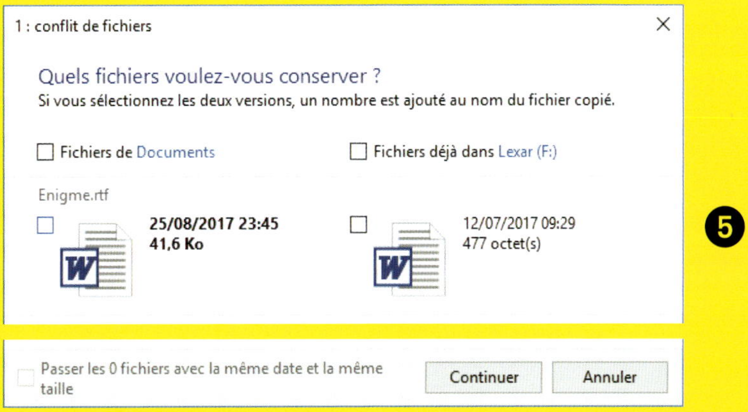
1 : conflit de fichiers
Quels fichiers voulez-vous conserver ?
Si vous sélectionnez les deux versions, un nombre est ajouté au nom du fichier copié.
Fichiers de Documents
Fichiers déjà dans Lexar (F:)
Enigme.rtf
25/08/2017 23:45
41,6 Ko
12/07/2017 09:29
477 octet(s)
Passer les 0 fichiers avec la même date et la même taille
Continuer
Annuler
5

PRÉPARER ONEDRIVE

OneDrive est un lieu de stockage privé que vous alloue Microsoft dans le Nuage et où vous pouvez copier des fichiers, soit pour y accéder depuis n'importe quel appareil connecté à l'Internet, soit pour en garder une version de secours.

1. Pour accéder à OneDrive la première fois, cliquez sur l'icône vers le début de la barre des tâches pour ouvrir l'Explorateur de Windows, puis sur **OneDrive** dans le volet de navigation, à gauche.
2. Dans la fenêtre de bienvenue, touchez ou cliquez sur **Commencer**.
3. Pour accéder à votre espace OneDrive, tapez l'adresse et le mot de passe de votre compte Microsoft, puis touchez ou cliquez sur **Se connecter**.
4. Microsoft indique qu'il va préparer votre OneDrive : touchez ou cliquez sur **Suivant**.
5. Pour *synchroniser* votre ordinateur et OneDrive, et garantir ainsi que les versions des fichiers présents aux deux endroits restent en tous points identiques, laissez les cases cochées et touchez ou cliquez sur **Suivant**.
6. Pour que OneDrive récupère les fichiers que vous n'y auriez pas encore copiés, laissez l'option correspondante cochée et cliquez sur **Terminer**.

Si vous possédez un appareil Apple, comme un iPhone ou un iPad, vous pouvez synchroniser ses fichiers et ceux de votre ordinateur grâce à *iCloud*, lui aussi accessible depuis le volet de navigation de l'Explorateur.

8 MIN

NIVEAU :

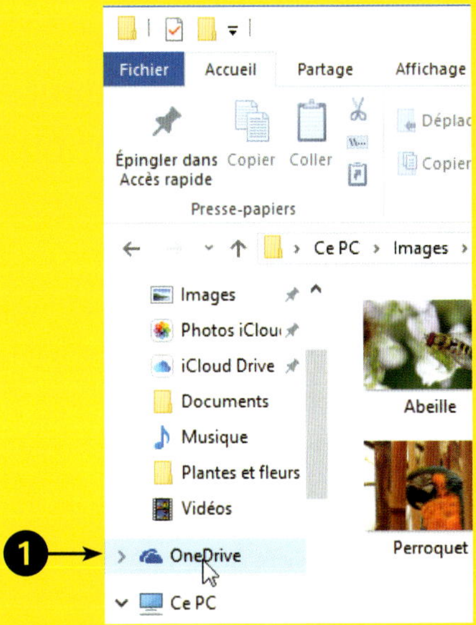
Fichier
Accueil
Partage
Affichage
Épingler dans Accès rapide
Copier
Coller
Déplac
Copier
Presse-papiers
Ce PC › Images ›
Images
Photos iClou
iCloud Drive
Documents
Musique
Plantes et fleurs
Vidéos
OneDrive
Ce PC
Abeille
Perroquet
1

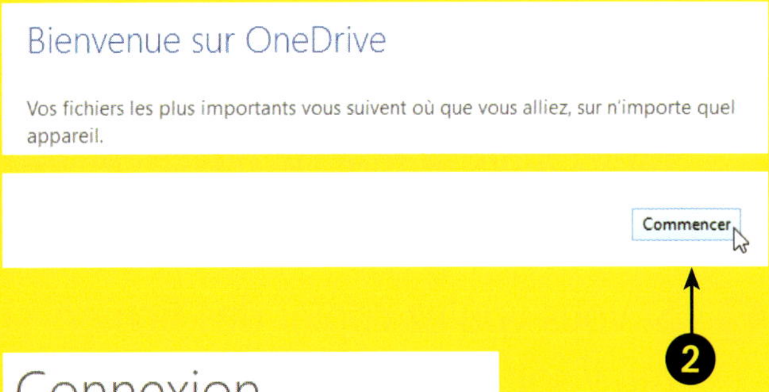
Bienvenue sur OneDrive
Vos fichiers les plus importants vous suivent où que vous alliez, sur n'importe quel appareil.
Commencer
2

Connexion
Compte Microsoft Qu'est-ce que c'est ?
heudiar@outlook.com
Mot de passe
Se connecter
3

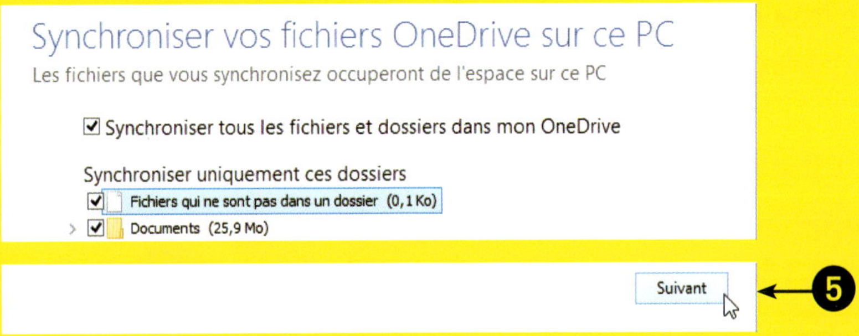
Synchroniser vos fichiers OneDrive sur ce PC
Les fichiers que vous synchronisez occuperont de l'espace sur ce PC
Synchroniser tous les fichiers et dossiers dans mon OneDrive
Synchroniser uniquement ces dossiers
Fichiers qui ne sont pas dans un dossier (0,1 Ko)
Documents (25,9 Mo)
Suivant
5

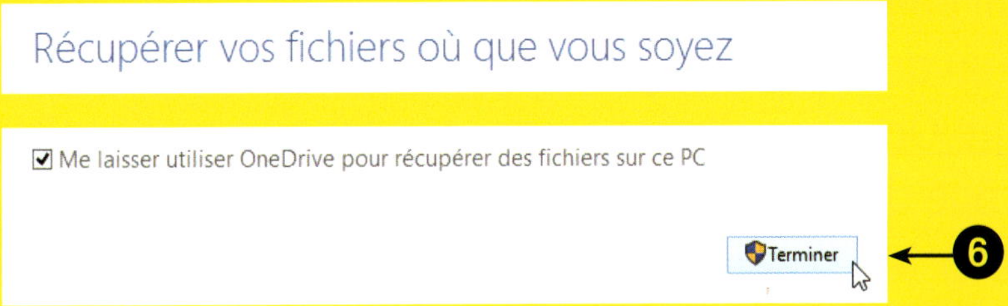
Récupérer vos fichiers où que vous soyez
Me laisser utiliser OneDrive pour récupérer des fichiers sur ce PC
Terminer
6

UTILISER ONEDRIVE

1. OneDrive se lance automatiquement au démarrage de votre ordinateur : tapez alors le mot de passe de votre compte Microsoft, puis touchez ou cliquez sur **Se connecter**.

2. Si vous voulez copier des fichiers sur OneDrive, accéder à des fichiers qui y sont stockés ou y créer des dossiers, par exemple, ouvrez l'Explorateur de Windows, cliquez sur **OneDrive** dans le volet de navigation, à gauche, et appliquez les techniques du chapitre 4.

Attention ! Quand les petites icônes rondes associées aux dossiers et aux fichiers sont vertes, les éléments sont synchronisés, et vous pouvez agir sur-le-champ. Mais si elles sont bleues, patientez le temps que OneDrive assure la synchronisation.

Autre mise en garde : le dossier **Public** créé par OneDrive est conçu pour les fichiers que vous voulez partager avec d'autres utilisateurs : n'y copiez donc rien de confidentiel.

3. Même quand L'Explorateur est fermé, OneDrive reste rapidement accessible : cliquez sur l'icône dans la zone de notification de la barre des tâches (voire d'abord sur la flèche si la précieuse icône est masquée).

4. Un mini panneau apparaît et vous indique les synchronisations en cours (ou que tout est synchronisé !) ou les dernières actions réalisées sur votre OneDrive. Pour accéder à celui-ci dans l'Explorateur, cliquez sur l'icône de dossier en haut à droite. Si OneDrive vous propose d'**Activer les fichiers à la demande**, touchez ou cliquez sur **Activer**.

7 MIN

NIVEAU :

Microsoft OneDrive
Microsoft
heudiar@outlook.com
Entrez le mot de passe
Retour
Se connecter
J'ai oublié mon mot de passe
1
1

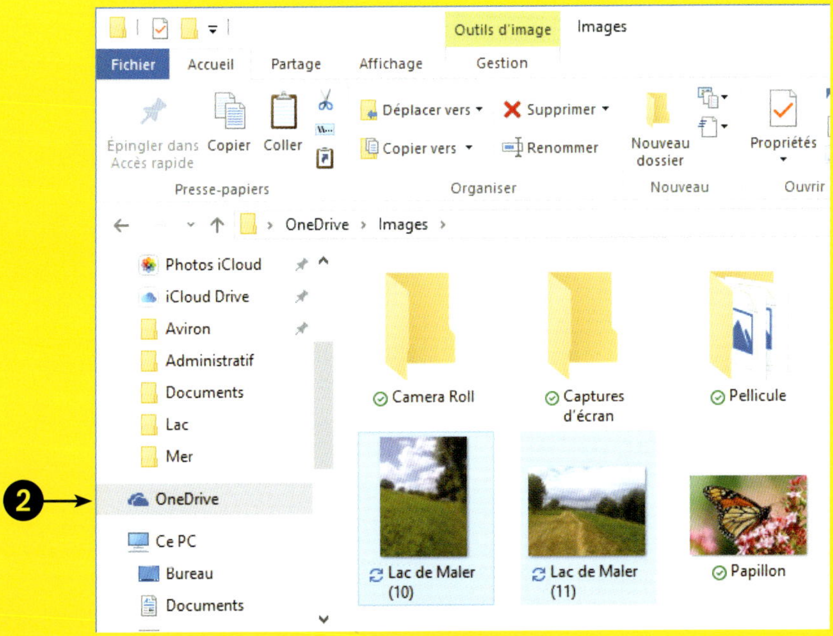
Outils d'image
Images
Fichier
Accueil
Partage
Affichage
Gestion
Épingler dans Accès rapide
Copier
Coller
Déplacer vers
Supprimer
Copier vers
Renommer
Nouveau dossier
Propriétés
Presse-papiers
Organiser
Nouveau
Ouvrir
OneDrive › Images ›
Photos iCloud
iCloud Drive
Aviron
Administratif
Documents
Lac
Mer
OneDrive
Ce PC
Bureau
Documents
Camera Roll
Captures d'écran
Pellicule
Lac de Maler (10)
Lac de Maler (11)
Papillon
2

23:31
22/08/2017
3
3

4
OneDrive est à jour
Activer les fichiers à la demande
Consultez tous les fichiers dans votre dossier OneDrive et accédez-y facilement, sans saturer l'espace disque. Travaillez comme vous le faites habituellement, tout en ayant la possibilité d'afficher tous vos fichiers.
Activer
En savoir plus
Textes GM
Chargé vers Documents
Il y a 11 minutes
index.docx
Chargé vers Documents
Il y a 12 minutes

CHAPITRE 6

VOUS BALADER SUR L'INTERNET

Que la vie serait triste sans l'Internet ! Heureusement, grâce au programme Edge de Windows 10, vous profiterez du Web au maximum, tant pour vos loisirs que votre quotidien, vous trouverez aisément des pages intéressantes et pourrez garder vos préférées accessibles à la vitesse de l'éclair !

- Visiter un site Web
- Consulter une page sans être connecté
- Rechercher des informations et des images
- Définir la page de démarrage
- Enregistrer une page comme favori
- Épingler une page dans le menu Démarrer ou dans la barre des tâches
- Partager une page
- Utiliser l'Historique
- Télécharger un fichier

VISITER UN SITE WEB

1. Pour démarrer le navigateur Edge, touchez ou cliquez sur son icône vers le début de la barre des tâches.

2. Edge apparaît : touchez ou cliquez sur l'adresse dans la *barre d'adresse*, en haut de la fenêtre.

3. La *zone d'adresse* apparaît, révélant l'adresse complète : commencez à taper celle de la page à visiter et, si Edge la suggère, touchez-la ou cliquez dessus ; sinon, tapez-la intégralement et appuyez sur la touche **Entrée** du clavier.

> Attention ! Quand vous touchez ou cliquez sur une adresse précédée d'une icône de loupe, vous n'affichez que la page de résultats de *Bing* et devez alors y toucher ou cliquer ensuite sur la page qui vous intéresse.

4. La page convoitée s'ouvre : pour accéder à un article dont vous voyez juste le début ou à une rubrique particulière, touchez ou cliquez sur le *lien* (texte ou image) qui y mène.

> Si vous utilisez une souris, le pointeur se transforme en petite main dès qu'il survole un lien.

5. La page visée par le lien apparaît : poursuivez la visite ou revenez à la page précédente en touchant ou cliquant sur l'icône **Précédente** ← avant la zone d'adresse.

2 MIN

NIVEAU :

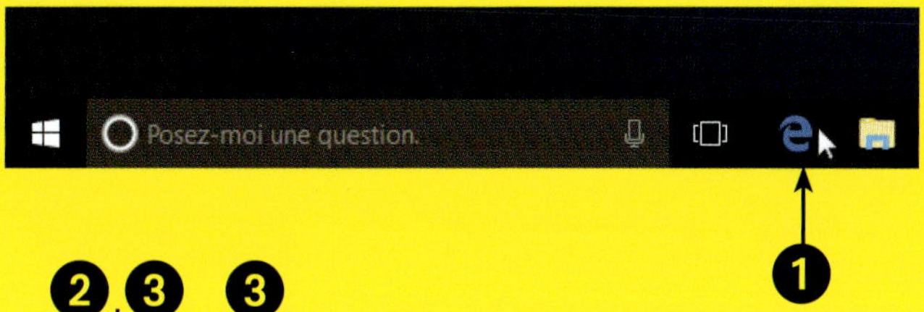
Posez-moi une question.
1

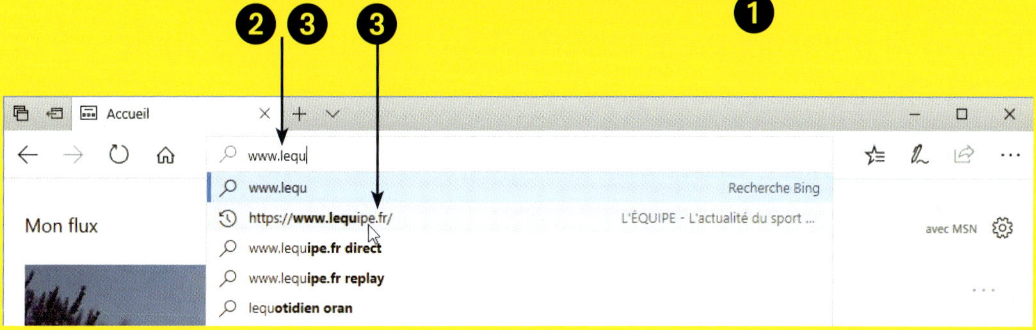
2
3
3
Accueil
www.lequ
Recherche Bing
https://www.lequipe.fr/
L'ÉQUIPE - L'actualité du sport ...
www.lequipe.fr direct
www.lequipe.fr replay
lequotidien oran
Mon flux
avec MSN

L'ÉQUIPE - L'actualité d
https://www.lequipe.fr
L'ÉQUIPE
le journal
la chaîne
découvrez
« la numérique »
1 mois offert
4
abonné
Football
Tennis
Cyclisme
Rugby...
directs
6
résultats
Foot
Les matches
direct
Tennis
Les matches
Foot
Transferts
direct
Le
championnat
des étoiles

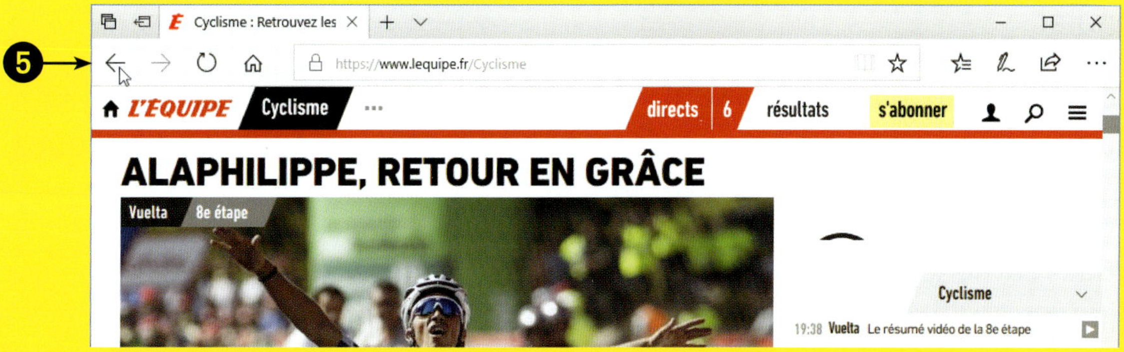
Cyclisme : Retrouvez les
5
https://www.lequipe.fr/Cyclisme
L'ÉQUIPE
Cyclisme
directs
6
résultats
s'abonner
ALAPHILIPPE, RETOUR EN GRÂCE
Vuelta
8e étape
Cyclisme
19:38 Vuelta Le résumé vidéo de la 8e étape

AFFICHER PLUSIEURS PAGES

1. Une fois la première page ouverte, touchez ou cliquez sur le + à droite de son onglet.
2. Un nouvel onglet s'ouvre : si la vignette de la page convoitée est visible, touchez-la ou cliquez dessus ; sinon, tapez l'adresse de la page.
3. La nouvelle page s'affiche ; si vous voulez en ouvrir d'autres, répétez les étapes 1 et 2.
4. Pour basculer entre les pages ouvertes, touchez ou cliquez sur l'onglet approprié, sachant que vous pouvez le pointer d'abord pour obtenir un aperçu de la page.

> Vous pouvez changer l'ordre des onglets en les faisant juste glisser à l'endroit souhaité avec le doigt ou la souris.

5. Pour fermer une page, touchez ou cliquez sur la croix × dans son onglet.
6. Pour masquer temporairement les pages ouvertes en vue d'en afficher une autre ou un autre groupe de pages apparentées, touchez ou cliquez sur l'icône avant le premier onglet.
7. Pour réafficher l'une des pages masquées par la suite, touchez ou cliquez sur l'icône , puis sur la miniature de la page.

3 MIN

NIVEAU :

1
Recette Madeleine : Mo
www.cuisineaz.com/recettes/recherche_v2.aspx?recherche=madeleine
cuisineaz
Madeleines
Bombée et moelleuse, la madeleine est souvent ce petit
souvenirs de notre enfance... Sucrée ou salée, aux fruits c
selon les plaisirs de chacun(e) et sa petite taille nous per
mieux allier les saveurs ! Et pssst... Vous voulez un secret

Recette Madeleine : Moelleı
Marmiton : 67000 recet
www.marmiton.org
2
marmiton
Rechercher
Trouver une recette, une

6
4
5
Recette Madeleine : Mo
Marmiton : 67000 recettes
750g - De la vie dans la
750g.com
Rechercher

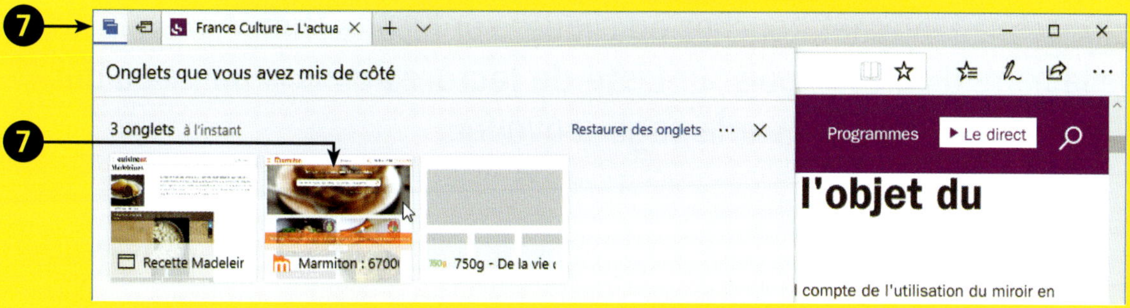
7
France Culture – L'actua
Onglets que vous avez mis de côté
3 onglets à l'instant
Restaurer des onglets
7
Recette Madeleir
Marmiton : 6700
750g - De la vie
Programmes
Le direct
l'objet du
compte de l'utilisation du miroir en

CONSULTER UNE PAGE HORS CONNEXION

Si vous arrivez sur une page Web intéressante que vous n'avez pas le temps de consulter sur-le-champ, vous pouvez l'enregistrer dans votre *liste de lectures* ; ainsi, elle sera consultable à tout moment, même si vous êtes pas connecté à l'Internet.

1. Quand vous êtes encore connecté et que la page est affichée, touchez ou cliquez sur l'icône d'étoile ☆ vers la fin de la barre d'adresse, puis sur **Liste de lectures** en haut du panneau qui s'affiche.

2. Edge propose un **Nom** pour la page : s'il ne vous convient pas, tapez celui souhaité.

3. Touchez ou cliquez sur **Ajouter**. Edge enregistre la page sur votre ordinateur.

4. Lorsque vous voudrez lire la page par la suite, même si vous n'êtes pas connecté à l'Internet, touchez ou cliquez sur l'icône **Hub** vers la fin de la barre d'adresse, puis sur **Liste de lectures** dans le panneau qui s'ouvre et, finalement, sur la page convoitée.

2 MIN

NIVEAU :

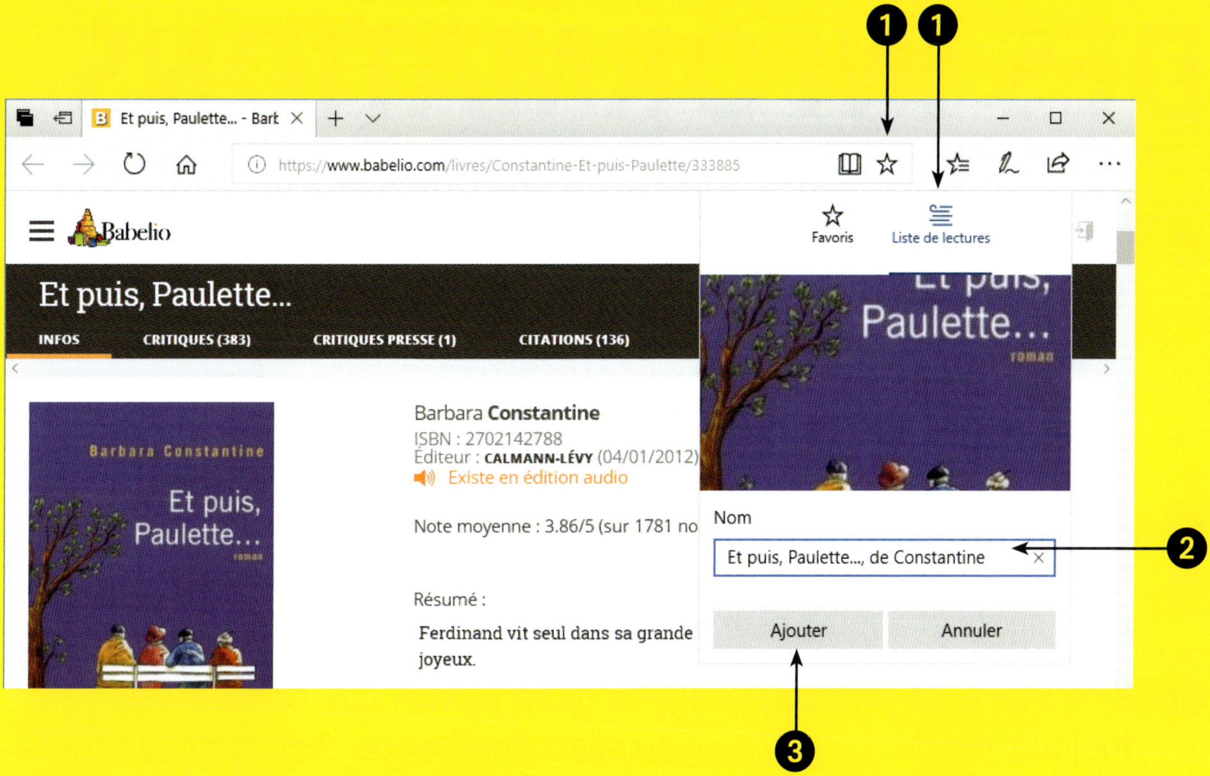
Et puis, Paulette... - Bart
https://www.babelio.com/livres/Constantine-Et-puis-Paulette/333885
Babelio
Et puis, Paulette...
INFOS
CRITIQUES (383)
CRITIQUES PRESSE (1)
CITATIONS (136)
Barbara Constantine
ISBN : 2702142788
Éditeur : CALMANN-LÉVY (04/01/2012)
Existe en édition audio
Note moyenne : 3.86/5 (sur 1781 no
Résumé :
Ferdinand vit seul dans sa grande
joyeux.
Favoris
Liste de lectures
Nom
Et puis, Paulette..., de Constantine
Ajouter
Annuler
1
1
2
3

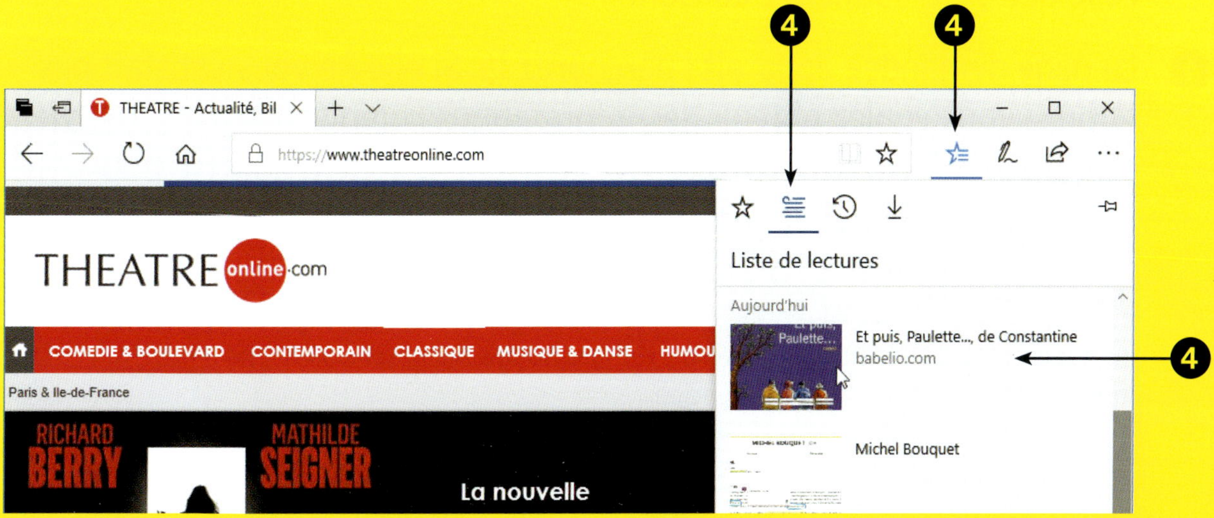
THEATRE - Actualité, Bil
https://www.theatreonline.com
THEATRE online.com
COMEDIE & BOULEVARD
CONTEMPORAIN
CLASSIQUE
MUSIQUE & DANSE
Paris & Ile-de-France
RICHARD BERRY
MATHILDE SEIGNER
La nouvelle
Liste de lectures
Aujourd'hui
Et puis, Paulette..., de Constantine
babelio.com
Michel Bouquet
4
4
4

RECHERCHER DES INFORMATIONS

1. Le moteur de recherche de Microsoft, *Bing*, étant intégré à Windows, il démarre automatiquement quand vous lancez une recherche dans Edge : donc pour trouver des pages pertinentes sur un sujet spécifique, commencez directement à taper un ou plusieurs mots-clés caractérisant ce thème dans la zone d'adresse du navigateur.

2. Au fur et à mesure de votre frappe, Bing suggère des réponses : dès que l'une d'elles convient, touchez-la ou cliquez dessus. Sinon, terminez votre saisie et appuyez sur la touche **Entrée** du clavier.

3. Bing liste d'innombrables pages a priori pertinentes, commençant toujours par des pages commerciales : touchez ou cliquez sur le titre de celle que vous souhaitez consulter.

4. La page demandée apparaît : parcourez-la. Si elle ne vous satisfait pas et/ou si vous voulez obtenir des informations complémentaires, touchez ou cliquez sur l'icône **Précédente** ← avant la zone d'adresse pour revenir aux résultats de Bing et continuez à explorer ces derniers.

Si Bing ne vous permet pas de trouver votre bonheur, vous pouvez interroger un autre moteur de recherche, comme Google `www.google.fr` : tous fonctionnent selon le même principe.

4 MIN

NIVEAU :

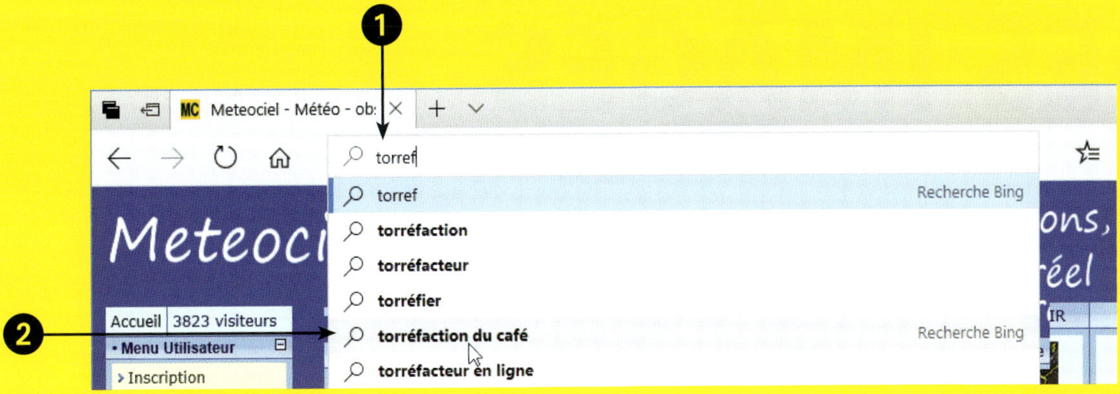
1
2
Meteociel - Météo - ob:
torref
torref
Recherche Bing
torréfaction
torréfacteur
torréfier
torréfaction du café
Recherche Bing
torréfacteur en ligne
Meteoci
Accueil
3823 visiteurs
Menu Utilisateur
Inscription

3
994 000 RÉSULTATS
Date
Langue
Pays
Capsules Nespresso Pas Cher - Offres Discounts
Annonce · offresdiscount.com/Printemps/Eté-2017
Top Discount Capsules Nespresso Pas Cher Profitez des Offres Discount 2017 !
La Torréfaction du Café - Encyclopédie Café
L'art de la torréfaction du café Définition de la torréfaction La torréfaction consiste à
griller les grains pour libérer les arômes du café , c'est une ...
Machines à café automatique · Thé Blanc Bio · Ethiopie Moka Sidamo
Torréfaction — Wikipédia
https://fr.wikipedia.org/wiki/Torréfaction

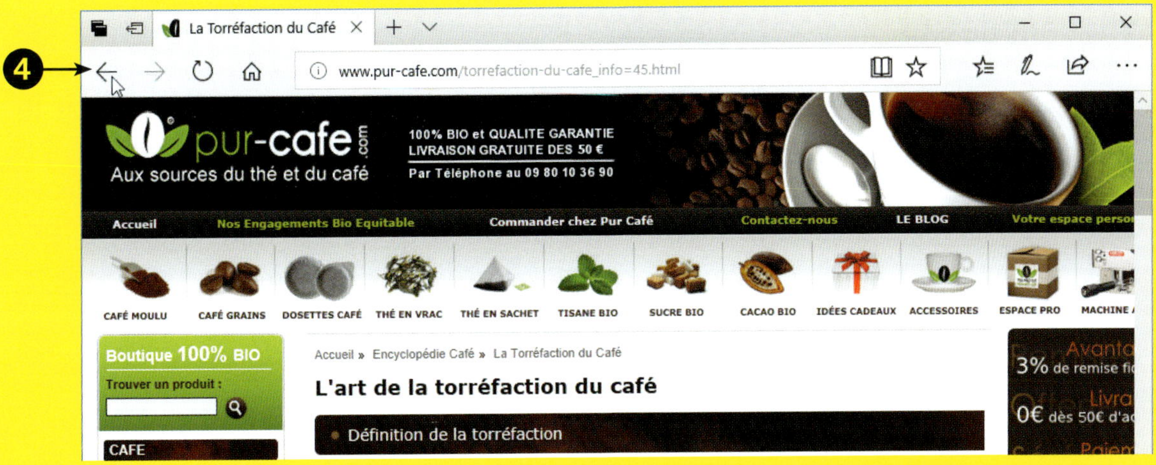
4
La Torréfaction du Café
www.pur-cafe.com/torrefaction-du-cafe_info=45.html
pur-cafe.com
Aux sources du thé et du café
100% BIO et QUALITE GARANTIE
LIVRAISON GRATUITE DES 50 €
Par Téléphone au 09 80 10 36 90
Accueil
Nos Engagements Bio Equitable
Commander chez Pur Café
Contactez-nous
LE BLOG
CAFÉ MOULU
CAFÉ GRAINS
DOSETTES CAFÉ
THÉ EN VRAC
THÉ EN SACHET
TISANE BIO
SUCRE BIO
CACAO BIO
IDÉES CADEAUX
ACCESSOIRES
ESPACE PRO
Boutique 100% BIO
Trouver un produit :
CAFE
Accueil » Encyclopédie Café » La Torréfaction du Café
L'art de la torréfaction du café
Définition de la torréfaction

RECHERCHER DES IMAGES

1. Affichez la page de Bing en tapant `www.bing.fr` dans la zone d'adresse.
2. Touchez ou cliquez sur **Images**, en haut de la page.
3. Commencez à taper des mots-clés caractérisant l'image recherchée et, si le thème convoité apparaît, touchez-le ou cliquez dessus ; sinon, terminez votre frappe et appuyez sur la touche **Entrée** du clavier.
4. Bing propose des dizaines de miniatures relatives à votre sujet : touchez ou cliquez sur celle d'une image qui vous plaît.
5. L'image apparaît en plus grand au centre de la fenêtre, au-dessus des miniatures de la page de Bing. Si vous voulez voir l'image seule à sa taille réelle, ouvrez-la dans un nouvel onglet en la touchant ou en cliquant dessus.
6. Pour visualiser l'image dans sa page d'origine, touchez ou cliquez sur le lien **Afficher la page**, en bas.
7. Pour consulter d'autres images, touchez ou cliquez sur leur vignette, en bas, ou parcourez-les successivement en utilisant les flèches latérales.

3 MIN

NIVEAU :

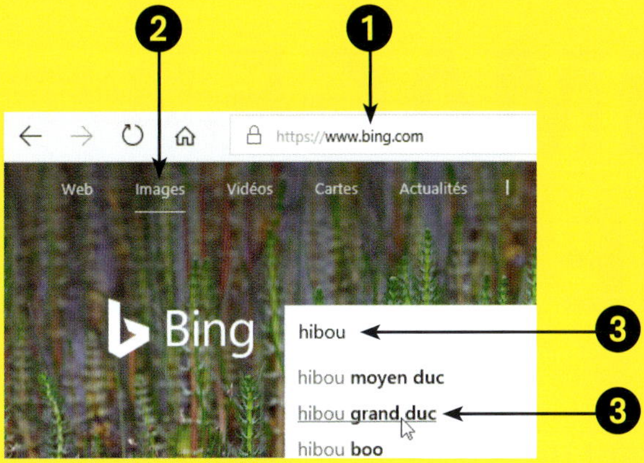

1
2
https://www.bing.com
Web
Images
Vidéos
Cartes
Actualités
Bing
hibou
hibou moyen duc
hibou grand duc
hibou boo
3
3

Web
Images
Vidéos
Cartes
Actualités
Mes enregistrements
Filtre adulte:
Modéré
Filtre
4

5
7
7
Afficher la page : passionsetpartage.clicforu
6

ENREGISTRER UNE IMAGE D'UNE PAGE WEB

1. Si, en consultant une page Web, vous trouvez une image que vous avez envie de conserver, touchez-la longuement ou cliquez dessus du bouton droit, puis touchez ou cliquez sur **Enregistrer l'image sous** dans le menu qui s'affiche.

Attention, vous n'avez pas le droit de réutiliser librement une image trouvée sur l'Internet **: vous devez** impérativement respecter le copyright. En l'occurrence, vous pouvez réemployer l'image à des fins totalement privées, mais pas la diffuser à grande échelle.

2. La boîte de dialogue **Enregistrer sous** apparaît : ouvrez le dossier où stocker l'image. Par exemple, pour l'enregistrer dans un dossier de la bibliothèque **Images**, touchez ou cliquez sur ce mot dans l'arborescence à gauche, puis tapotez deux fois ou double-cliquez sur le dossier au centre.

3. Si le nom actuel de l'image dans la zone **Nom du fichier** ne vous convient pas, tapez-en un autre.

4. Touchez ou cliquez sur **Enregistrer**.

1 MIN

NIVEAU :

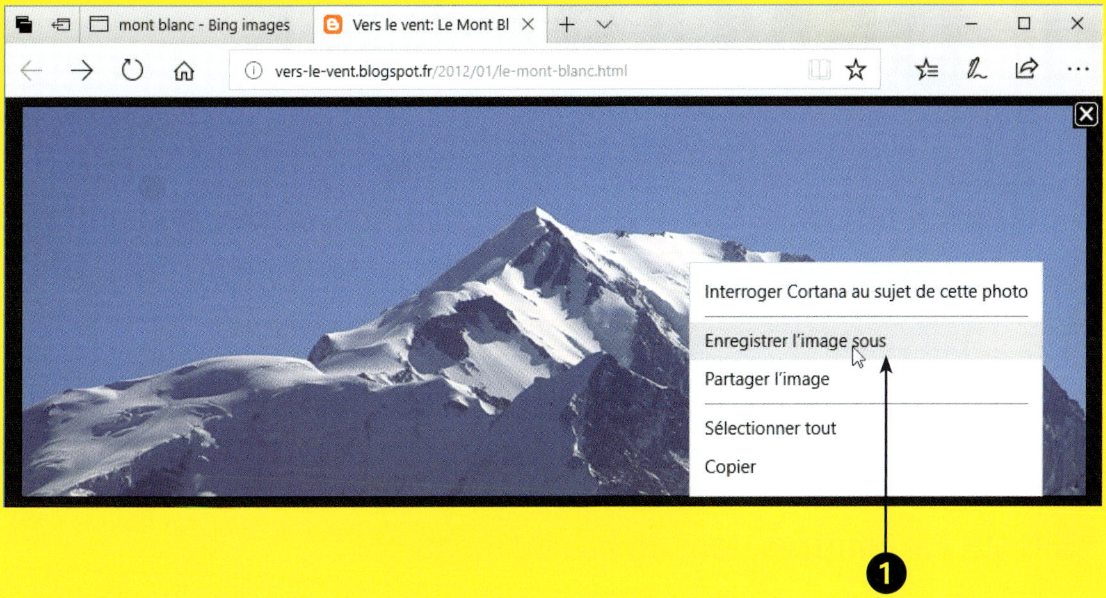
mont blanc - Bing images
Vers le vent: Le Mont Bl
vers-le-vent.blogspot.fr/2012/01/le-mont-blanc.html
Interroger Cortana au sujet de cette photo
Enregistrer l'image sous
Partager l'image
Sélectionner tout
Copier
1

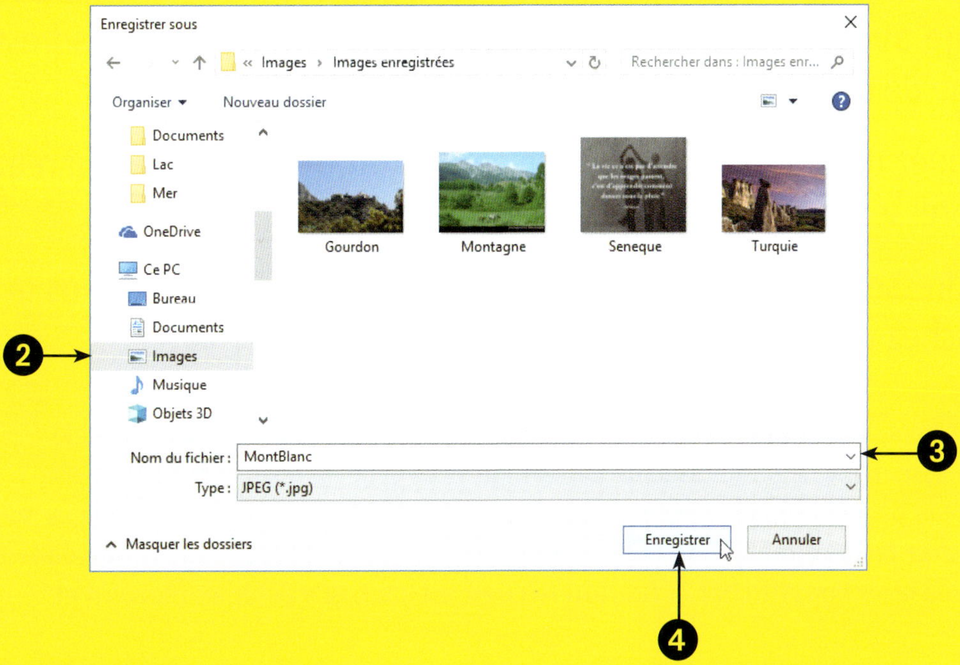
Enregistrer sous
« Images › Images enregistrées
Rechercher dans : Images enr...
Organiser
Nouveau dossier
Documents
Lac
Mer
OneDrive
Ce PC
Bureau
Documents
Images
Musique
Objets 3D
Gourdon
Montagne
Seneque
Turquie
Nom du fichier :
MontBlanc
Type :
JPEG (*.jpg)
Masquer les dossiers
Enregistrer
Annuler
2
3
4

CHOISIR LA PAGE DE DÉMARRAGE

❶ Après avoir affiché la future page de démarrage, cliquez du bouton droit sur son adresse, puis du gauche sur **Copier** dans le menu qui s'affiche.

Certaines pages comportent une option du type **Choisir comme page de démarrage** : dans ce cas, vous n'avez qu'à la toucher ou à cliquer dessus !

❷ Touchez ou cliquez sur les trois points ··· à la fin de la barre d'adresse, puis sur **Paramètres**, tout en bas du menu.

❸ Le panneau **Paramètres** apparaît : à la rubrique **Ouvrir Microsoft Edge avec**, touchez ou cliquez sur la croix × à droite de l'adresse de la page de démarrage actuelle pour la supprimer.

❹ Cliquez du bouton droit dans la zone **Indiquer une URL** qui remplace l'adresse effacée, puis du gauche sur **Coller**.

❺ L'adresse de la page actuelle, copiée à l'étape 1, s'insère dans la zone : touchez ou cliquez sur la petite icône **Enregistrer**.

Attention ! contrairement aux apparences, l'icône **Accueil** devant la zone d'adresse n'affiche pas la page de démarrage, mais celle de Microsoft. Pour qu'elle ouvre la page de l'étape 1, vous devez répéter les étapes 1 et 2, toucher ou cliquer sur **Afficher les paramètres avancés**, tout en bas, sélectionner **Page spécifique** dans la liste de la section **Afficher le bouton Accueil**, en haut, et répéter les étapes 4 et 5.

2 MIN

NIVEAU :

1
1
Citation-du-jour.fr - La
https://www.citation-du-jour.fr
2
Couper
Copier
Coller
Annuler
Sélectionner tout
Les parents d'hui veulent être aimés de
leurs enfan rreur les entraîne à toutes
sortes de faiblesses et de facilités.

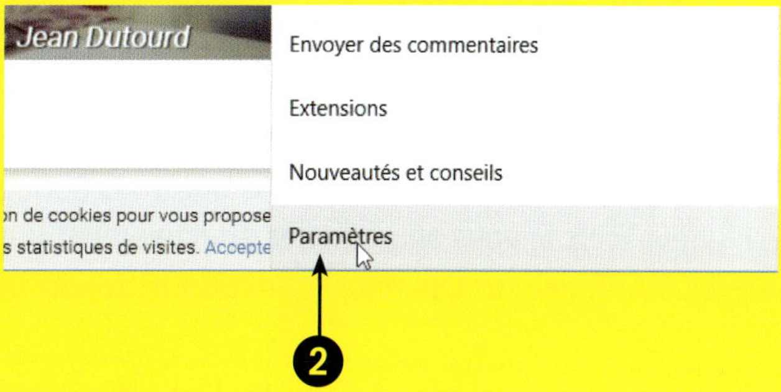
Jean Dutourd
Envoyer des commentaires
Extensions
Nouveautés et conseils
Paramètres
2

Ouvrir Microsoft Edge avec
Une ou des pages spécifiques
http://www.foozine.com/
3
Ajouter une nouvelle page

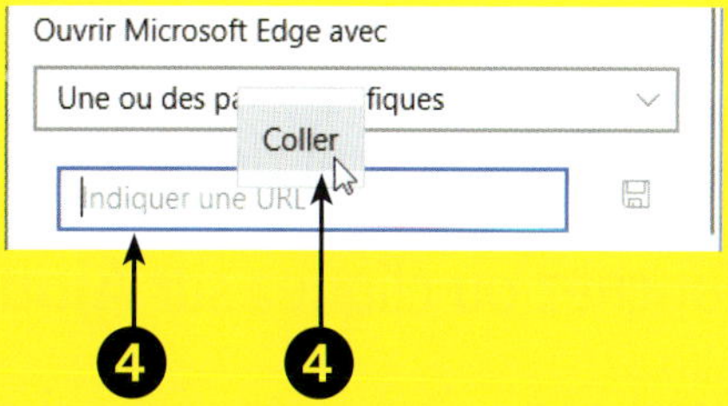
Ouvrir Microsoft Edge avec
Coller
Indiquer une URL
4
4

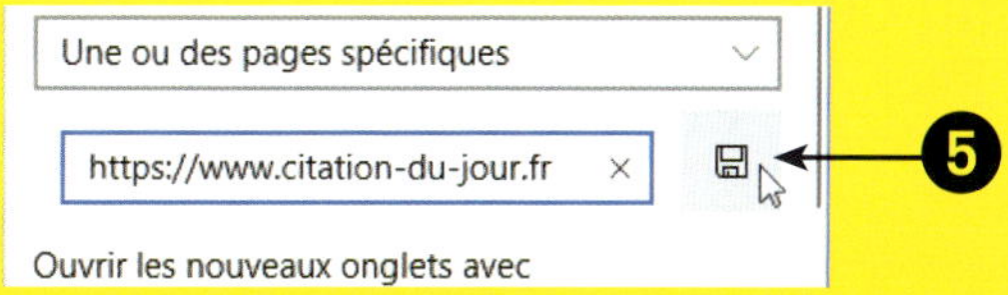
Une ou des pages spécifiques
https://www.citation-du-jour.fr
5
Ouvrir les nouveaux onglets avec

ENREGISTRER ET CONSULTER UN FAVORI

❶ Après avoir affiché la page à enregistrer comme favori, touchez ou cliquez sur l'icône d'étoile ☆ vers la fin de la barre d'adresse, puis sur **Favoris** ☆ en haut du panneau qui s'affiche.

Soit au premier démarrage d'Edge, soit plus tard, une infobulle en haut à droite propose de récupérer les favoris que vous auriez enregistrés dans un autre navigateur Web. Si vous en possédez effectivement que vous voulez intégrer à Edge, touchez ou cliquez sur **Oui, commençons**, et suivez les instructions à l'écran.

❷ Un panneau se déroule : si la liste **Enregistrer dans** n'affiche pas déjà **Favoris**, touchez-la ou cliquez dessus, puis sur cette option.

❸ Si le **Nom** actuel de la page ne vous plaît pas, tapez celui souhaité.

❹ Touchez ou cliquez sur **Ajouter**. L'étoile ☆ de la barre d'adresse jaunit ★.

❺ Pour consulter votre favori par la suite, touchez ou cliquez sur l'icône **Hub** ☆ vers la fin de la barre d'adresse, puis sur l'icône **Favoris** ☆ dans le panneau qui s'ouvre et, finalement, sur la page.

Supprimez systématiquement tout favori obsolète ou sans intérêt : touchez-le longuement ou cliquez dessus du bouton droit, puis touchez ou cliquez sur **Supprimer**.

2 MIN

NIVEAU :

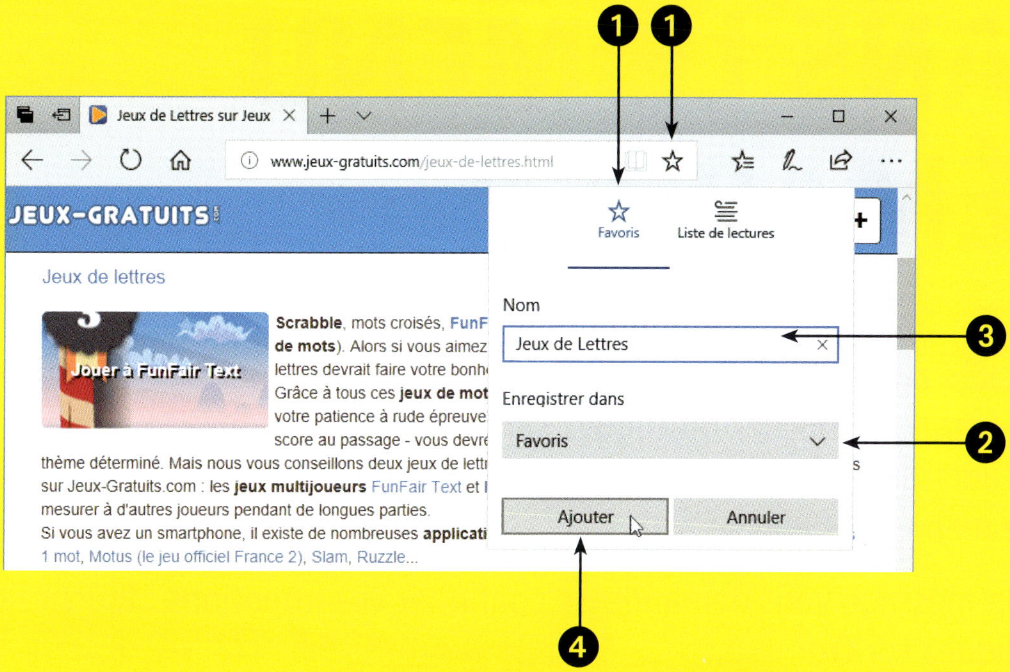

Jeux de Lettres sur Jeux
www.jeux-gratuits.com/jeux-de-lettres.html
JEUX-GRATUITS
Favoris
Liste de lectures
Jeux de lettres
Nom
Jeux de Lettres
Enregistrer dans
Favoris
Ajouter
Annuler
1
1
2
3
4

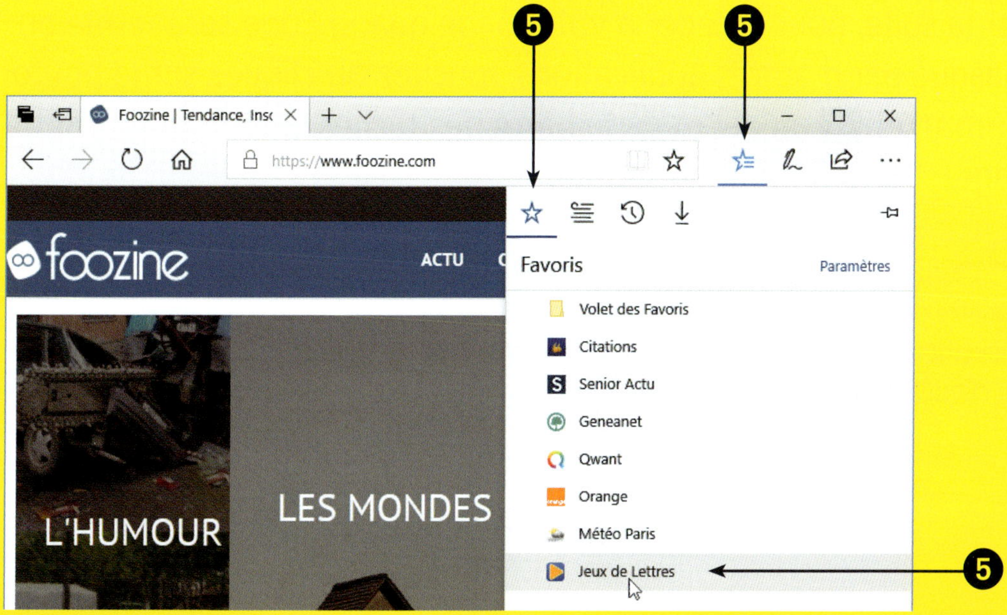

Foozine | Tendance, Insc
https://www.foozine.com
foozine
ACTU
Favoris
Paramètres
Volet des Favoris
Citations
Senior Actu
Geneanet
Qwant
Orange
Météo Paris
Jeux de Lettres
L'HUMOUR
LES MONDES
5
5
5

ÉPINGLER UNE PAGE DANS LE MENU DÉMARRER

1. Après avoir affiché la page qui devra avoir sa vignette dans le menu **Démarrer**, touchez ou cliquez sur les trois points ··· à la fin de la barre d'adresse, puis sur **Épingler cette page à l'écran de démarrage** dans le menu qui s'affiche.

2. Un message vous demande de confirmer vos intentions : touchez ou cliquez sur **Oui**.

3. Par la suite, pour accéder à votre page quand Edge sera fermé ou masqué par d'autres applications, touchez ou cliquez sur le bouton **Démarrer** au début de la barre des tâches, puis sur la vignette de la page.

L'espace du menu **Démarrer** étant limité, supprimez systématiquement chaque vignette de page que vous ne consultez presque plus : touchez-la longuement, puis brièvement l'icône dans son angle inférieur droit, et **Détacher du menu D**émarrer. Ou cliquez dessus du bouton droit, puis du gauche sur la même commande.

30 SEC

NIVEAU :

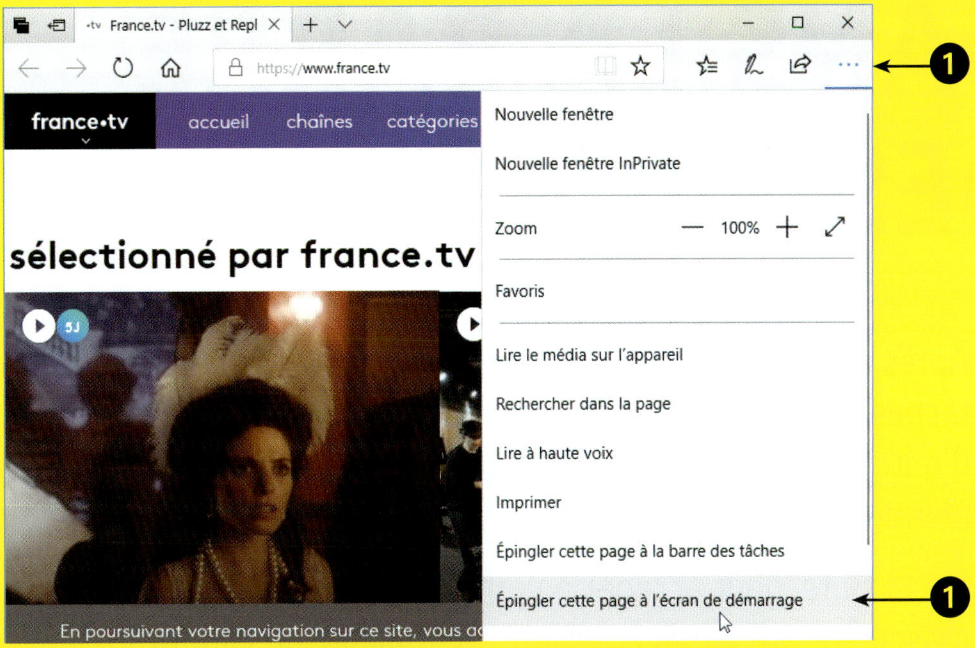

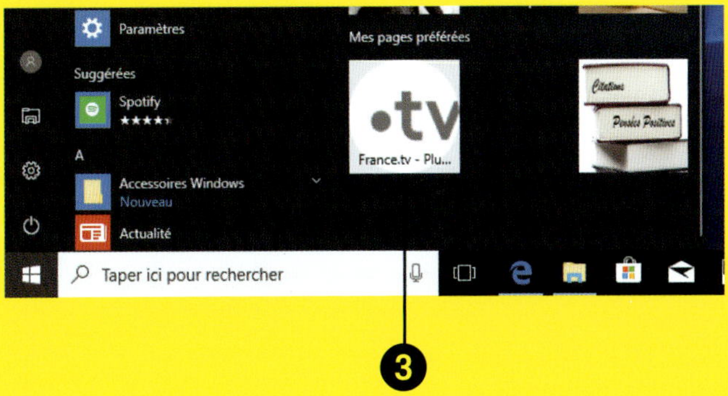

ÉPINGLER UNE PAGE DANS LA BARRE DES TÂCHES

1. Après avoir affiché la page qui devra avoir son icône dans la barre des tâches, touchez ou cliquez sur les trois points ··· à la fin de la barre d'adresse, puis sur **Épingler cette page à la barre des tâches** dans le menu qui s'affiche.

2. Par la suite, pour accéder à votre page quand Edge sera fermé ou masqué par d'autres applications, touchez ou cliquez juste sur son icône dans la partie centrale de la barre des tâches.

La barre des tâches n'étant pas extensible, supprimez systématiquement les icônes de pages que vous ne consultez plus très souvent : touchez longuement l'icône de la page à supprimer ou cliquez dessus du bouton droit, puis touchez ou cliquez sur **Détacher de la barre des tâches**.

30 SEC

NIVEAU :

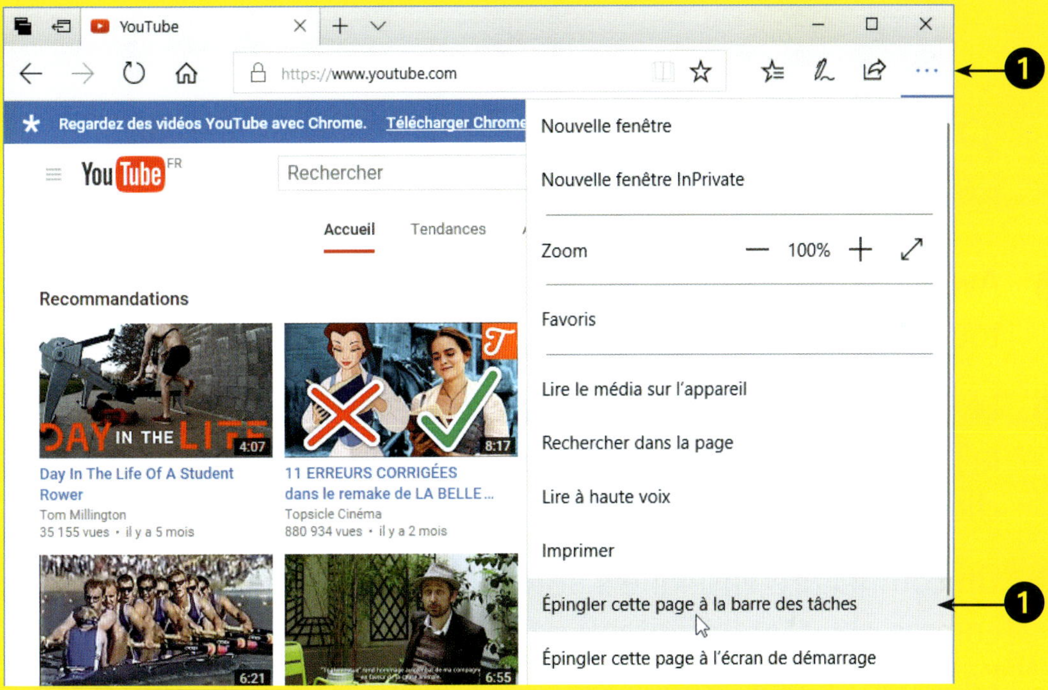

ENVOYER UNE PAGE À UN AMI

Avant de pouvoir envoyer une page par courriel, vous devez avoir préparé l'application Courrier, comme expliqué au début du chapitre 7.

1. Avoir affiché la page à transmettre à un ami, un parent ou autre, touchez ou cliquez sur **Partager** vers la fin de la barre d'outils.
2. Le panneau **Partager** s'ouvre : si le destinataire souhaité figure dans la partie supérieure, touchez-le ou cliquez dessus ; sinon, touchez ou cliquez sur **Courrier**.
3. Un courriel prérenseigné s'affiche, avec, au moins, le nom de la page comme objet, et le contenu de cette page dans sa zone centrale ; si l'adresse du destinataire ne figure pas déjà dans la zone **À** (tout dépend de votre action à l'étape 2), tapez-la.
4. Si l'objet proposé ne vous convient pas, tapez-en un autre.
5. Au-dessus de la page intégrée, tapez éventuellement un petit mot d'accompagnement.
6. Touchez ou cliquez sur **Envoyer**.

2 MIN

NIVEAU :

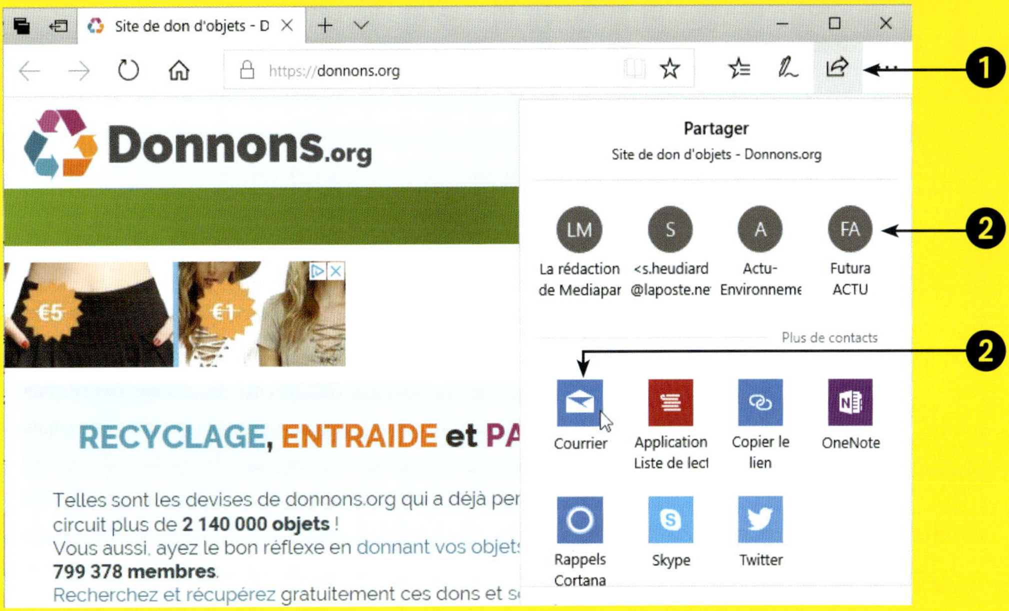
Site de don d'objets - D
https://donnons.org
Donnons.org
Partager
Site de don d'objets - Donnons.org
LM
La rédaction de Mediapar
S
<s.heudiard @laposte.ne
A
Actu-Environneme
FA
Futura ACTU
Plus de contacts
Courrier
Application Liste de lect
Copier le lien
OneNote
Rappels Cortana
Skype
Twitter
RECYCLAGE, ENTRAIDE et PA
Telles sont les devises de donnons.org qui a déjà per
circuit plus de 2 140 000 objets !
Vous aussi, ayez le bon réflexe en donnant vos objet
799 378 membres.
Recherchez et récupérez gratuitement ces dons et s
1
2
2

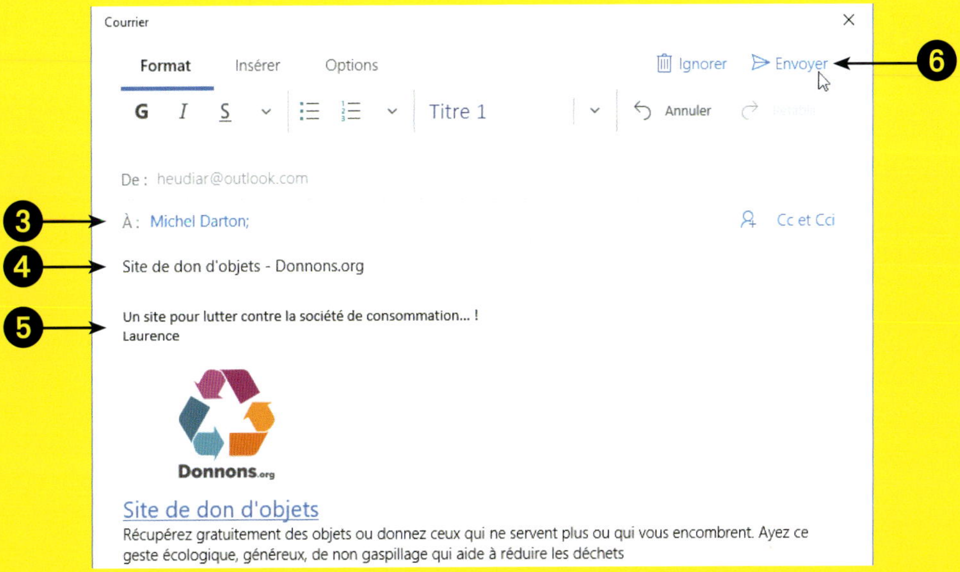
Courrier
Format
Insérer
Options
Ignorer
Envoyer
Titre 1
Annuler
De : heudiar@outlook.com
À : Michel Darton;
Cc et Cci
Site de don d'objets - Donnons.org
Un site pour lutter contre la société de consommation... !
Laurence
Donnons.org
Site de don d'objets
Récupérez gratuitement des objets ou donnez ceux qui ne servent plus ou qui vous encombrent. Ayez ce geste écologique, généreux, de non gaspillage qui aide à réduire les déchets
3
4
5
6

UTILISER L'HISTORIQUE

1. Pour retrouver une page consultée il y a quelques jours, voire deux ou trois semaines, touchez ou cliquez sur l'icône **Hub** ☆≡ à la fin de la barre d'adresse d'Edge.
2. Un panneau s'ouvre : touchez ou cliquez sur l'icône **Historique** ⟲.
3. L'Historique s'affiche, listant toutes les pages visitées au cours des dernières semaines, de la plus récente à la plus ancienne : touchez ou cliquez sur le jour ou la semaine ou vous avez consulté la page que vous voulez revoir.
4. Touchez ou cliquez sur la page à consulter. Elle apparaît aussitôt, et le volet **Historique** se ferme automatiquement.

30 SEC

NIVEAU :

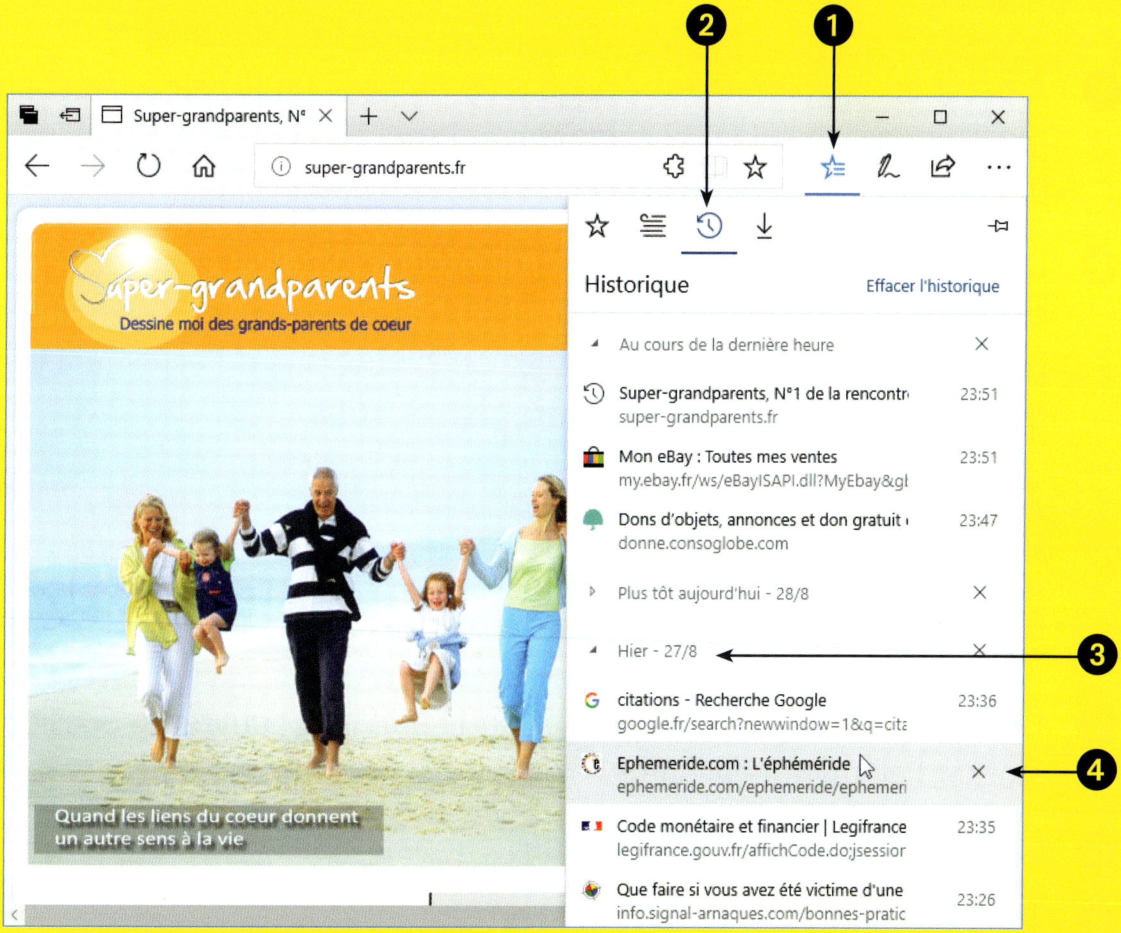

TÉLÉCHARGER UN FICHIER

1. À partir du moment où une page Web propose un fichier à télécharger (programme, chanson, document ou autre), elle prévoit un lien, un bouton ou une icône à cette fin : touchez-le/la ou cliquez dessus.
2. Le transfert du fichier sur votre ordinateur s'initialise et, quelques secondes après, une barre apparaît au bas de la fenêtre pour vous permettre de l'enregistrer : touchez ou cliquez sur la flèche qui borde le bouton **Enregistrer**, puis sur **Enregistrer sous**.

> Si le fichier s'ouvre aussitôt dans l'application ou le programme adapté(e), exécutez alors la commande d'enregistrement de celle-ci ou celui-ci. Par exemple, dans le cas d'un *PDF*, touchez ou cliquez sur l'icône **Enregistrer** dans la barre d'outils en haut ou en bas de la page (si cette barre a disparu, réaffichez-la en touchant ou cliquant dans le document).

3. La boîte de dialogue **Enregistrer sous** apparaît : ouvrez le dossier où stocker l'élément téléchargé.
4. Si le **Nom du fichier** ne vous convient pas, tapez-en un autre.
5. Touchez ou cliquez sur **Enregistrer**.
6. Le site transfère le fichier sur votre ordinateur. Si une barre apparaît au bas de la fenêtre, avec des boutons **Ouvrir le dossier** et **Afficher les téléchargements**, touchez ou cliquez sur l'un ou l'autre pour accéder directement à votre fichier.

2 MIN

NIVEAU :

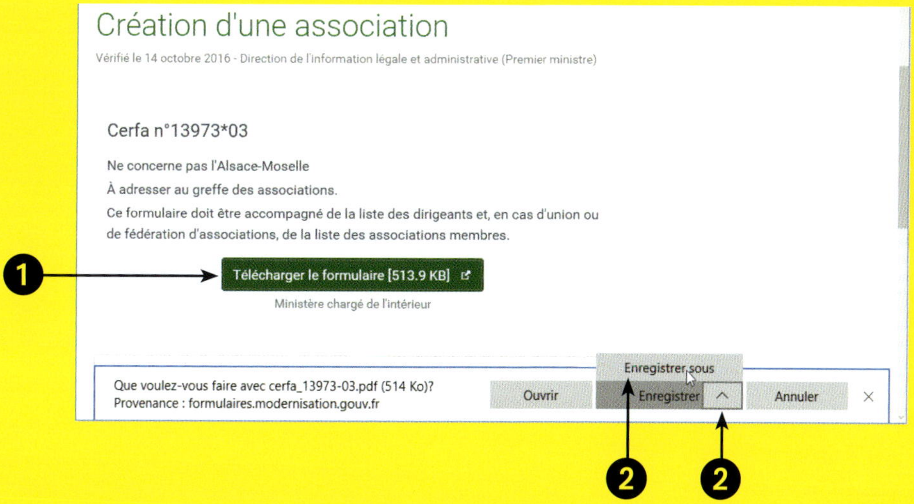
Création d'une association
Vérifié le 14 octobre 2016 - Direction de l'information légale et administrative (Premier ministre)
Cerfa n°13973*03
Ne concerne pas l'Alsace-Moselle
À adresser au greffe des associations.
Ce formulaire doit être accompagné de la liste des dirigeants et, en cas d'union ou de fédération d'associations, de la liste des associations membres.
1
Télécharger le formulaire [513.9 KB]
Ministère chargé de l'intérieur
Que voulez-vous faire avec cerfa_13973-03.pdf (514 Ko)?
Provenance : formulaires.modernisation.gouv.fr
Ouvrir
Enregistrer sous
Enregistrer
Annuler
2
2

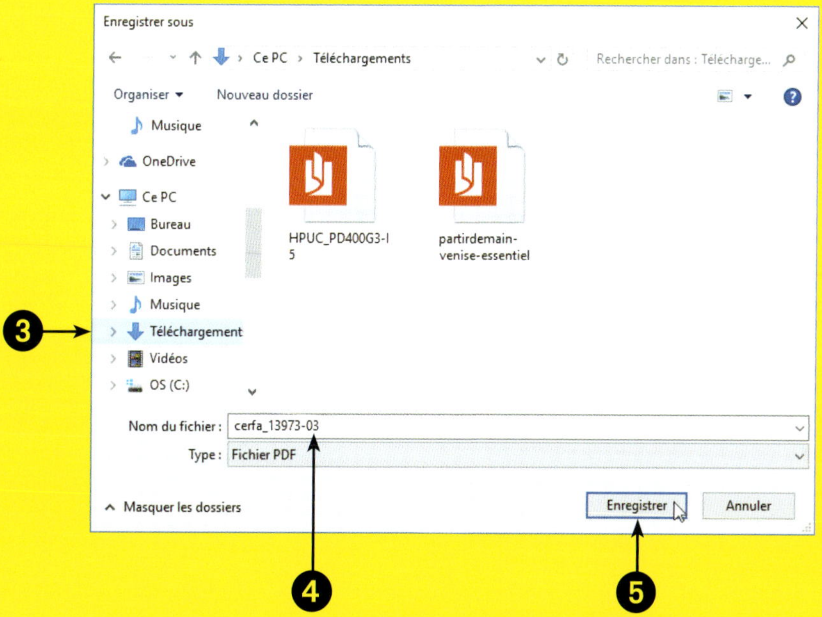
Enregistrer sous
Ce PC › Téléchargements
Rechercher dans : Télécharge...
Organiser
Nouveau dossier
Musique
OneDrive
Ce PC
Bureau
Documents
Images
Musique
Téléchargement
Vidéos
OS (C:)
HPUC_PD400G3-I 5
partirdemain-venise-essentiel
3
Nom du fichier : cerfa_13973-03
Type : Fichier PDF
Masquer les dossiers
Enregistrer
Annuler
4
5

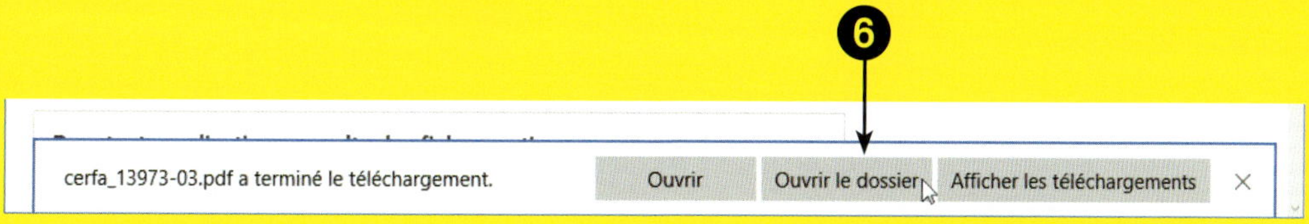
6
cerfa_13973-03.pdf a terminé le téléchargement.
Ouvrir
Ouvrir le dossier
Afficher les téléchargements

CHAPITRE 7

COMMUNIQUER FACILEMENT GRÂCE AUX COURRIELS

À la fois très rapides, gratuits, disponibles en permanence et faciles à utiliser, les courriels vous permettent de garder le contact avec vos amis et parents du monde entier, et même d'échanger avec eux des photos ou des petites vidéos. À maîtriser sans délai, donc !

- Préparer et vous repérer dans l'application Courrier
- Envoyer un courriel à une seule personne ou à plusieurs
- Recevoir des courriels et y répondre
- Transférer un courriel
- Supprimer un courriel
- Envoyer et recevoir un fichier
- Enregistrer un contact
- Garder un accès immédiat à vos contacts préférés

UTILISER L'APPLICATION COURRIER

❶ Touchez ou cliquez sur le bouton **Démarrer** au début de la barre des tâches, puis sur la vignette **Courrier** dans le menu **Démarrer**.

❷ L'application Courrier démarre. La première fois, elle vous propose d'utiliser l'adresse de votre compte Microsoft : acceptez en touchant ou cliquant sur **Vous êtes fin prêt**.

❸ La fenêtre de l'application s'ouvre : pour accéder aux courriels d'un dossier spécifique, touchez ou cliquez sur celui-ci à gauche s'il est déjà visible ; sinon, touchez ou cliquez d'abord sur l'icône .

Quand la colonne gauche réunit juste des icônes, vous pouvez afficher le nom des commandes correspondantes en touchant ou cliquant sur l'icône , tout en haut. Si, ensuite, le dossier souhaité n'est toujours pas visible, il suffit de toucher ou cliquer sur **Plus** pour les afficher tous.

❹ Pour ouvrir un courriel, touchez ou cliquez sur son nom au centre. Si la fenêtre de l'application est assez grande, le contenu du message apparaît à droite ; sinon, il s'approprie toute la fenêtre, et vous devez alors toucher ou cliquer sur la flèche au début de sa barre d'outils pour revenir à votre boîte aux lettres.

2 MIN

NIVEAU :

1

2

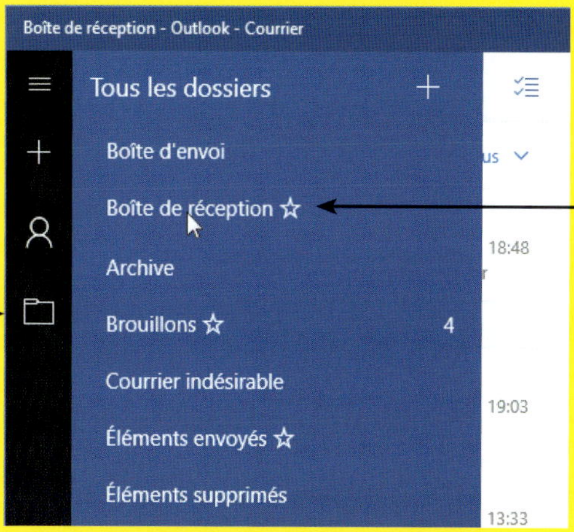

3

3

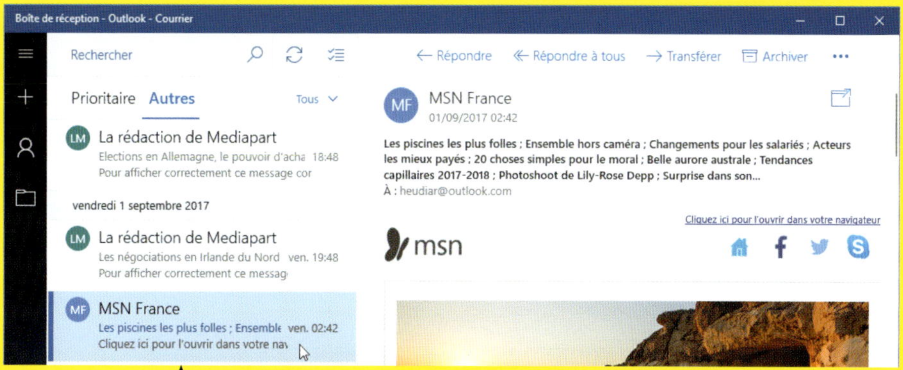

4

AJOUTER UN COMPTE

1. Si vous possédez plusieurs adresses de messagerie, vous pouvez les intégrer à l'application Courrier, qui créera alors une boîte aux lettres pour chacune. Touchez ou cliquez sur l'icône **Paramètres** au bas de la colonne des dossiers.

2. Le panneau **Paramètres** apparaît à droite : touchez ou cliquez sur **Gérer les comptes**, en haut.

3. Le panneau **Gérer les comptes** s'affiche : touchez ou cliquez sur **Ajouter un compte**.

4. Différents types de comptes s'affichent : touchez ou cliquez sur celui que vous voulez ajouter, ou sur **Autre compte** si aucun ne convient.

5. Plusieurs étapes se succèdent ensuite : comme elles varient en fonction du type de compte choisi, suivez les instructions qui s'affichent à l'écran.

6. L'application Courrier crée une boîte aux lettres pour chaque compte : pour basculer de l'une à l'autre, touchez ou cliquez sur l'icône du compte actuel en haut de la colonne des dossiers, puis sur le nom du compte à utiliser.

Vous devez afficher le bon compte pour en consulter les courriels, bien sûr, mais aussi avant d'envoyer un message.

5 MIN

NIVEAU :

vendredi 1 septembre 2017
LM La rédaction de Mediapart
Les négociations en Irlande du Nord ven. 19:48
Pour afficher correctement ce messag
MF MSN France
Les piscines les plus folles ; Ensemble ven. 02:42
Cliquez ici pour l'ouvrir dans votre nav
1

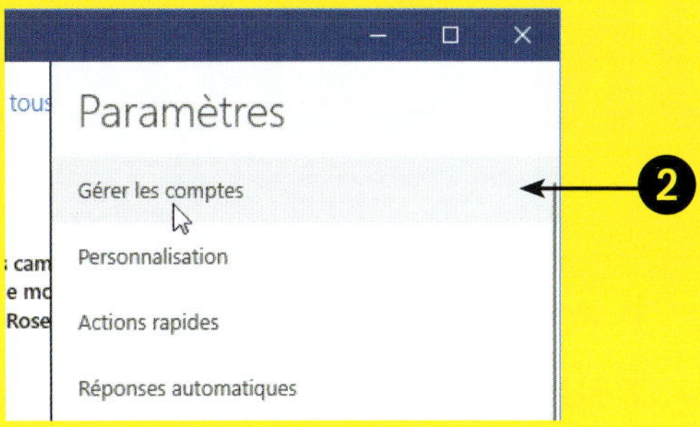
Paramètres
Gérer les comptes
Personnalisation
Actions rapides
Réponses automatiques
2

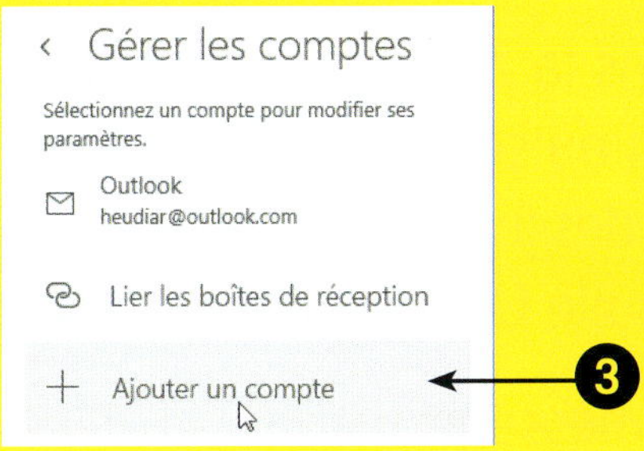
Gérer les comptes
Sélectionnez un compte pour modifier ses paramètres.
Outlook
heudiar@outlook.com
Lier les boîtes de réception
Ajouter un compte
3

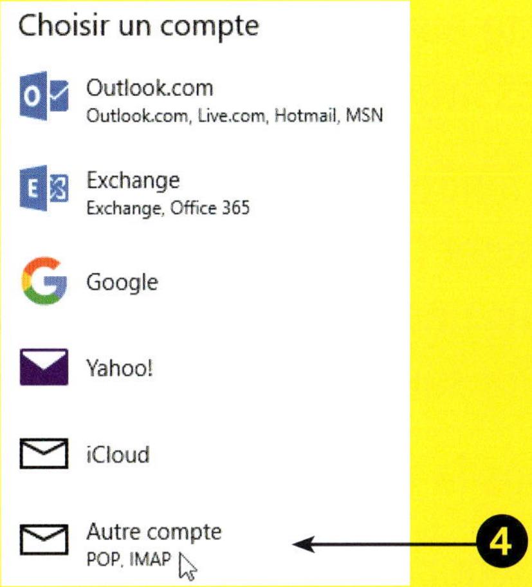
Choisir un compte
Outlook.com
Outlook.com, Live.com, Hotmail, MSN
Exchange
Exchange, Office 365
Google
Yahoo!
iCloud
Autre compte
POP, IMAP
4

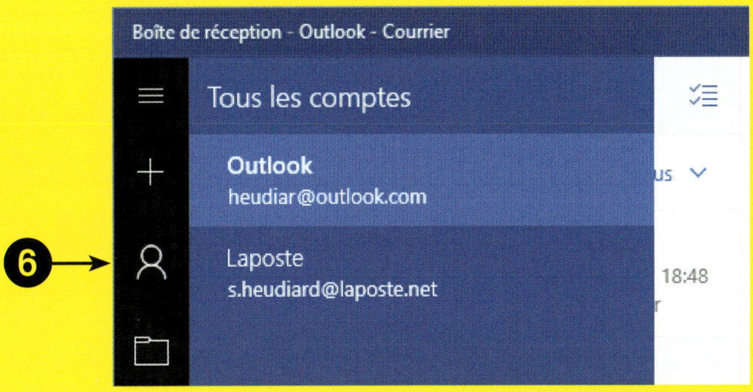
Boîte de réception - Outlook - Courrier
Tous les comptes
Outlook
heudiar@outlook.com
Laposte
s.heudiard@laposte.net
18:48
6

ENVOYER UN COURRIEL

1. Si vous avez ajouté plusieurs comptes à l'application Courrier, activez d'abord celui à utiliser : touchez ou cliquez sur l'icône du compte actuel en haut, puis sur le nom du compte souhaité.
2. Juste au-dessus, touchez ou cliquez sur le + ou sur **Nouveau message**, selon ce qui est visible.
3. La fenêtre d'un courriel vierge s'affiche : dans la zone **À**, commencez à taper l'adresse du destinataire. Si son nom ou son adresse apparaît dans une infobulle, touchez-le/la ou cliquez dessus ; sinon, terminez votre saisie et touchez ou cliquez sur l'infobulle **Utiliser cette adresse**.
4. Dans la zone **Objet**, tapez le sujet de votre message.
5. Touchez ou cliquez au-dessous de l'objet et tapez le texte à envoyer.
6. Touchez ou cliquez sur **Envoyer**, à la fin de la barre d'outils.
7. L'application expédie votre courriel et en place une copie dans le dossier **Messages envoyés** : si vous voulez vérifier que le courriel a bien été expédié, touchez ou cliquez directement sur ce dossier dans la colonne gauche ou, s'il n'est pas visible, d'abord sur l'icône .

3 MIN

NIVEAU :

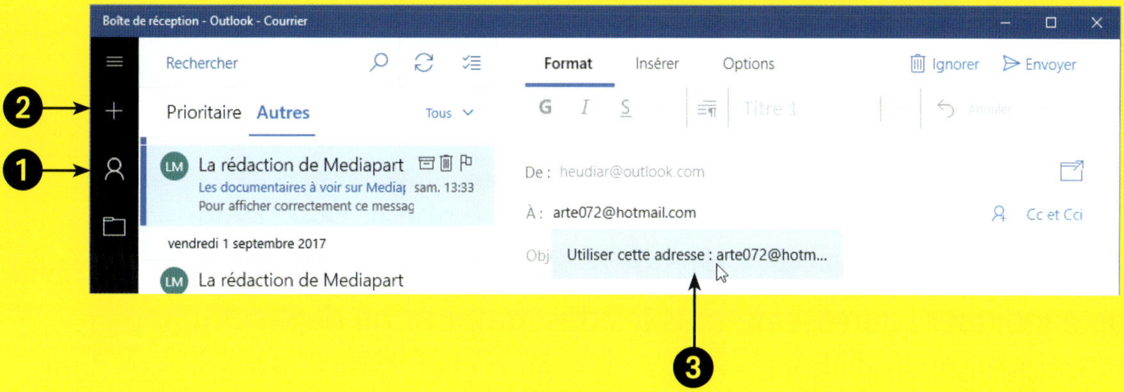
Boîte de réception - Outlook - Courrier
Rechercher
Format
Insérer
Options
Ignorer
Envoyer
Prioritaire
Autres
Tous
La rédaction de Mediapart
Les documentaires à voir sur Mediap
sam. 13:33
Pour afficher correctement ce messag
vendredi 1 septembre 2017
La rédaction de Mediapart
De : heudiar@outlook.com
À : arte072@hotmail.com
Cc et Cci
Utiliser cette adresse : arte072@hotm...
1
2
3

Format
Insérer
Options
Ignorer
Envoyer
Titre 1
Annuler
De : heudiar@outlook.com
À : arte072@hotmail.com;
Cc et Cci
Besoin d'un conseil
Coucou
Je crois que tu as passé un séjour à Barcelone l'an dernier. Aurais-tu un hôtel à me recommander ?
Merci !
4
5
6

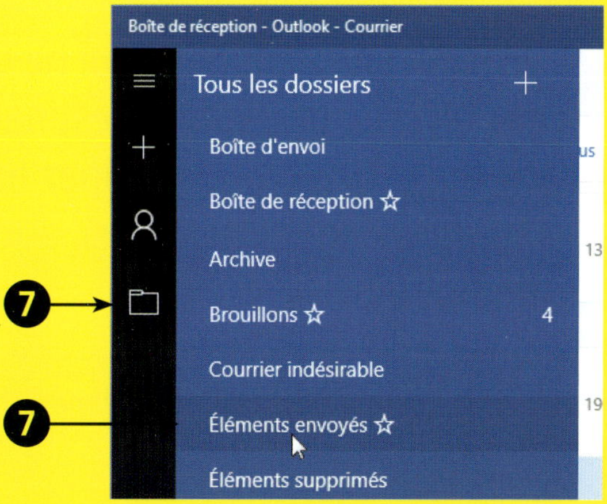
Boîte de réception - Outlook - Courrier
Tous les dossiers
Boîte d'envoi
Boîte de réception
Archive
Brouillons
4
Courrier indésirable
Éléments envoyés
Éléments supprimés
7
7

FAIRE UN ENVOI MULTIPLE

1. Que vous vouliez écrire à trois ou à 150 personnes, la technique est la même que pour adresser un courriel à un seul correspondant : vous devez juste indiquer l'adresse de tous les destinataires au départ. Quand le message concerne chacun d'eux au même chef, tapez leur adresse dans la zone **À**, en appuyant sur la touche **Entrée** à la fin de chaque adresse.

2. Si vous voulez envoyer le courriel à une personne et que quelqu'un d'autre en ait connaissance, tapez l'adresse du destinataire principal dans la zone **À**, puis touchez ou cliquez sur **Cc** et **Cci** à la fin de cette zone.

3. Deux zones d'adressage complémentaires apparaissent : dans la zone **Cc** (Copie conforme), tapez l'adresse du second destinataire.

Par exemple, si vous écrivez à un hôtel où vous séjournerez avec une amie, indiquez son adresse dans la zone **À**, et celle de votre amie dans la zone **Cc**.

4. Si le message s'adresse à plusieurs personnes qui ne se connaissent pas, ou si vous voulez l'envoyer à l'insu des autres destinataires, affichez les zones **Cc** et **Cci**, là encore, mais, cette fois, spécifiez les correspondants dans la zone **Cci** (Copie conforme invisible). Ainsi, aucun d'eux ne verra l'adresse des autres destinataires.

Par respect et confidentialité, utilisez systématiquement la zone **Cci** quand vous écrivez à des personnes qui ne se connaissent pas.

1 MIN

NIVEAU :

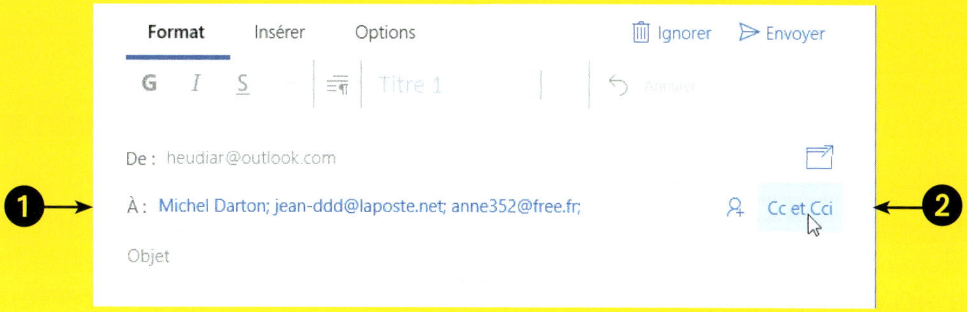
Format
Insérer
Options
Ignorer
Envoyer
G
I
S
Titre 1
De : heudiar@outlook.com
À : Michel Darton; jean-ddd@laposte.net; anne352@free.fr;
Cc et Cci
Objet
1
2

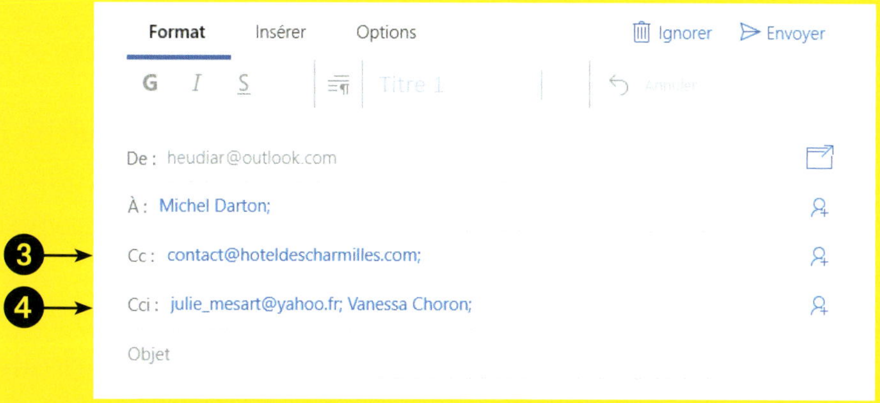
Format
Insérer
Options
Ignorer
Envoyer
G
I
S
Titre 1
De : heudiar@outlook.com
À : Michel Darton;
Cc : contact@hoteldescharmilles.com;
Cci : julie_mesart@yahoo.fr; Vanessa Choron;
Objet
3
4

RECEVOIR UN COURRIEL

1. L'application Courrier récupère automatiquement les messages que vous recevez, mais vous pouvez déclencher cette action à tout moment en touchant ou cliquant sur l'icône **Synchroniser** dans la barre d'outils.

2. Pour accéder aux nouveaux courriels, touchez ou cliquez directement sur **Boîte de réception** à gauche ou d'abord sur l'icône .

> Quand un dossier contient des courriels que vous n'avez pas encore lus, leur nombre apparaît à côté de son nom.

3. La Boîte de réception s'ouvre : touchez ou cliquez sur le courriel à lire.

> Les messages que vous n'avez pas encore lus sont précédés d'un gros trait vertical bleu.

4. Le contenu du courriel s'affiche ; si vous voulez l'ouvrir dans sa propre fenêtre, touchez ou cliquez sur sa petite icône en haut à droite.

5. Pour consulter un autre courriel, touchez-le ou cliquez dessus s'il est visible ; sinon, touchez ou cliquez d'abord sur la flèche au début de la barre d'outils pour revenir à la Boîte de réception.

6. Comme l'application Courrier dispatche arbitrairement les courriels reçus dans les onglets **Prioritaire** et **Autres**, consultez toujours les deux en les touchant ou en cliquant dessus.

3 MIN

NIVEAU :

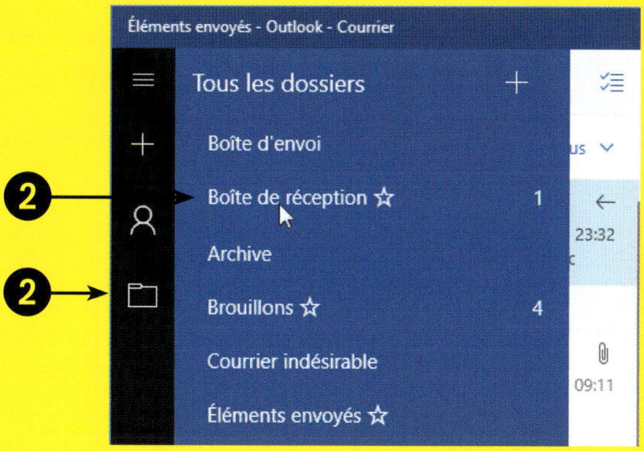

Éléments envoyés - Outlook - Courrier
Tous les dossiers
Boîte d'envoi
Boîte de réception ☆ 1
Archive
Brouillons ☆ 4
Courrier indésirable
Éléments envoyés ☆
23:32
09:11
2
2

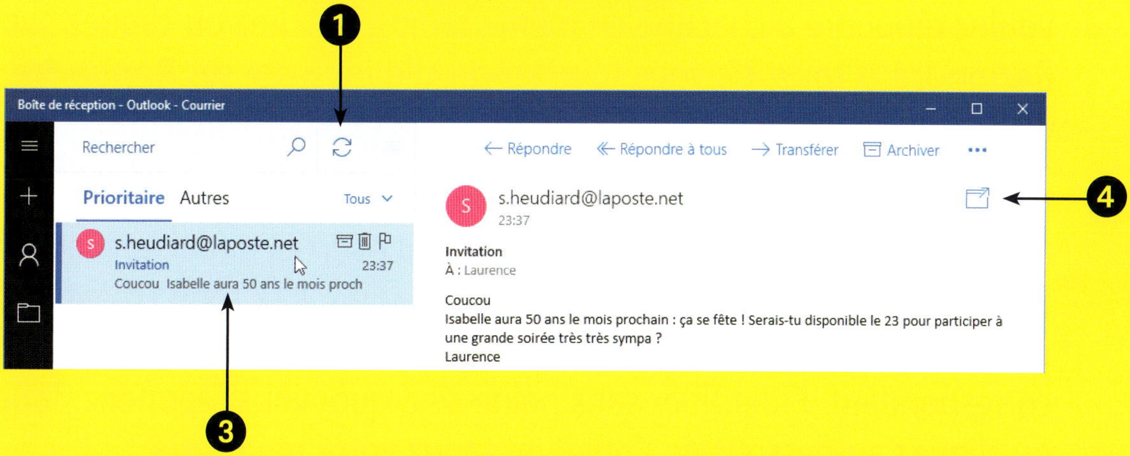

1
Boîte de réception - Outlook - Courrier
Rechercher
Répondre
Répondre à tous
Transférer
Archiver
Prioritaire
Autres
Tous
s.heudiard@laposte.net
Invitation
23:37
Coucou Isabelle aura 50 ans le mois proch
4
Invitation
À : Laurence
Coucou
Isabelle aura 50 ans le mois prochain : ça se fête ! Serais-tu disponible le 23 pour participer à une grande soirée très très sympa ?
Laurence
3

6
Boîte de réception - Outlook - Courrier
Rechercher
Répondre
Répondre à tous
Transférer
Archiver
Prioritaire
Autres
Tous
La rédaction de Mediapart
Les documentaires à voir sur Mediaţ
sam. 13:33
Pour afficher correctement ce messag
MSN France
Les piscines les plus folles ; Ensemble
ven. 02:42
Cliquez ici pour l'ouvrir dans votre nav
La rédaction de Mediapart
Droit des salariés: une révolution libé
jeu. 19:34
Pour afficher correctement ce message
MSN France
01/09/2017 02:42
Les piscines les plus folles ; Ensemble hors caméra ; Changements pour les salariés ; Acteurs les mieux payés ; 20 choses simples pour le moral ; Belle aurore australe ; Tendances capillaires 2017-2018 ; Photoshoot de Lily-Rose Depp ; Surprise dans son...
À : heudiar@outlook.com
Cliquez ici pour l'ouvrir dans votre navigateur
msn

RÉPONDRE À UN COURRIEL

❶ Après avoir ouvert le message, touchez ou cliquez sur **Répondre** dans sa barre d'outils.

❷ Si le message initial a été envoyé à plusieurs personnes et si vous voulez répondre à chacune en même temps, touchez ou cliquez sur **Répondre à tous**. (Si vous touchez ou cliquez juste sur **Répondre**, vous écrivez uniquement à l'expéditeur du courriel.)

❸ Un nouveau message apparaît, déjà partiellement rempli : l'adresse du destinataire dans la zone **À**, le sujet du courriel initial, précédé de l'abréviation « RE » (comme « Répondre ») dans la zone **Objet**, et le contenu de ce message dans la zone principale, pour permettre à votre correspondant d'identifier sans peine ce à quoi vous répondez. Touchez ou cliquez au-dessous de l'objet, et tapez votre réponse.

❹ Touchez ou cliquez sur **Envoyer** à la fin de la barre d'outils pour expédier le tout.

Pour vous aider à vous repérer, l'application Courrier affiche une petite flèche ← à côté de chaque courriel auquel vous avez répondu.

2 MIN

NIVEAU :

1
2
Boîte de réception - Outlook - Courrier
Rechercher
Répondre
Répondre à tous
Transférer
Archiver
Prioritaire
Autres
Tous
s.heudiard@laposte.net
03/09/2017 23:37
Autres : nouvelle conversation
La rédaction de Mediapart
Invitation
À : Laurence
Hier
Coucou
Isabelle aura 50 ans le mois prochain : ça se fête ! Serais-tu disponible le 23 pour participer à une grande soirée très très sympa ?
Laurence
s.heudiard@laposte.net
Invitation
dim. 03/09
Coucou Isabelle aura 50 ans le mois

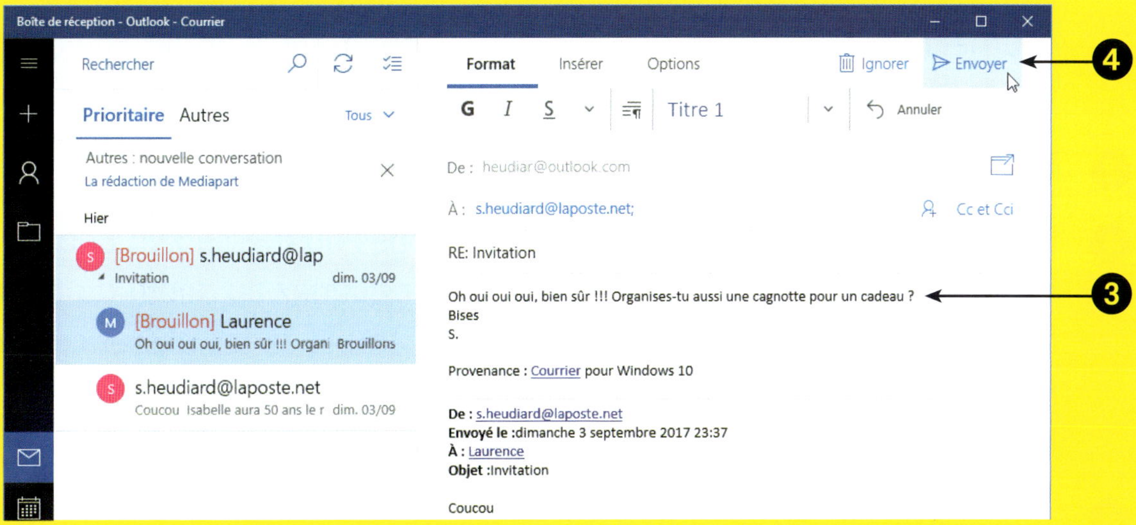
Boîte de réception - Outlook - Courrier
Rechercher
Format
Insérer
Options
Ignorer
Envoyer
4
Titre 1
Annuler
Prioritaire
Autres
Tous
Autres : nouvelle conversation
La rédaction de Mediapart
De : heudiar@outlook.com
À : s.heudiard@laposte.net;
Cc et Cci
Hier
[Brouillon] s.heudiard@lap
Invitation
dim. 03/09
RE: Invitation
[Brouillon] Laurence
Oh oui oui oui, bien sûr !!! Organi Brouillons
Oh oui oui oui, bien sûr !!! Organises-tu aussi une cagnotte pour un cadeau ?
Bises
S.
3
Provenance : Courrier pour Windows 10
s.heudiard@laposte.net
Coucou Isabelle aura 50 ans le r dim. 03/09
De : s.heudiard@laposte.net
Envoyé le :dimanche 3 septembre 2017 23:37
À : Laurence
Objet :Invitation
Coucou

TRANSFÉRER UN COURRIEL

1. Après avoir ouvert le message à transmettre à un tiers, touchez ou cliquez sur **Transférer** dans sa barre d'outils.

Lorsque vous transférez un courriel avec une photo, un document ou autre en pièce jointe, elle ou il est également transmis(e).

2. La fenêtre du message d'origine se transforme : l'abréviation « Tr » ou « Fw » (c'est-à-dire respectivement « Transférer » ou « Forward », équivalent anglo-saxon) apparaît devant l'objet, et le contenu du courriel reçu se retrouve précédé des informations d'en-tête de celui-ci. Tapez l'adresse du nouveau destinataire dans la zone **À**.

3. Pour ajouter quelques mots, tapez-les entre l'objet et le texte transféré.

4. Si vous souhaitez supprimer certaines parties du message d'origine, comme les nom et adresse de l'expéditeur, cliquez au début du texte à effacer et, sans relâcher le bouton de la souris, faites glisser celle-ci jusqu'à ce que tout le texte requis soit sélectionné ; relâchez alors le bouton et appuyez sur la touche **Suppr** Suppr du clavier.

5. Touchez ou cliquez sur **Envoyer** pour expédier le tout.

Pour vous permettre d'identifier facilement les courriels transférés, l'application Courrier affiche une petite flèche vers la droite → à côté d'eux.

2 MIN

NIVEAU :

1
Boîte de réception - Outlook - Courrier
Rechercher
Répondre
Répondre à tous
Transférer
Archiver
Prioritaire
Autres
Tous
Actu-Environnement.com
Actu-Environnement : la quotidienı 25/08/2017
Si cet email ne s'affiche pas correcte
MSN France
10 destinations dont le prix chute ε 25/08/2017
Cliquez ici pour l'ouvrir dans votre n.
Actu-Environnement.com
25/08/2017 09:09
Actu-Environnement : la quotidienne du 25/08/2017
À : heudiar@outlook.com
Si cet email ne s'affiche pas correctement, vous pouvez le visualiser grâce à ce lien.
La Quotidienne

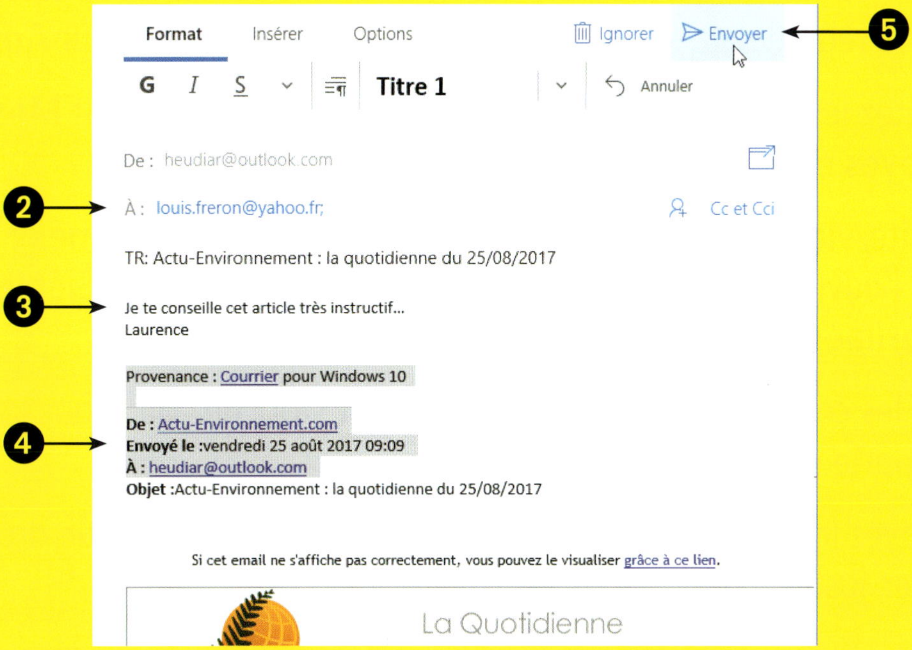
Format
Insérer
Options
Ignorer
Envoyer
5
Titre 1
Annuler
De : heudiar@outlook.com
2
À : louis.freron@yahoo.fr;
Cc et Cci
TR: Actu-Environnement : la quotidienne du 25/08/2017
3
Je te conseille cet article très instructif...
Laurence
Provenance : Courrier pour Windows 10
4
De : Actu-Environnement.com
Envoyé le :vendredi 25 août 2017 09:09
À : heudiar@outlook.com
Objet :Actu-Environnement : la quotidienne du 25/08/2017
Si cet email ne s'affiche pas correctement, vous pouvez le visualiser grâce à ce lien.
La Quotidienne

FAIRE LE MÉNAGE

1. Pour ne pas encombrer inutilement votre boîte aux lettres, éliminez les courriels sans intérêt au fur et à mesure. Quand vous en repérez un dans la Boîte de réception, pointez-le dans la colonne centrale de l'application, puis touchez ou cliquez sur l'icône de poubelle à droite de son nom.

Attention, supprimer le courriel d'en-tête d'une *conversation* (c'est-à-dire le plus récent) efface tous les messages de la conversation.

2. Une infobulle rouge apparaît très brièvement au bas de la colonne : si vous regrettez la suppression, touchez ou cliquez vite sur **Annuler**.
3. Répétez les étapes 1 et 2 pour chaque dossier, notamment **Messages envoyés** et **Courrier indésirable**.
4. Ensuite, videz régulièrement le dossier **Éléments supprimés** : pour l'ouvrir, touchez ou cliquez sur **Plus** ou , puis sur **Éléments supprimés**.
5. Tous les courriels supprimés apparaissent : touchez ou cliquez sur n'importe lequel d'entre eux.
6. Appuyez longuement sur la touche **Suppr** dans la partie droite du clavier, jusqu'à ce que tous les courriels disparaissent.

4 MIN

NIVEAU :

1

2

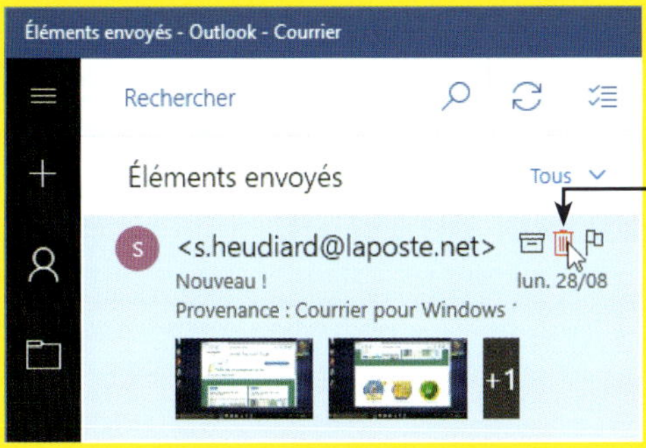

3

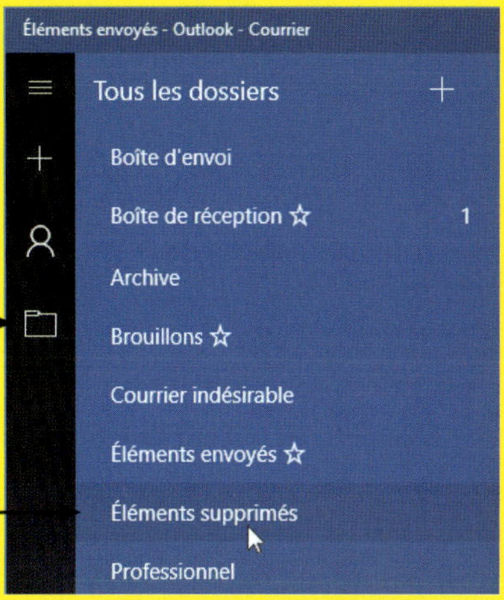

4

4

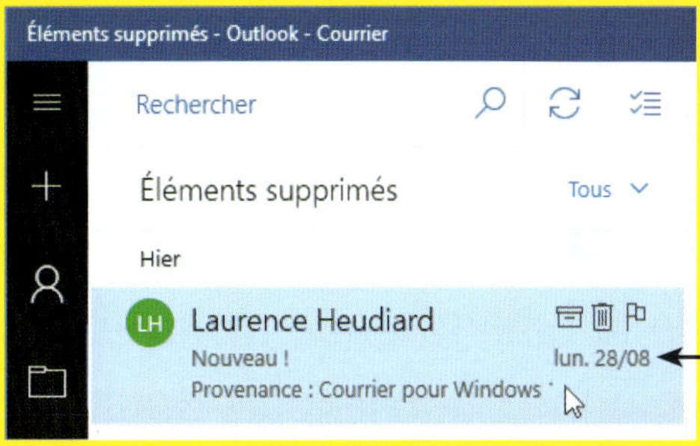

5

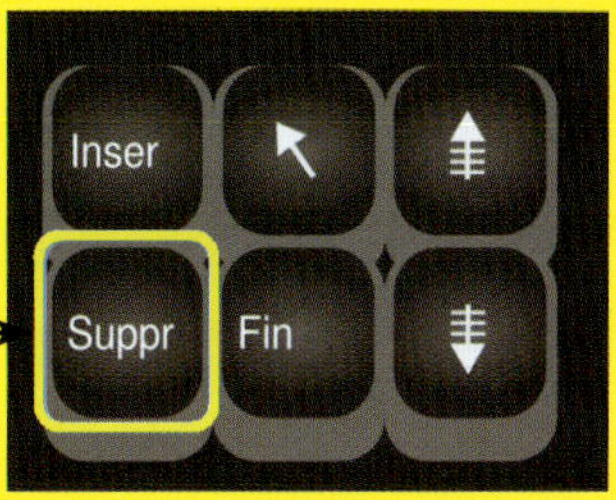

6

ENVOYER UN FICHIER

❶ Créez le courriel auquel vous voulez joindre une photo, un document ou autre, puis touchez ou cliquez sur l'onglet **Insérer**, dans sa barre d'outils.

❷ De nouvelles commandes apparaissent : touchez ou cliquez sur **Fichiers**.

Même pour les photos, évitez la commande **Images**, car elle insère le cliché dans le message lui-même. Or selon l'appareil utilisé par le destinataire et le réglage de son programme de messagerie, l'image risque de ne pas apparaître.

❸ La boîte de dialogue **Ouvrir** s'affiche : naviguez jusqu'au dossier qui contient votre cliché, document ou autre, puis touchez ou cliquez sur celui-ci. Par exemple, pour envoyer une photo stockée dans un dossier de la bibliothèque **Images**, touchez ou cliquez sur ce mot dans la colonne gauche, puis double-cliquez sur le dossier au centre.

❹ Touchez ou cliquez sur le fichier à envoyer.

❺ Touchez ou cliquez sur **Ouvrir**.

❻ Votre message réapparaît, avec la miniature ou une simple icône du fichier : touchez ou cliquez sur **Envoyer** dans la barre d'outils.

5 MIN

NIVEAU :

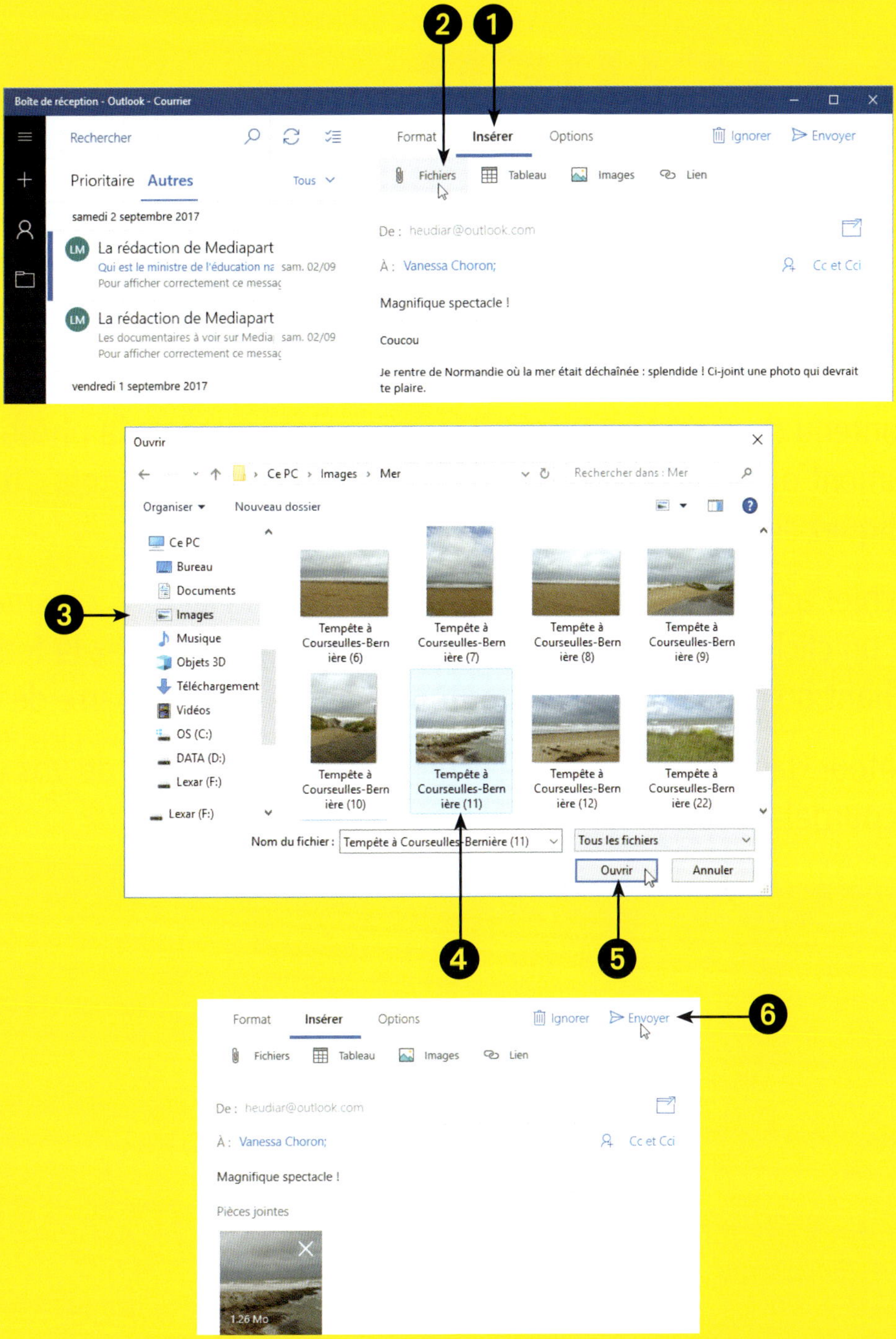
2
1
Boîte de réception - Outlook - Courrier
Rechercher
Prioritaire
Autres
Tous
samedi 2 septembre 2017
La rédaction de Mediapart
Qui est le ministre de l'éducation na
sam. 02/09
Pour afficher correctement ce messag
La rédaction de Mediapart
Les documentaires à voir sur Media
sam. 02/09
Pour afficher correctement ce messag
vendredi 1 septembre 2017
Format
Insérer
Options
Ignorer
Envoyer
Fichiers
Tableau
Images
Lien
De : heudiar@outlook.com
À : Vanessa Choron;
Cc et Cci
Magnifique spectacle !
Coucou
Je rentre de Normandie où la mer était déchaînée : splendide ! Ci-joint une photo qui devrait te plaire.
Ouvrir
Ce PC › Images › Mer
Rechercher dans : Mer
Organiser
Nouveau dossier
3
Ce PC
Bureau
Documents
Images
Musique
Objets 3D
Téléchargement
Vidéos
OS (C:)
DATA (D:)
Lexar (F:)
Lexar (F:)
Tempête à Courseulles-Bernière (6)
Tempête à Courseulles-Bernière (7)
Tempête à Courseulles-Bernière (8)
Tempête à Courseulles-Bernière (9)
Tempête à Courseulles-Bernière (10)
Tempête à Courseulles-Bernière (11)
Tempête à Courseulles-Bernière (12)
Tempête à Courseulles-Bernière (22)
Nom du fichier : Tempête à Courseulles-Bernière (11)
Tous les fichiers
Ouvrir
Annuler
4
5
Format
Insérer
Options
Ignorer
Envoyer
6
Fichiers
Tableau
Images
Lien
De : heudiar@outlook.com
À : Vanessa Choron;
Cc et Cci
Magnifique spectacle !
Pièces jointes
1,26 Mo

RECEVOIR UN FICHIER

❶ Tous les courriels qui comportent une photo, un document ou autre en pièce jointe sont associés à une icône de trombone 📎 : touchez ou cliquez sur celui que vous voulez ouvrir.

❷ Le contenu du message apparaît, avec une vignette de la photo, du document ou autre que vous a envoyé(e) votre interlocuteur : touchez ou cliquez sur cette miniature.

❸ Le fichier apparaît dans l'application dédiée à sa lecture, comme Photos pour un cliché : appréciez-le à sa juste valeur, puis fermez la fenêtre en touchant ou cliquant sur son bouton × à la fin de sa barre de titre.

❹ De retour dans l'application Courrier, poursuivez au gré de vos envies et des courriels reçus.

3 MIN

NIVEAU :

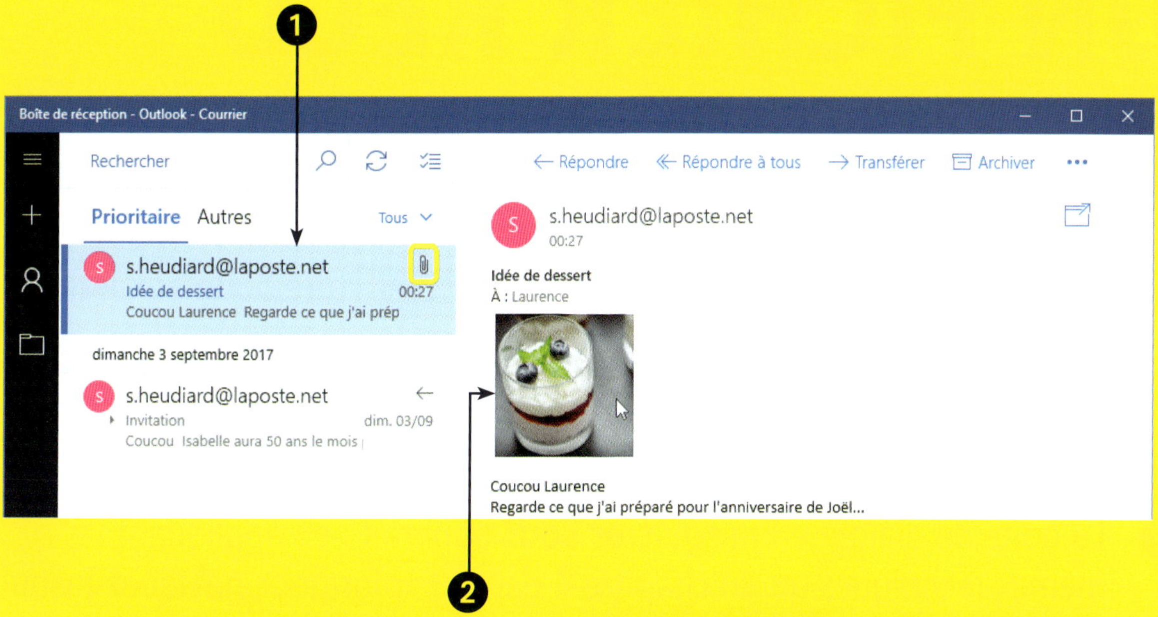
1
Boîte de réception - Outlook - Courrier
Rechercher
Répondre
Répondre à tous
Transférer
Archiver
Prioritaire
Autres
Tous
s.heudiard@laposte.net
Idée de dessert
00:27
Coucou Laurence Regarde ce que j'ai prép
dimanche 3 septembre 2017
s.heudiard@laposte.net
Invitation
dim. 03/09
Coucou Isabelle aura 50 ans le mois
s.heudiard@laposte.net
00:27
Idée de dessert
À : Laurence
Coucou Laurence
Regarde ce que j'ai préparé pour l'anniversaire de Joël...
2

D2929.jpg - Photos
Afficher toutes les photos
Zoomer
Dessiner
Enregistrer
Partager
Imprimer
3

ENREGISTRER UN FICHIER REÇU

1. Lorsque vous recevez un courriel avec un fichier joint que vous voulez garder, enregistrez ce dernier sur votre ordinateur. Ainsi, vous pourrez ensuite supprimer le message et désencombrer votre boîte aux lettres.

   Après avoir ouvert le courriel, cliquez du bouton droit sur la miniature du fichier, puis du gauche sur **Enregistrer** dans le mini menu qui apparaît.

2. La boîte de dialogue **Enregistrer sous** apparaît : en appliquant les mêmes techniques qu'au chapitre 4 dans l'Explorateur, naviguez jusqu'à la bibliothèque ou au dossier où stocker le fichier. Par exemple, s'il s'agit d'un petit film, ouvrez la bibliothèque **Vidéos** en touchant ou cliquant sur ce mot dans la colonne gauche.

3. Si l'intitulé indiqué dans la zone **Nom du fichier** au bas de la boîte ne vous convient pas, tapez celui souhaité.

4. Touchez ou cliquez sur **Enregistrer**.

2 MIN

NIVEAU :

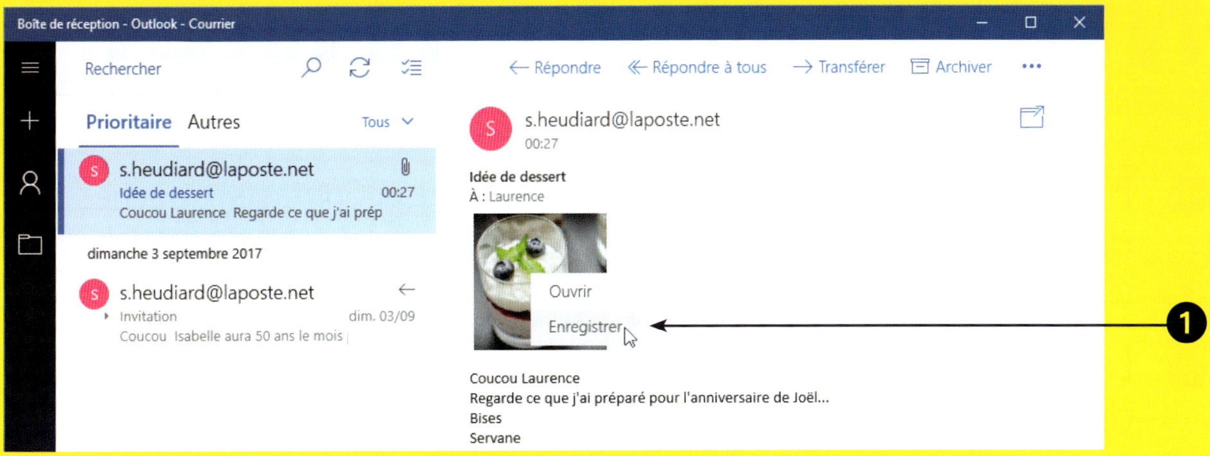
Boîte de réception - Outlook - Courrier
Rechercher
Répondre
Répondre à tous
Transférer
Archiver
Prioritaire
Autres
Tous
s.heudiard@laposte.net
Idée de dessert
00:27
Coucou Laurence Regarde ce que j'ai prép
dimanche 3 septembre 2017
s.heudiard@laposte.net
Invitation
dim. 03/09
Coucou Isabelle aura 50 ans le mois
s.heudiard@laposte.net
00:27
Idée de dessert
À : Laurence
Ouvrir
Enregistrer
1
Coucou Laurence
Regarde ce que j'ai préparé pour l'anniversaire de Joël...
Bises
Servane

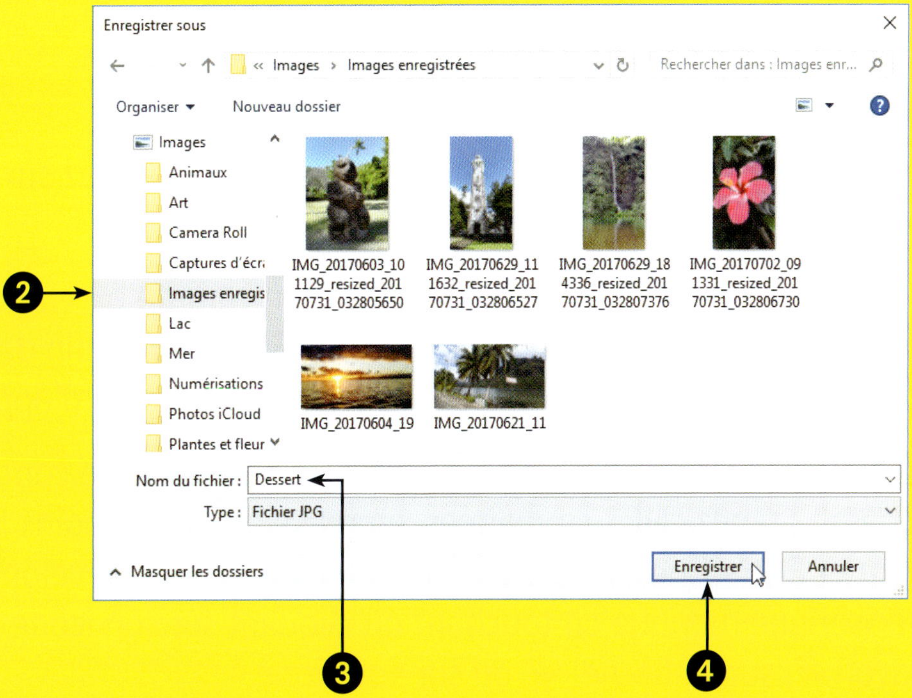
Enregistrer sous
Images
Images enregistrées
Rechercher dans : Images enr...
Organiser
Nouveau dossier
Images
Animaux
Art
Camera Roll
Captures d'écra
Images enregis
Lac
Mer
Numérisations
Photos iCloud
Plantes et fleur
IMG_20170603_101129_resized_20170731_032805650
IMG_20170629_111632_resized_20170731_032806527
IMG_20170629_184336_resized_20170731_032807376
IMG_20170702_091331_resized_20170731_032806730
IMG_20170604_19
IMG_20170621_11
Nom du fichier :
Dessert
Type :
Fichier JPG
Masquer les dossiers
Enregistrer
Annuler
2
3
4

CRÉER UN NOUVEAU CONTACT

1. Pour ouvrir votre carnet d'adresses (l'application Contacts), touchez ou cliquez sur le bouton **Démarrer** dans la barre des tâches, puis sur la vignette ou la commande **Contacts** dans le menu **Démarrer**.
2. La première fois, le panneau **Choisir un compte** s'affiche : touchez ou cliquez sur **Outlook.com**, tapez l'adresse et le mot de passe de votre compte Microsoft, et touchez ou cliquez sur **Se connecter**.

Si vous aviez déjà enregistré des contacts pour votre compte sur un autre appareil, l'application les récupère.

3. Pour enregistrer un nouveau contact, touchez ou cliquez sur le signe Plus + en haut de la colonne gauche.
4. Si l'application vous demande de choisir un compte où enregistrer vos contacts, touchez ou cliquez sur **Compte Microsoft**, afin de pouvoir accéder à votre carnet d'adresses depuis un maximum d'applications.
5. Un formulaire dédié à la saisie d'informations sur votre contact apparaît : tapez celles souhaitées, en renseignant au moins les zones **Nom** et **E-mail personnel**. Au besoin, vous pouvez développer ou préciser une rubrique en touchant ou cliquant sur son icône de crayon, sur sa flèche ou sur son signe +.
6. Touchez ou cliquez sur **Enregistrer**.

4 MIN

NIVEAU :

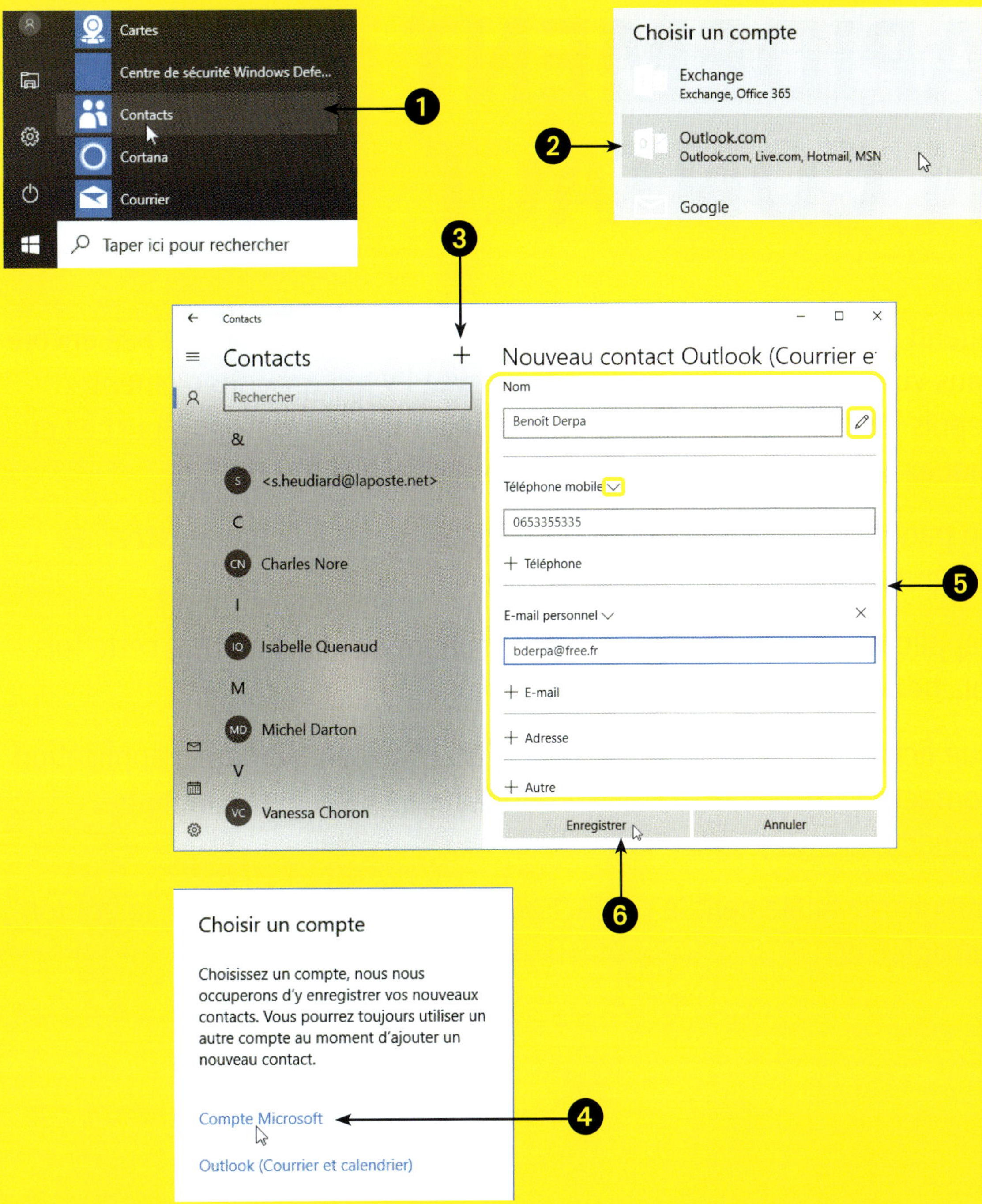

Cartes
Centre de sécurité Windows Defe...
Contacts
Cortana
Courrier
Taper ici pour recherche
1
Choisir un compte
Exchange
Exchange, Office 365
Outlook.com
Outlook.com, Live.com, Hotmail, MSN
Google
2
3
Contacts
Contacts
Rechercher
&
<s.heudiard@laposte.net>
C
Charles Nore
I
Isabelle Quenaud
M
Michel Darton
V
Vanessa Choron
Nouveau contact Outlook (Courrier e
Nom
Benoît Derpa
Téléphone mobile
0653355335
+ Téléphone
E-mail personnel
bderpa@free.fr
+ E-mail
+ Adresse
+ Autre
Enregistrer
Annuler
5
6
Choisir un compte
Choisissez un compte, nous nous occuperons d'y enregistrer vos nouveaux contacts. Vous pourrez toujours utiliser un autre compte au moment d'ajouter un nouveau contact.
Compte Microsoft
Outlook (Courrier et calendrier)
4

ENREGISTRER RAPIDEMENT UN CONTACT

1. Quand vous recevez un courriel d'une personne qui ne figure pas encore dans votre carnet d'adresses, vous pouvez l'y intégrer directement depuis l'application Courrier : dans le message en question, touchez ou cliquez sur le nom ou l'adresse de l'expéditeur.
2. Un panneau apparaît : touchez ou cliquez sur l'icône **Enregistrer** en haut à gauche.
3. L'application Contacts s'invite dans le panneau : tout en bas, cette fois, touchez ou cliquez sur le signe Plus +.
4. Une fiche de contact prérenseignée s'affiche : comme dans l'application Contacts traitée à la tâche précédente, tapez les renseignements souhaités.
5. Enregistrez finalement le contact en touchant ou cliquant sur le bouton **Enregistrer**.

3 MIN

NIVEAU :

Répondre
Répondre à tous
Transférer
Archiver
LH
Laurence
03/09/2017 23:32
RE: Besoin d'un conseil
À : arte72@hotmail.com
Contacts
arte72@hotmail.com
Profil
Chronologie
Organisatio
1
2

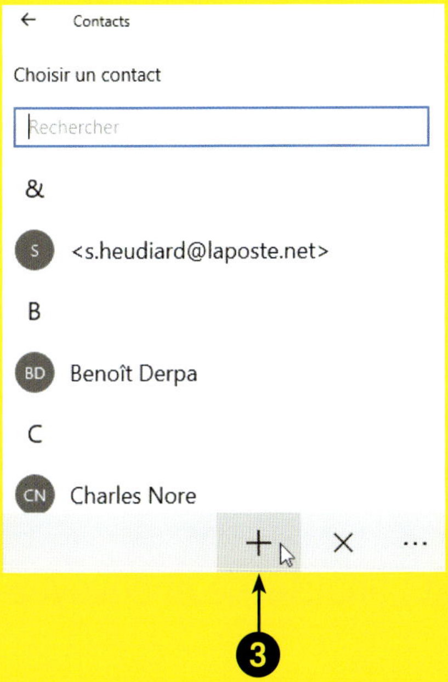
Contacts
Choisir un contact
Rechercher
&
<s.heudiard@laposte.net>
B
Benoît Derpa
C
Charles Nore
3

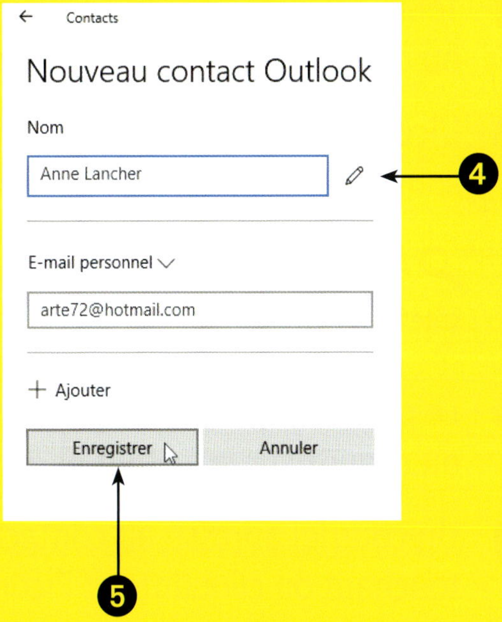
Contacts
Nouveau contact Outlook
Nom
Anne Lancher
E-mail personnel
arte72@hotmail.com
Ajouter
Enregistrer
Annuler
4
5

CONTACTER UN PROCHE EN EXPRESS

1. Pour garder un accès rapide à un contact, épinglez-le à la barre des tâches : vers la fin de celle-ci, touchez ou cliquez sur l'icône **Contacts** .
2. Un panneau apparaît : s'il s'agit d'un panneau de bienvenue, touchez ou cliquez sur **Prise en main** ; s'il affiche des applications, touchez ou cliquez sur l'onglet **Contacts**.
3. Touchez ou cliquez sur le contact à épingler. (S'il n'apparaît pas, touchez ou cliquez d'abord sur **Rechercher et épingler des contacts**.)
4. L'icône du contact apparaît dans la barre des tâches : pour lui écrire de suite, touchez ou cliquez sur la vignette **Courrier**.

> Si vous préférez écrire au contact plus tard, masquez le panneau en touchant ou cliquant à côté de lui. Le moment venu, touchez ou cliquez sur l'icône du contact et reprenez à l'étape 4.

5. Le panneau affiche les derniers courriels envoyés au contact : touchez ou cliquez sur le +, tout en bas.
6. Un courriel adressé au contact apparaît : finalisez-le et envoyez-le en touchant ou cliquant sur l'icône .

> Pour ne pas encombrer la barre des tâches, supprimez-en tout contact auquel vous n'écrivez presque plus en cliquant du bouton droit sur son icône, puis du gauche sur **Détacher de la barre des tâches**.

3 MIN

NIVEAU :

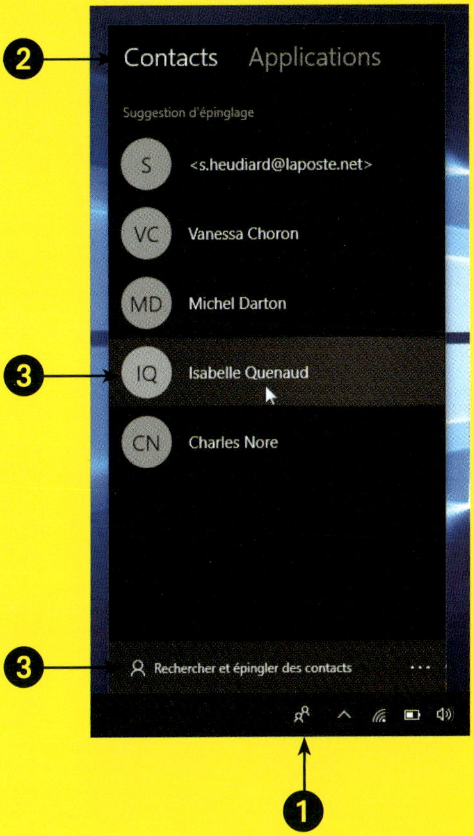
Contacts
Applications
Suggestion d'épinglage
<s.heudiard@laposte.net>
Vanessa Choron
Michel Darton
Isabelle Quenaud
Charles Nore
Rechercher et épingler des contacts
2
3
3
1

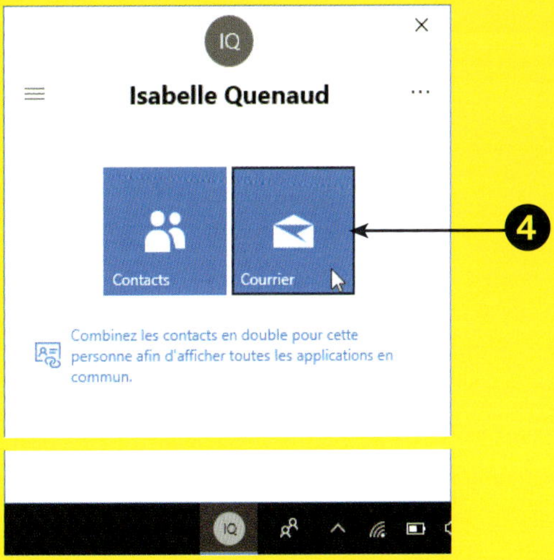
IQ
Isabelle Quenaud
Contacts
Courrier
Combinez les contacts en double pour cette personne afin d'afficher toutes les applications en commun.
4

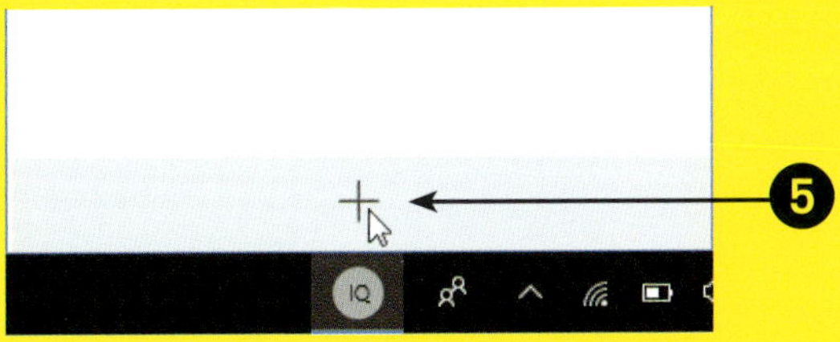
5

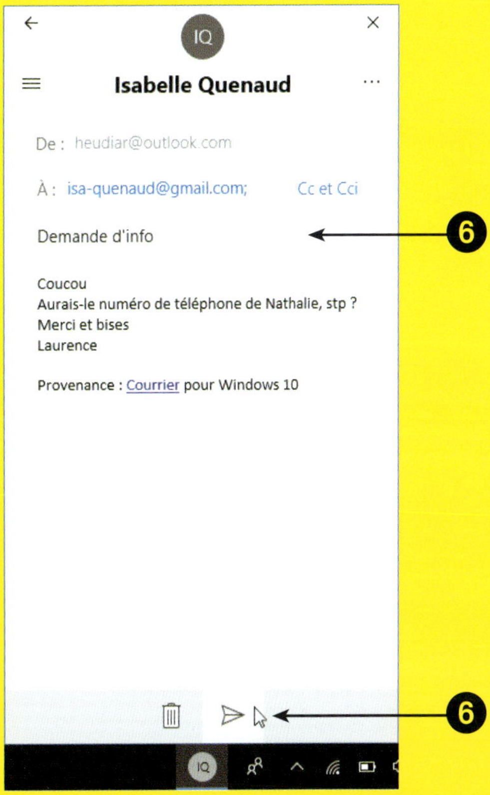
IQ
Isabelle Quenaud
De : heudiar@outlook.com
À : isa-quenaud@gmail.com;
Cc et Cci
Demande d'info
Coucou
Aurais-le numéro de téléphone de Nathalie, stp ?
Merci et bises
Laurence
Provenance : Courrier pour Windows 10
6
6

CHAPITRE 8

POUR LA PAUSE

Tant d'appareils permettent aujourd'hui de prendre des photos que vous possédez sans doute beaucoup de clichés. Grâce à ce chapitre, vous pourrez les admirer sous tous les angles, et même améliorer les moins réussis. Ensuite, pourquoi ne pas savourer un joli morceau de musique, un bon film ou un roman numérique passionnant ?

- Regarder des photos
- Recadrer ou redresser une photo
- Améliorer les couleurs d'une photo
- Corriger les yeux rouges
- Publier des photos sur un réseau social
- Écouter de la musique
- Créer des compilations musicales
- Regarder une vidéo
- Tourner une petite vidéo personnelle
- Lire un livre numérique

REGARDER DES PHOTOS

❶ Touchez ou cliquez sur le bouton **Démarrer** ⊞, puis sur la vignette **Photos** dans le menu **Démarrer**.

❷ L'application Photos affiche les clichés de la bibliothèque **Images** par ordre chronologique : touchez ou cliquez sur celui que vous voulez regarder. Si vous peinez à le trouver, touchez ou cliquez sur **Dossiers**, en haut, puis sur le dossier qui contient le cliché, et sur ce dernier.

❸ Pour zoomer sur une zone, écartez les doigts dessus ou cliquez sur **Zoomer** dans la barre d'outils, puis faites glisser le curseur ; ensuite, au besoin, faites glisser l'image dans la fenêtre avec le doigt ou la souris. (Pour réduire l'affichage, pincez l'écran ou réutilisez **Zoomer**.)

Si les barres d'outils sont masquées, cliquez ou bougez la souris pour les réafficher.

❹ Pour afficher la photo en *plein écran*, touchez ou cliquez sur l'icône en bas à droite. (Ensuite, touchez ou cliquez sur pour quitter ce mode.)

❺ Pour passer à la photo suivante, balayez l'écran vers la gauche ou cliquez sur la flèche droite dans la minibarre en bas.

❻ Pour que vos photos défilent automatiquement, touchez ou cliquez sur les trois points ··· à la fin de la barre d'outils, puis sur **Diaporama**. (Pour tout arrêter, touchez ou cliquez dans le cliché en cours.)

6 MIN

NIVEAU :

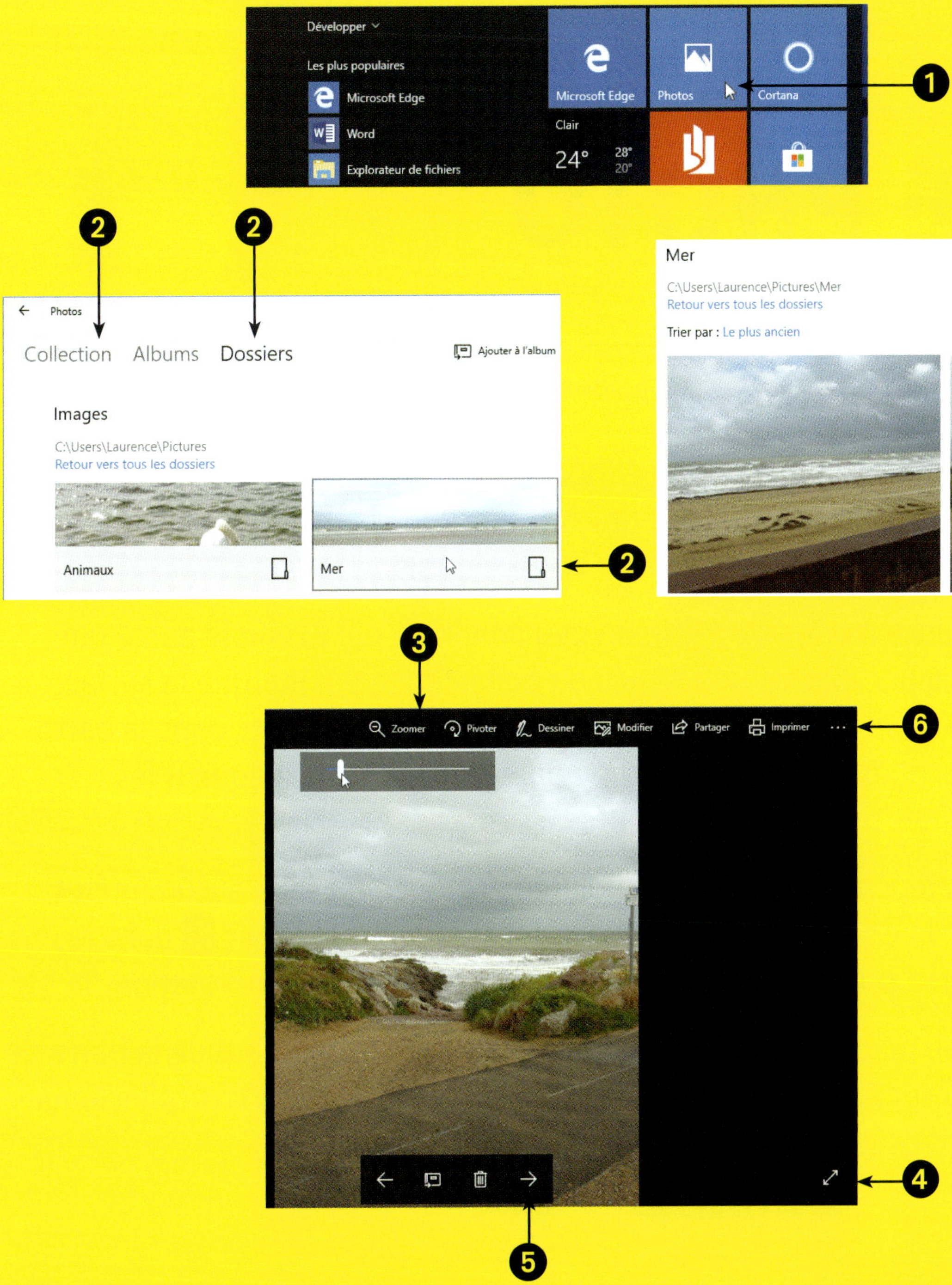
Développer
Les plus populaires
Microsoft Edge
Word
Explorateur de fichiers
Microsoft Edge
Photos
Cortana
Clair
24°
28°
20°
1
2
2
Photos
Collection
Albums
Dossiers
Ajouter à l'album
Images
C:\Users\Laurence\Pictures
Retour vers tous les dossiers
Animaux
Mer
2
Mer
C:\Users\Laurence\Pictures\Mer
Retour vers tous les dossiers
Trier par : Le plus ancien
2
3
Zoomer
Pivoter
Dessiner
Modifier
Partager
Imprimer
6
4
5

AMÉLIORER OU SUPPRIMER UNE PHOTO

Vous pouvez agir sur vos photos pendant leur visionnage.

1. Si une photo est mal orientée (horizontale alors qu'elle devrait être verticale, par exemple), touchez ou cliquez autant de fois que nécessaires sur **Pivoter** dans la barre d'outils.

2. Si un cliché mériterait d'être un peu amélioré, par exemple parce que ses couleurs sont un peu ternes ou que la ligne qui marque la surface de l'océan est penchée, touchez ou cliquez sur **Modifier** dans la barre d'outils, et apportez la retouche adaptée, comme l'expliquent les prochaines tâches de ce chapitre.

3. Si vous repérez une photo complètement ratée ou sans aucun intérêt, effacez-la en touchant ou cliquant sur l'icône **Supprimer** dans la minibarre, puis sur **Supprimer** dans la demande de confirmation.

4. Au final, touchez ou cliquez sur la flèche gauche au début de la barre de titre ou sur **Afficher toutes les photos** pour revenir à vos collections ou à vos dossiers.

3 MIN

NIVEAU :

1
Tempête à Courseulles-Bernière (7).JPG - Photos
mercredi 12 juillet 2017
Zoomer
Pivoter
Dessiner
Modifier
Partager
Imprimer

4
2
Photo0237.jpg - Photos
mercredi 12 juillet 2017
Zoomer
Pivoter
Dessiner
Modifier
Partager
Imprimer
3

REDRESSER OU RECADRER UNE PHOTO

1. Après que vous avez ouvert le cliché à améliorer dans l'application Photos et touché ou cliqué sur **Modifier** dans la barre d'outils, un panneau de retouche apparaît à droite. Si la ligne d'horizon (comme la surface de la mer) apparaît penchée ou si le sujet principal se perd dans son environnement, touchez ou cliquez sur **Recadrer et pivoter**.
2. Un cadre doté d'une *poignée* ◯ dans chacun de ses angles apparaît autour de la photo : pour recadrer celle-ci, faites glisser les poignées de façon que le cadre entoure juste la zone à conserver.
3. Si vous voulez redresser la photo, faites glisser le curseur ◯ qui s'affiche à droite, jusqu'à ce que la ligne d'horizon soit parallèle à l'un des traits horizontaux du quadrillage apparu sur le cliché.
4. Touchez ou cliquez sur **OK**.
5. Touchez ou cliquez sur **Enregistrer une copie**, en bas, pour enregistrer le cliché modifié comme nouveau fichier.

En cas de regret, vous pouvez retrouver instantanément la photo d'origine en touchant ou cliquant sur **Annuler toutes les modifications**.

5 MIN

NIVEAU :

Photos
Recadrer et pivoter
Améliorer
Régler
Choisir un filtre
Original
Sauna
Neo
1

Proportions
Retourner
0 °
Pivoter
Réinitialiser
OK
2
3
4

Améliorer
Régler
Choisir un filtre
Original
Sauna
Neo
Slate
Rouge
Sunscreen
Annuler tout
Enregistrer
Enregistrer une copie
5

CORRIGER LES COULEURS D'UNE PHOTO

1. Après que vous avez ouvert le cliché à améliorer dans l'application Photos et touché ou cliqué sur **Modifier** dans la barre d'outils, un panneau de retouche apparaît à droite. Si votre photo est un peu terne ou, au contraire, trop vive, touchez ou cliquez sur **Régler**.

> Fuyez la commande **Améliorer**, car elle entraîne une correction automatique générale et immédiate, vous privant de tout contrôle sur le résultat qui, de plus, est souvent très moyen.

2. En faisant glisser latéralement la barre verticale **Lumière** et/ou **Couleur**, et/ou le curseur **Clarté**, ajustez la luminosité, le contraste et/ou les couleurs, jusqu'à obtenir le résultat souhaité.

3. S'il s'agit d'une photo de personnes et si certaines possèdent des yeux rouges à cause du flash, touchez ou cliquez sur **Yeux rouges**, puis sur chaque œil à recolorer. (En cas d'erreur, touchez ou cliquez sur **Réinitialiser** et recommencez à zéro.)

4. Touchez ou cliquez sur **Enregistrer une copie**, en bas, pour enregistrer la photo retouchée comme nouveau fichier.

5 MIN

NIVEAU :

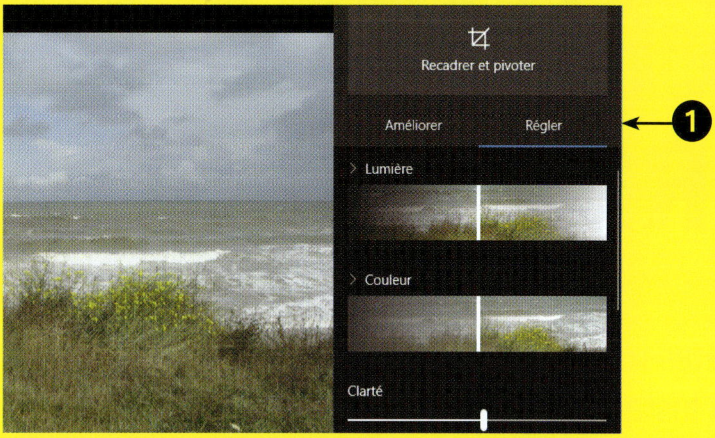
Recadrer et pivoter
Améliorer
Régler
Lumière
Couleur
Clarté
1

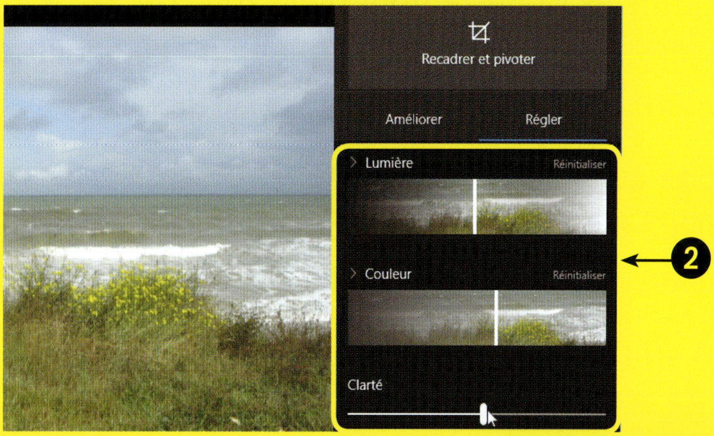
Recadrer et pivoter
Améliorer
Régler
Lumière
Réinitialiser
Couleur
Réinitialiser
Clarté
2

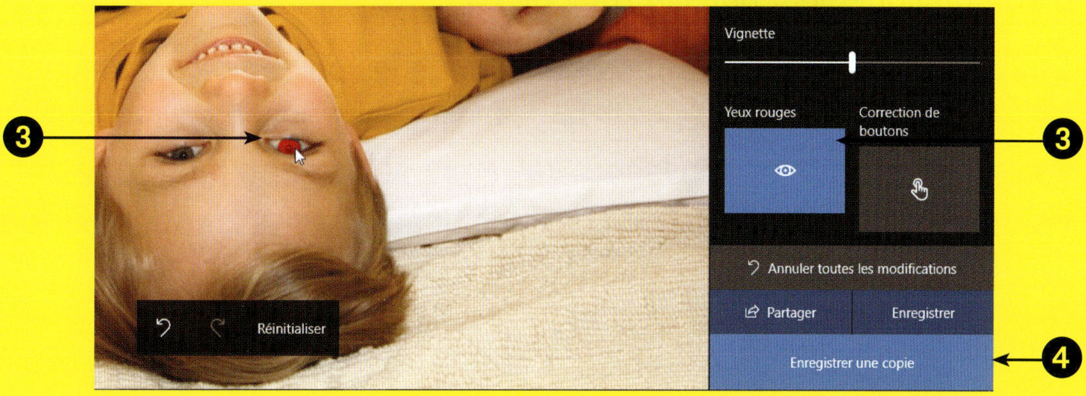
3
Vignette
Yeux rouges
Correction de boutons
3
Annuler toutes les modifications
Partager
Enregistrer
Enregistrer une copie
4
Réinitialiser

PUBLIER DES PHOTOS SUR UN RÉSEAU SOCIAL

1. Si vous êtes inscrit sur un réseau social, comme Facebook, Google+, Flickr ou Instagram, vous pouvez y publier gratuitement des dizaines de photos. Parmi les icônes autour de la zone dédiée à la publication d'un nouveau message, touchez ou cliquez sur celle qui représente un cliché ou un appareil photo, comme ,  ou .
2. Si une boîte de dialogue ou une fenêtre permet aussitôt de sélectionner le(s) cliché(s) à publier, allez-y ! Sinon, touchez ou cliquez d'abord sur une commande du type **Importer des photos** ou **Ajouter une photo**.
3. Le réseau affiche le(s) cliché(s) à publier et diverses options : agissez en fonction de vos envies. Par exemple, vous pouvez taper un petit texte d'accompagnement dans la zone de commentaire.
4. Touchez ou cliquez sur l'option qui indique les personnes actuellement en mesure de visualiser vos clichés et sélectionnez celles que vous voulez autoriser à les consulter : vos amis, seulement, ou tous les visiteurs (option **Public**), voire des personnes précises (option parfois accessible *via* un lien du type **Plus de détails**).
5. Touchez ou cliquez sur un bouton tel que **Partager** ou **Publier**.

8 MIN

NIVEAU :

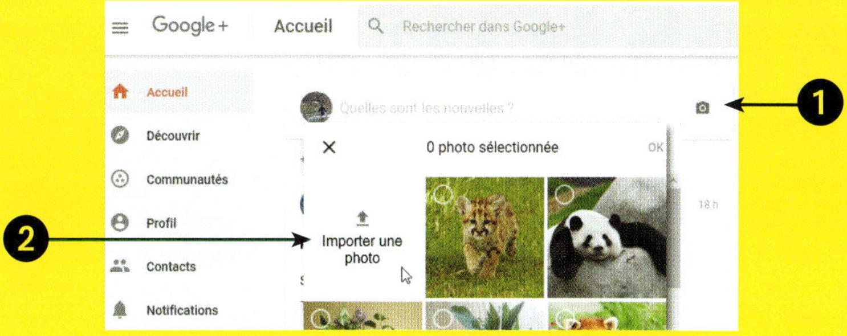

Google+
Accueil
Rechercher dans Google+
Accueil
Découvrir
Communautés
Profil
Contacts
Notifications
Quelles sont les nouvelles ?
0 photo sélectionnée
OK
Importer une photo
18 h
1
2

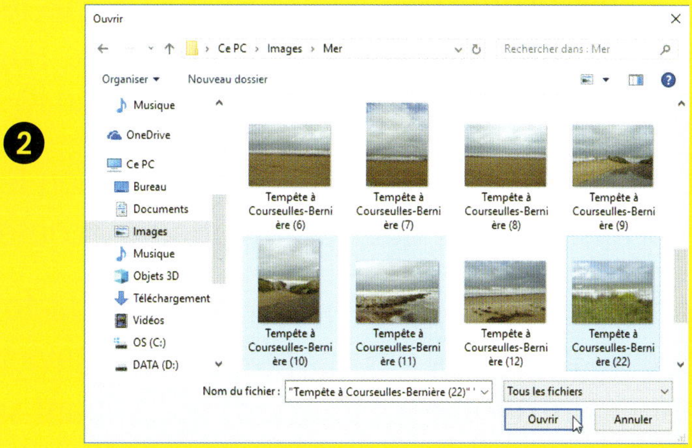

Ouvrir
Ce PC › Images › Mer
Rechercher dans : Mer
Organiser
Nouveau dossier
Musique
OneDrive
Ce PC
Bureau
Documents
Images
Musique
Objets 3D
Téléchargement
Vidéos
OS (C:)
DATA (D:)
Tempête à Courseulles-Bernière (6)
Tempête à Courseulles-Bernière (7)
Tempête à Courseulles-Bernière (8)
Tempête à Courseulles-Bernière (9)
Tempête à Courseulles-Bernière (10)
Tempête à Courseulles-Bernière (11)
Tempête à Courseulles-Bernière (12)
Tempête à Courseulles-Bernière (22)
Nom du fichier :
"Tempête à Courseulles-Bernière (22)"
Tous les fichiers
Ouvrir
Annuler
2

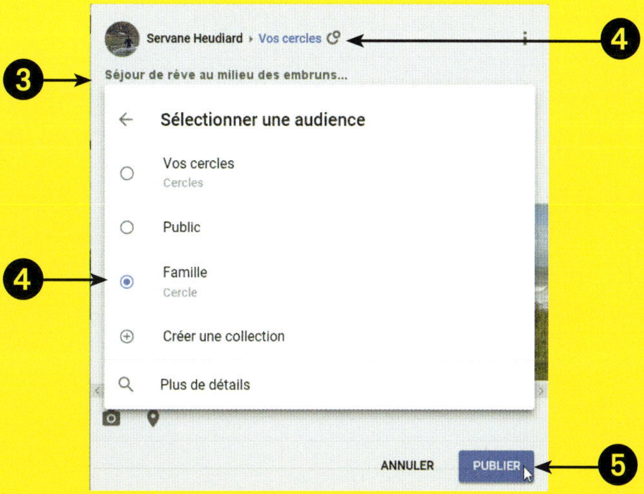

Servane Heudiard › Vos cercles
Séjour de rêve au milieu des embruns...
Sélectionner une audience
Vos cercles
Cercles
Public
Famille
Cercle
Créer une collection
Plus de détails
ANNULER
PUBLIER
3
4
4
5

ÉCOUTER DE LA MUSIQUE

1. Touchez ou cliquez sur le bouton **Démarrer** au début de la barre des tâches, puis sur la vignette **Groove Musique**.
2. L'application Groove Musique démarre et récupère tous les morceaux de votre bibliothèque **Musique** pas encore référencés. Pour les afficher, touchez ou cliquez sur l'icône de note **Ma musique** à gauche.
3. En haut, touchez ou cliquez sur le critère d'organisation le mieux approprié pour localiser le titre que vous souhaitez écouter.
4. Si le morceau à écouter est déjà visible, pointez-le, puis touchez ou cliquez sur l'icône de lecture qui apparaît. Sinon, naviguez d'abord jusqu'au morceau, par exemple en touchant ou cliquant sur l'artiste. Parfois, vous devrez aussi toucher ou cliquer sur le lien **Vue Morceaux** sous le bandeau de l'album ou de l'artiste.
5. Si vous avez choisi un artiste ou un album et si vous voulez écouter tous ses titres à la suite, touchez ou cliquez sur **Tout lire** dans le bandeau de l'album ou de l'artiste.
6. La diffusion démarre : au besoin, profitez des contrôles de la barre apparue au bas de la fenêtre pour intervenir, comme pour répéter le morceau.

6 MIN

NIVEAU :

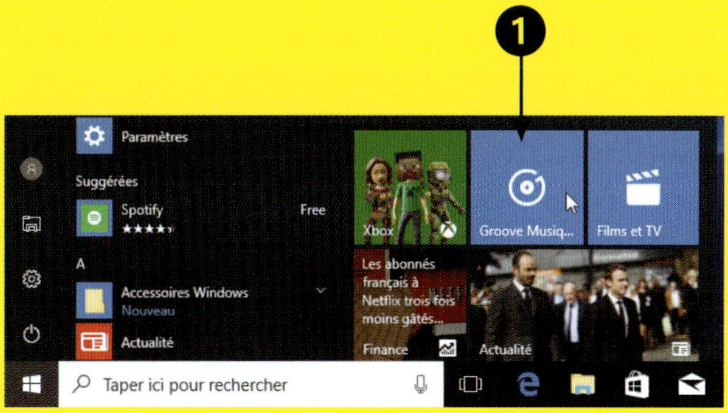
1
Paramètres
Suggérées
Spotify
Free
A
Accessoires Windows
Nouveau
Actualité
Xbox
Groove Musiq...
Films et TV
Les abonnés français à Netflix trois fois moins gâtés...
Finance
Actualité
Taper ici pour rechercher

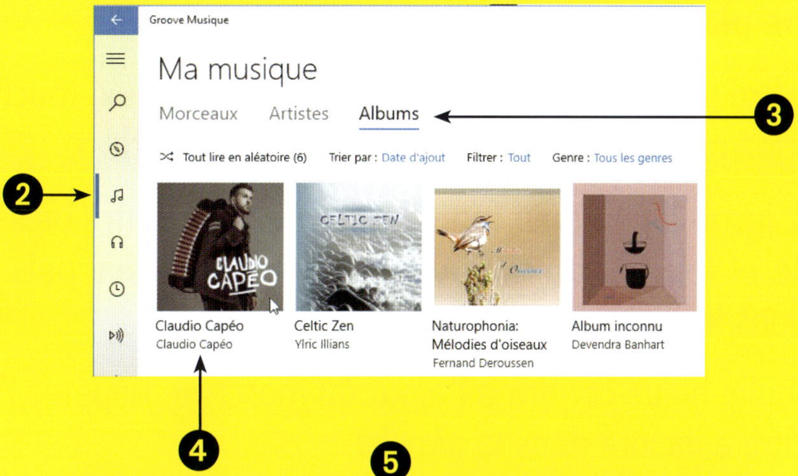
Groove Musique
Ma musique
Morceaux
Artistes
Albums
3
2
Tout lire en aléatoire (6)
Trier par : Date d'ajout
Filtrer : Tout
Genre : Tous les genres
Claudio Capéo
Claudio Capéo
Celtic Zen
Ylric Illians
Naturophonia: Mélodies d'oiseaux
Fernand Deroussen
Album inconnu
Devendra Banhart
4

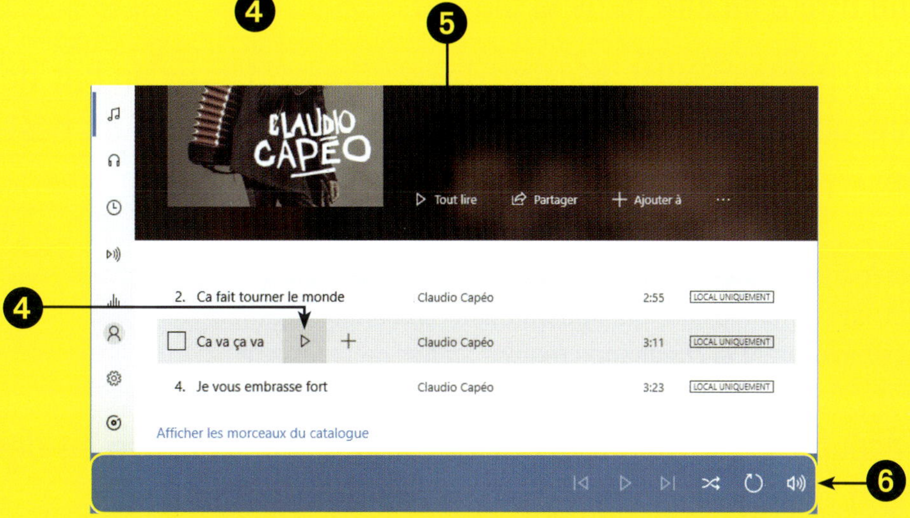
5
Tout lire
Partager
Ajouter à
2. Ca fait tourner le monde
Claudio Capéo
2:55
LOCAL UNIQUEMENT
4
Ca va ça va
Claudio Capéo
3:11
LOCAL UNIQUEMENT
4. Je vous embrasse fort
Claudio Capéo
3:23
LOCAL UNIQUEMENT
Afficher les morceaux du catalogue
6

CRÉER UN BEST-OF

1. L'application Groove Musique ouverte à la tâche précédente permet de créer vos propres best-of (*playlists*) : au bas de sa colonne gauche, touchez ou cliquez sur l'icône + ou sur le signe + à côté de **Playlists**.
2. Une boîte de dialogue s'ouvre : touchez ou cliquez sur **Nommer cette playlist**, tapez un nom pour votre best-of, puis touchez ou cliquez sur **Créer une playlist**.
3. Votre best-of s'affiche : pour y intégrer des morceaux, touchez ou cliquez sur **Ajouter des morceaux de ma collection**.
4. Naviguez jusqu'au premier morceau à intégrer à votre best-of, pointez-le, et touchez ou cliquez sur le + qui apparaît, puis sur votre playlist dans le menu.
5. Une infobulle bleue confirme l'ajout du morceau. Répétez l'étape 4 pour chaque titre à inclure dans la playlist.
6. Pour afficher la playlist, touchez-la ou cliquez dessus au bas de la colonne gauche, ou sur l'icône ≔, puis sur la vignette du best-of au centre.

Une fois votre playlist affichée, vous pouvez la gérer en la pointant, en cochant la case qui apparaît dans son angle supérieur droit et en exécutant la commande requise au bas de la fenêtre.

7. Pour écouter la playlist, touchez ou cliquez sur **Tout lire** au-dessous de son nom.

10 MIN

NIVEAU :

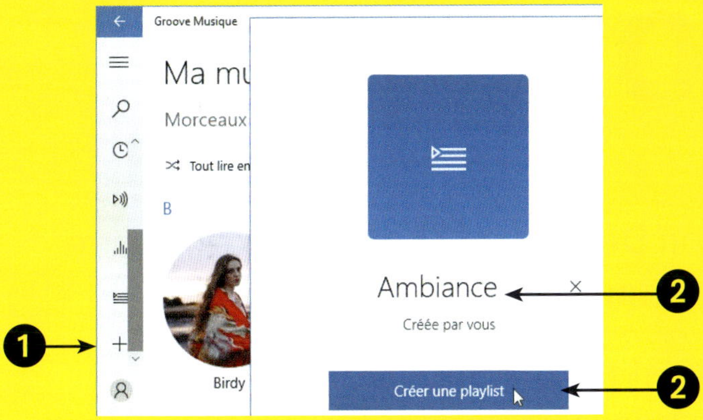

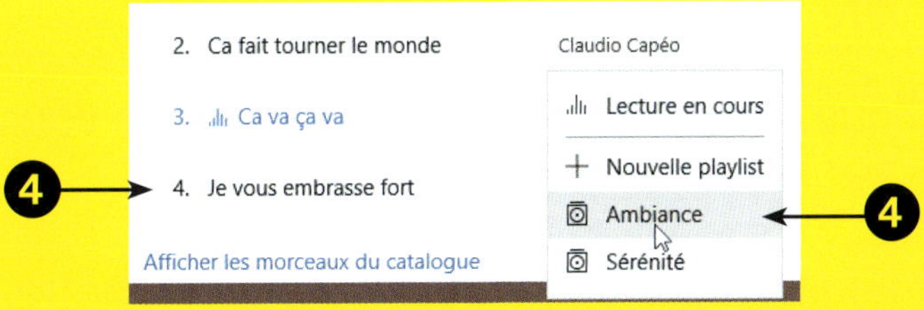

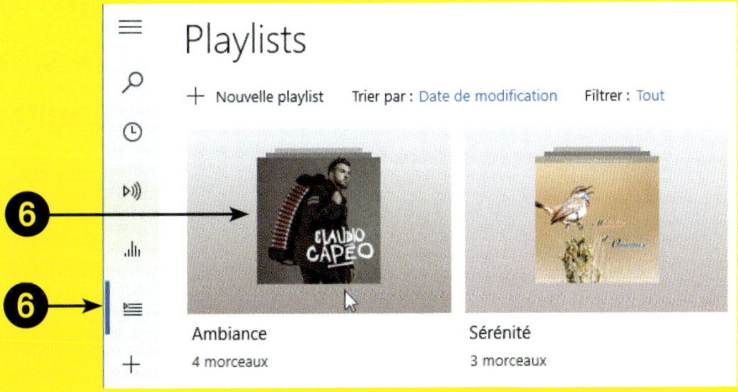

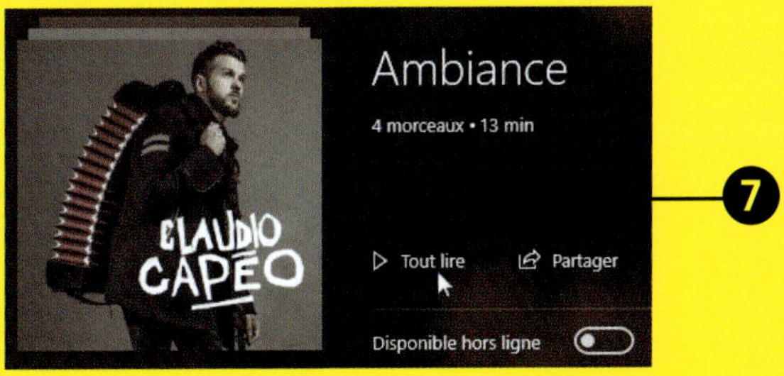

REGARDER UNE VIDÉO

1. Touchez ou cliquez sur le bouton **Démarrer** au début de la barre des tâches, puis sur la vignette **Films et TV**.
2. L'application Films et TV s'ouvre et rapatrie tous les films de votre bibliothèque **Vidéos** dans sa rubrique **Personnel** : touchez ou cliquez sur cette dernière, en haut de la fenêtre.
3. Touchez ou cliquez sur la vignette de la vidéo que vous avez envie de regarder.
4. La première image de la vidéo investit toute la fenêtre, et la diffusion démarre : si vous voulez regarder le film en plein écran, touchez ou cliquez sur l'icône ⤢ dans la barre de contrôles au bas de la fenêtre. (Par la suite, touchez ou cliquez juste dans la vidéo pour retrouver la fenêtre standard.)

La barre de contrôles disparaît très vite, mais pour la réafficher, il suffit de toucher ou cliquer dans l'image.

5. Après avoir terminé, touchez ou cliquez sur la flèche gauche ← au début de la barre de titre pour revenir aux rubriques de l'application Films et TV, ou regardez directement la vidéo suivante en touchant ou cliquant sur la flèche qui apparaît à droite quand vous pointez le film actuel.

5 MIN

NIVEAU :

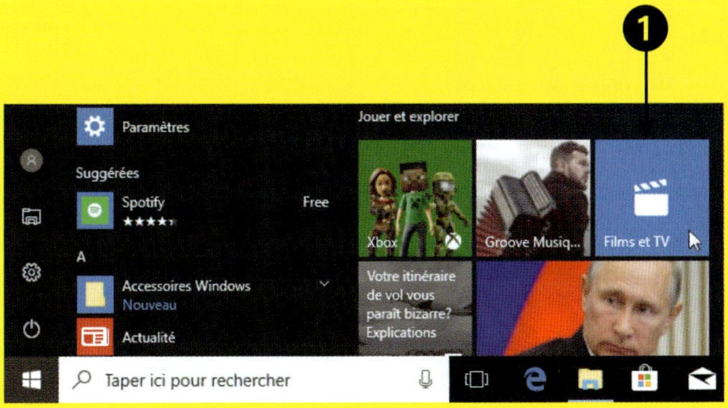
1
Paramètres
Jouer et explorer
Suggérées
Spotify
Free
Xbox
Groove Musiq...
Films et TV
A
Accessoires Windows
Nouveau
Votre itinéraire de vol vous paraît bizarre? Explications
Actualité
Taper ici pour rechercher

Découvrir
Acheté
Personnel
2
Dossiers vidéo
Stockage
Affiner : Date d'ajout
Tous les dossiers
Toutes les vidéos
3
Entre les cygnes
07/07/2017
Route Neige
07/04/2017
Skiff
07/06/201

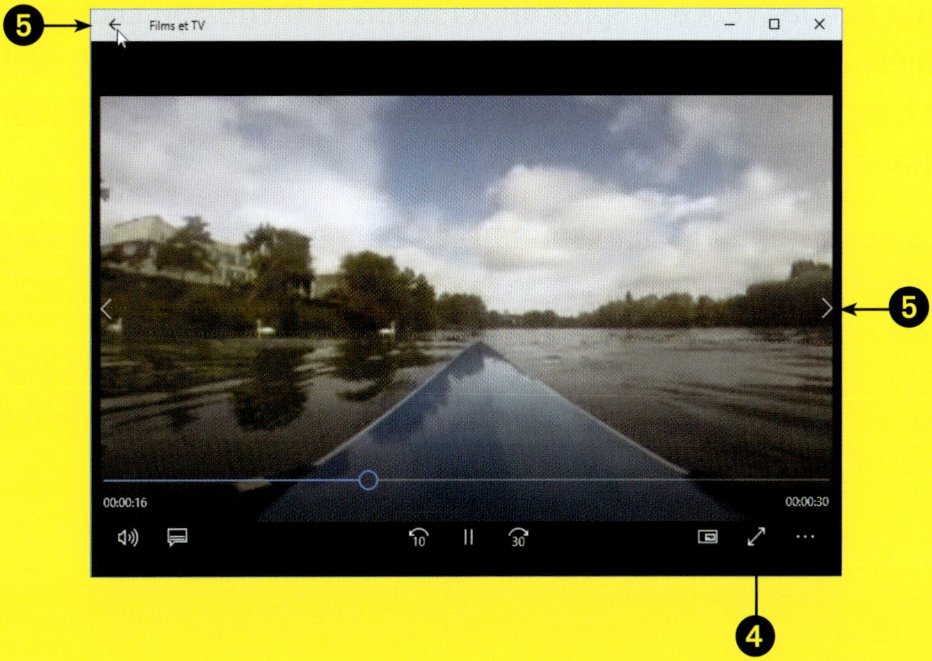
5
Films et TV
5
00:00:16
00:00:30
4

RÉALISER UN PETIT FILM

1. Si vous possédez une webcam, vous pouvez réaliser de petites vidéos personnelles : si elle possède un bouton à cette fin, allumez-la.
2. Touchez ou cliquez sur le bouton **Démarrer** au début de la barre des tâches, puis sur la vignette ou la commande **Caméra** dans le menu **Démarrer**.
3. La première fois, une demande d'autorisation et/ou de localisation s'affiche : dans les deux cas, touchez ou cliquez sur **Oui**.
4. Ce que voit la webcam apparaît à l'écran : touchez ou cliquez une première fois sur l'icône de caméra dans la partie droite de la fenêtre pour basculer en mode vidéo, puis une seconde fois pour démarrer le tournage.
5. Après avoir filmé la scène souhaitée, touchez ou cliquez sur l'icône pour tout arrêter.
6. Si vous voulez visualiser la vidéo sur-le-champ, touchez ou cliquez sur la toute petite miniature en bas à droite pour ouvrir le film dans l'application Photos.

5 MIN

NIVEAU :

2

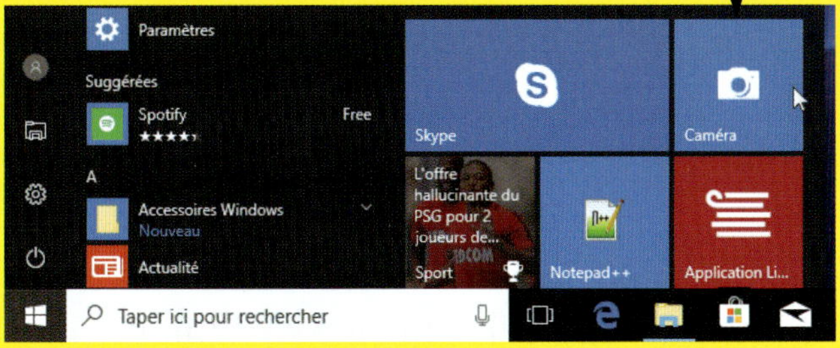

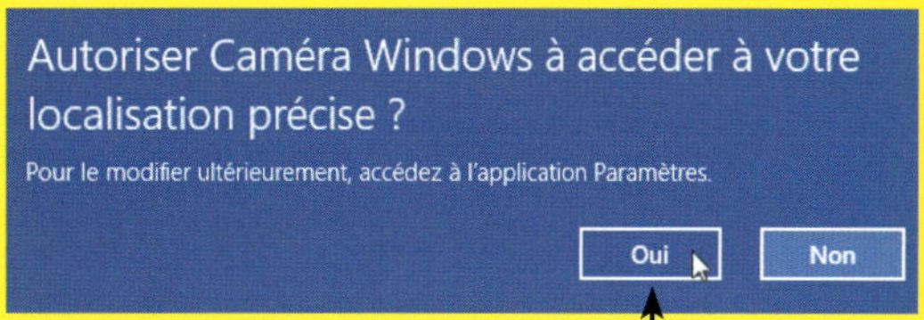

3

4

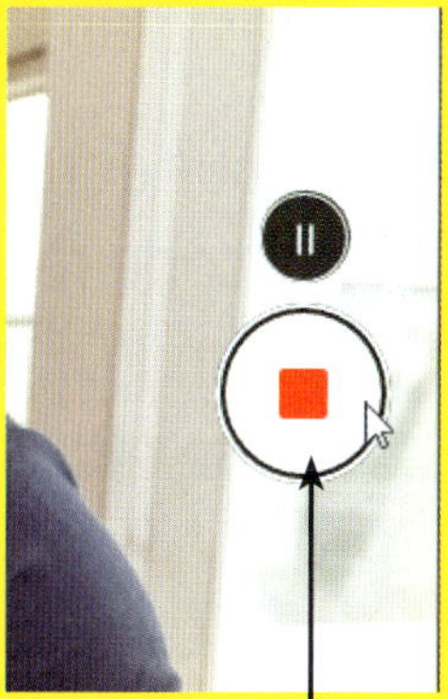

5

6

LIRE UN EBOOK

La majorité des livres numériques sont diffusés au format *ePub* ou *PDF*. Edge permet de lire les deux, mais offre davantage d'options pour le second.

1. Comme vous l'avez appris au chapitre 4, démarrez l'Explorateur de Windows, naviguez jusqu'à votre ebook et double-cliquez dessus pour l'ouvrir.

2. Le livre s'affiche dans Edge : pour passer d'une page à l'autre, balayez l'écran latéralement, utilisez les touches fléchées du clavier ou, dans le cas d'un PDF, cliquez sur les flèches latérales.

3. Pour agrandir l'affichage, écartez les doigts sur l'écran ou cliquez sur l'icône requise dans la partie droite de la barre d'outils : + s'il s'agit d'un PDF, ou , puis à la rubrique **Taille du texte** s'il s'agit d'un livre ePub.

La barre d'outils disparaît vite, mais cliquer dans la fenêtre la réaffiche aussitôt.

4. Pour accéder rapidement à un chapitre spécifique, touchez ou cliquez sur l'icône **Table des matières** , puis sur ledit chapitre.

5. Pour insérer un marque-page dans un livre ePub, touchez ou cliquez sur l'icône . (Par la suite, touchez ou cliquez sur l'icône **Signets** , puis sur la page à atteindre.)

6. Pour écouter, et non lire l'ebook, touchez ou cliquez sur l'icône **Lire à haute voix** .

8 MIN

NIVEAU :

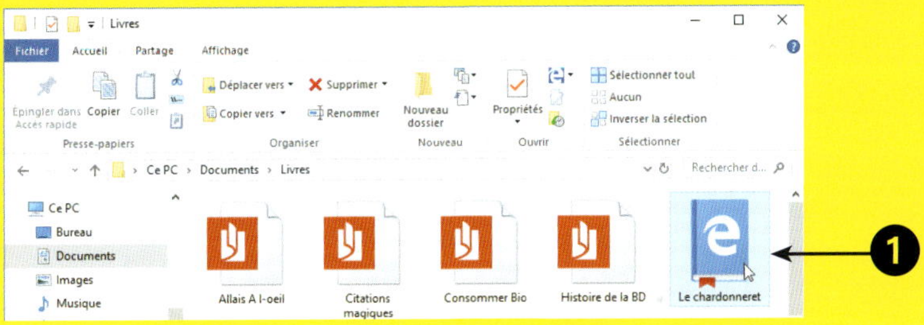

Livres
Fichier
Accueil
Partage
Affichage
Epingler dans Accès rapide
Copier
Coller
Presse-papiers
Déplacer vers
Copier vers
Supprimer
Renommer
Organiser
Nouveau dossier
Nouveau
Propriétés
Ouvrir
Sélectionner tout
Aucun
Inverser la sélection
Sélectionner
Ce PC › Documents › Livres
Rechercher d...
Ce PC
Bureau
Documents
Images
Musique
Allais A l-oeil
Citations magiques
Consommer Bio
Histoire de la BD
Le chardonneret
1

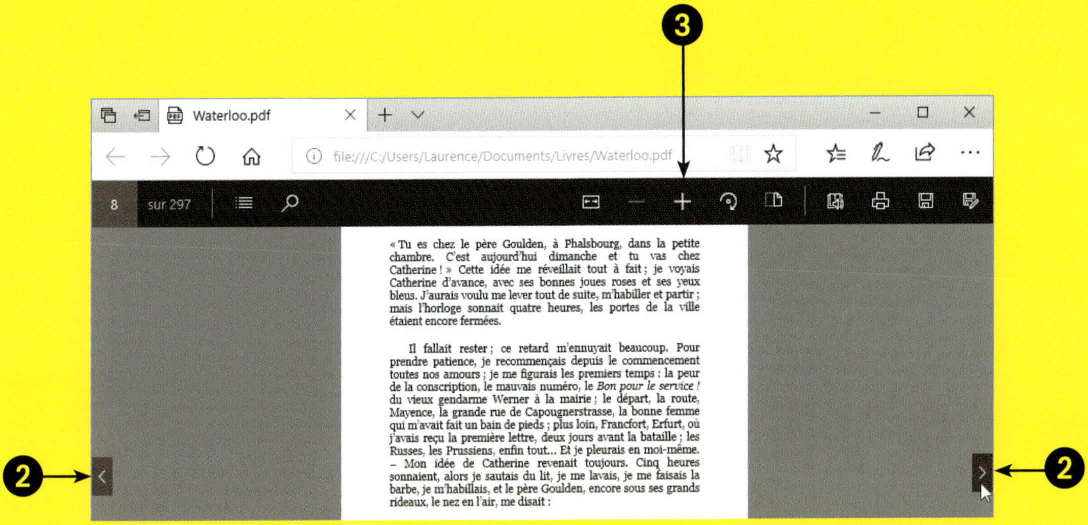

3
Waterloo.pdf
file:///C:/Users/Laurence/Documents/Livres/Waterloo.pdf
8
sur 297
« Tu es chez le père Goulden, à Phalsbourg, dans la petite chambre. C'est aujourd'hui dimanche et tu vas chez Catherine ! » Cette idée me réveillait tout à fait ; je voyais Catherine d'avance, avec ses bonnes joues roses et ses yeux bleus. J'aurais voulu me lever tout de suite, m'habiller et partir ; mais l'horloge sonnait quatre heures, les portes de la ville étaient encore fermées.
Il fallait rester ; ce retard m'ennuyait beaucoup. Pour prendre patience, je recommençais depuis le commencement toutes nos amours ; je me figurais les premiers temps : la peur de la conscription, le mauvais numéro, le *Bon pour le service !* du vieux gendarme Werner à la mairie ; le départ, la route, Mayence, la grande rue de Capougnerstrasse, la bonne femme qui m'avait fait un bain de pieds ; plus loin, Francfort, Erfurt, où j'avais reçu la première lettre, deux jours avant la bataille ; les Russes, les Prussiens, enfin tout... Et je pleurais en moi-même. – Mon idée de Catherine revenait toujours. Cinq heures sonnaient, alors je sautais du lit, je me lavais, je me faisais la barbe, je m'habillais, et le père Goulden, encore sous ses grands rideaux, le nez en l'air, me disait :
2
2

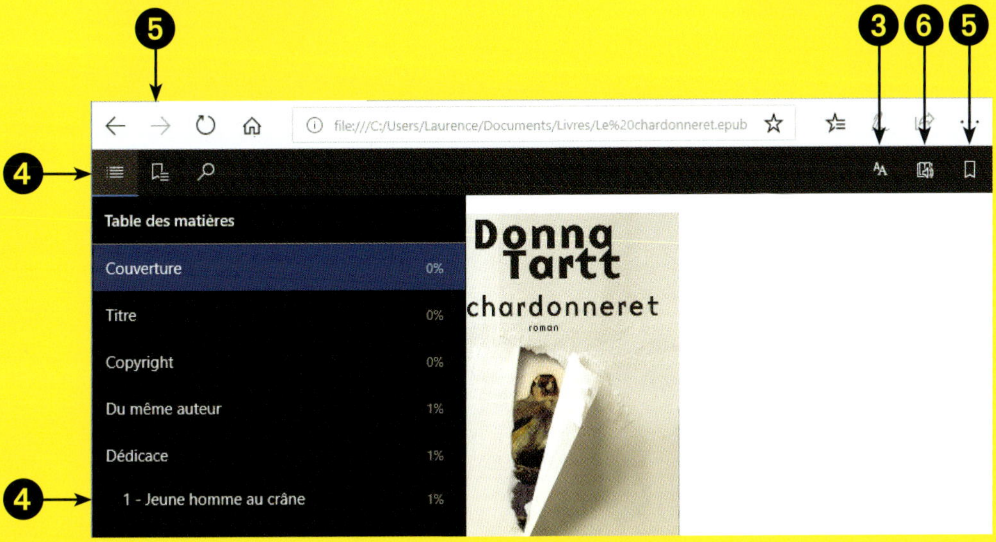

5
3
6
5
file:///C:/Users/Laurence/Documents/Livres/Le%20chardonneret.epub
4
Table des matières
Couverture 0%
Titre 0%
Copyright 0%
Du même auteur 1%
Dédicace 1%
1 - Jeune homme au crâne 1%
4
Donna Tartt
chardonneret
roman

CHAPITRE 9

ENRICHIR ET PERSONNALISER L'ORDINATEUR

Au fil du temps, vous aurez sûrement besoin d'applications ou d'appareils supplémentaires. Sans doute constaterez-vous aussi que le menu Démarrer renferme des vignettes dont vous n'avez que faire. Grâce à ce chapitre, vous pourrez optimiser tous ces aspects, et bien d'autres, en fonction de vos besoins.

- Ajouter ou supprimer des applications et des programmes
- Ajouter un appareil externe
- Personnaliser le menu Démarrer
- Personnaliser la barre des tâches
- Personnaliser le bureau
- Utiliser plusieurs bureaux

AJOUTER DES APPLICATIONS

❶ En procédant comme expliqué au chapitre 2, accédez au Microsoft Store depuis son icône dans la barre des tâches, touchez ou cliquez sur **Applications**, en haut, recherchez une application qui vous convient et, quand vous en trouvez une, touchez ou cliquez sur sa vignette.

❷ La page de l'application apparaît : selon que celle-ci est gratuite ou payante, touchez ou cliquez sur **Obtenir** ou sur **Essai gratuit**.

L'option **Essai gratuit** permet de tester l'application gratuitement pendant quelques jours. Ce délai passé, elle cesse de fonctionner. Si vous voulez l'acquérir, rouvrez alors sa page dans le Microsoft Store, et touchez ou cliquez sur **Acheter**.

❸ Si vous avez choisi un produit payant, identifiez-vous en tapant le mot de passe de votre compte Microsoft et finalisez l'achat, comme sur tout site de vente.

❹ Une fois l'application téléchargée et installée sur votre ordinateur, une infobulle en bas à gauche vous en informe, et un bouton **Lancer** apparaît dans la fiche de l'application : pour ouvrir cette dernière, touchez ou cliquez sur ce bouton.

❺ Par la suite, vous pourrez accéder à l'application en touchant ou cliquant sur son nom dans la liste centrale du menu **Démarrer**. Au début, vous la trouverez dans la section **Récemment ajoutées**.

7 MIN

NIVEAU :

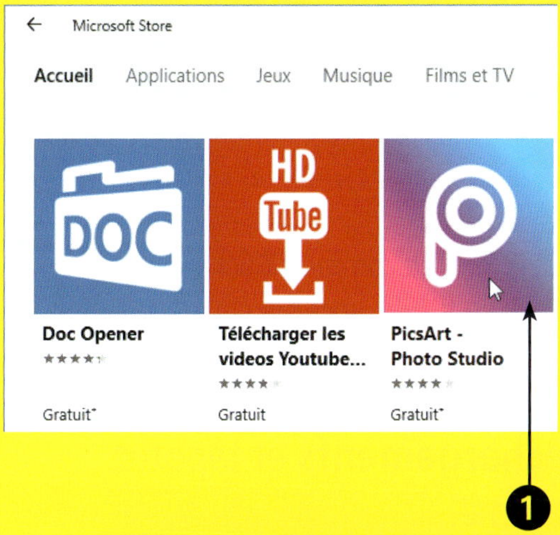
Microsoft Store
Accueil
Applications
Jeux
Musique
Films et TV
Doc Opener
Gratuit*
Télécharger les videos Youtube...
Gratuit
PicsArt - Photo Studio
Gratuit*
1

PicsArt - Photo Studio
PicsArt Inc.
245
Gratuit*
Obtenir
Partager
+ Offre des achats in-app
Description
400 millions+ installs strong, PicsArt est un puissant logiciel de photo, de collages, un outil de dessin et l'appli photo #1 pour Windows. De plus, un réseau social pour
2

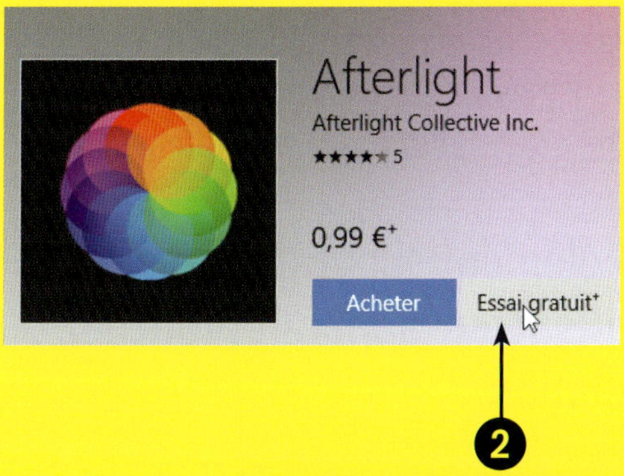
Afterlight
Afterlight Collective Inc.
5
0,99 €*
Acheter
Essai gratuit*
2

PicsArt - Photo
PicsArt Inc.
245
Ce produit est installé.
Lancer
Partager
+ Offre des achats in-app
4

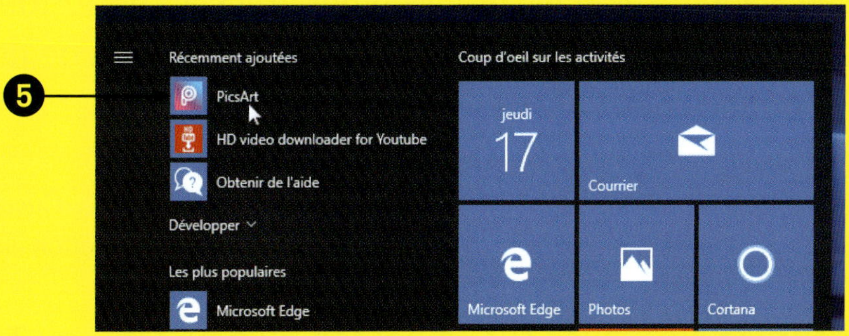
5
Récemment ajoutées
PicsArt
HD video downloader for Youtube
Obtenir de l'aide
Développer
Les plus populaires
Microsoft Edge
Coup d'oeil sur les activités
jeudi
17
Courrier
Microsoft Edge
Photos
Cortana

AJOUTER DES PROGRAMMES

Ici, je vous propose un programme gratuit, obtenu sur un site comme Télécharger.com `www.01net.com/telecharger` (pour télécharger un fichier, voyez le chapitre 6), mais les étapes 2 à 4 sont communes à tous les programmes.

1. Dans l'Explorateur, ouvrez le dossier **Téléchargements** et tapotez ou double-cliquez sur le fichier du programme.

Si le fichier est fourni sous la forme d'un *dossier compressé*, identifié par une icône de dossier avec une fermeture éclair, l'étape 1 ouvre juste ce dossier ; tapotez ou double-cliquez alors ensuite sur le « vrai » fichier d'installation du programme.

2. Comme vous allez ajouter un nouvel élément sur votre ordinateur, le message **Contrôle de compte d'utilisateur** apparaît : touchez ou cliquez sur **Oui** pour autoriser l'installation.

3. Celle-ci démarre aussitôt : suivez les instructions qui s'affichent à l'écran. Elles varient selon les programmes, mais acceptez toujours la *licence d'utilisateur* ou le *contrat de licence* et, en cas de doute, conservez l'option sélectionnée, adaptée à la majorité des utilisateurs.

Dans le cas d'un programme payant, vous devez toujours taper une *clé d'installation*, long code alphanumérique fourni avec le produit pour empêcher son utilisation illégale.

4. Au final, touchez ou cliquez sur un bouton du type **Finir** ou **Terminer**.

10 MIN

NIVEAU :

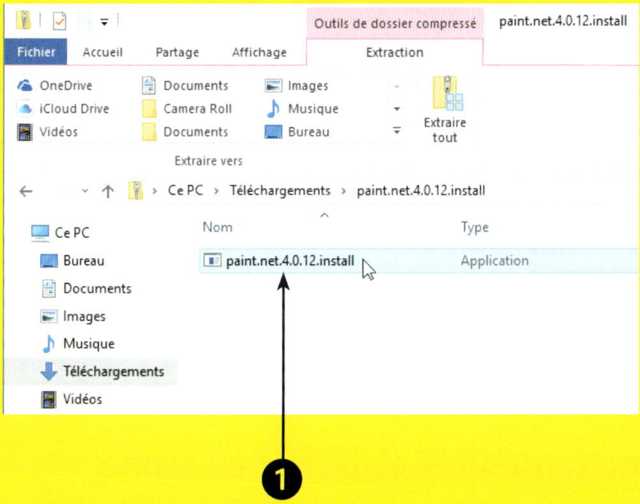

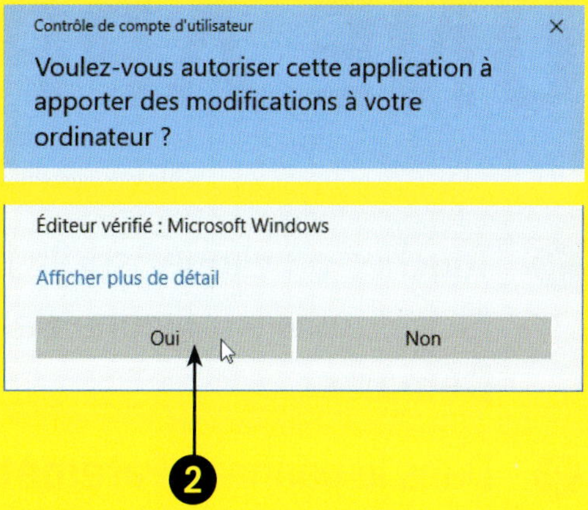

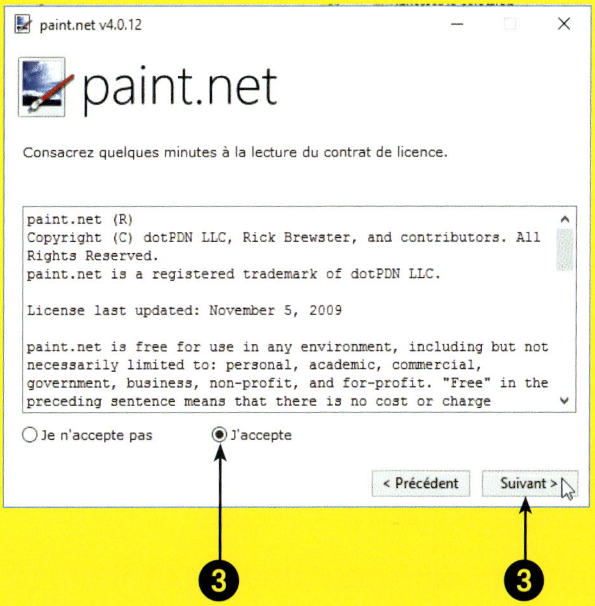

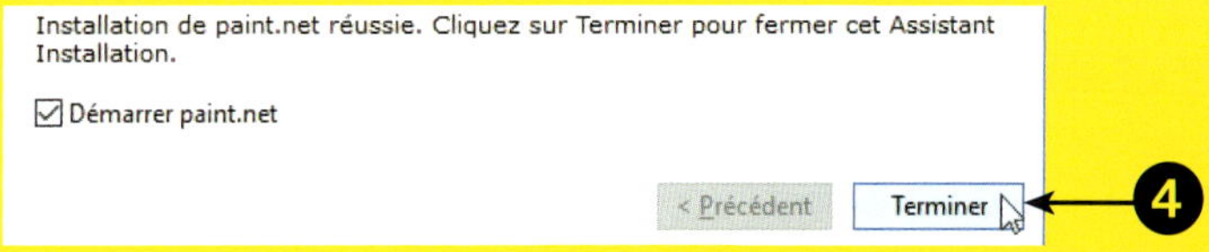

SUPPRIMER UNE APPLICATION

1. Touchez ou cliquez sur le bouton **Démarrer** dans la barre des tâches, puis sur l'icône **Paramètres** en bas à gauche du menu **Démarrer**.
2. Dans le panneau **Paramètres**, touchez ou cliquez sur **Applications**.
3. La rubrique **Applications et fonctionnalités** s'affiche : au centre, touchez ou cliquez sur l'application à supprimer, puis sur **Désinstaller**.

> Si le bouton **Désinstaller** apparaît grisé, l'application est incluse dans Windows et ne peut donc pas être supprimée.

4. Une demande de confirmation s'affiche : touchez ou cliquez de nouveau sur **Désinstaller**.
5. Si d'autres messages s'affichent, suivez les instructions à l'écran.
6. Pour supprimer un programme, touchez ou cliquez sur **Programmes et fonctionnalités**, à la rubrique **Paramètres associés**, un peu plus bas dans la fenêtre.
7. Selon le même principe que pour une application, touchez ou cliquez sur le programme à supprimer, puis sur **Désinstaller** ou **Désinstaller/ Modifier**, et exécutez toute autre étape imposée par l'éditeur du programme.

2 MIN

NIVEAU :

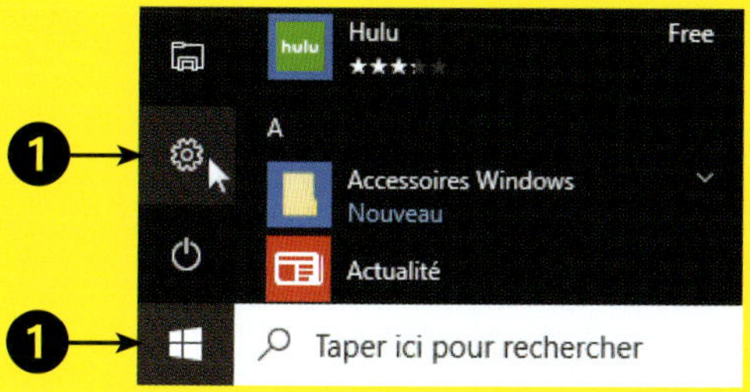

1
1
Hulu
Free
A
Accessoires Windows
Nouveau
Actualité
Taper ici pour rechercher

2
Applications
Désinstaller, valeurs par défaut, fonctionnalités facultatives
Comptes
Comptes, adresse e-mail, sync., travail, famille
Heure et langue
Voix, région, date

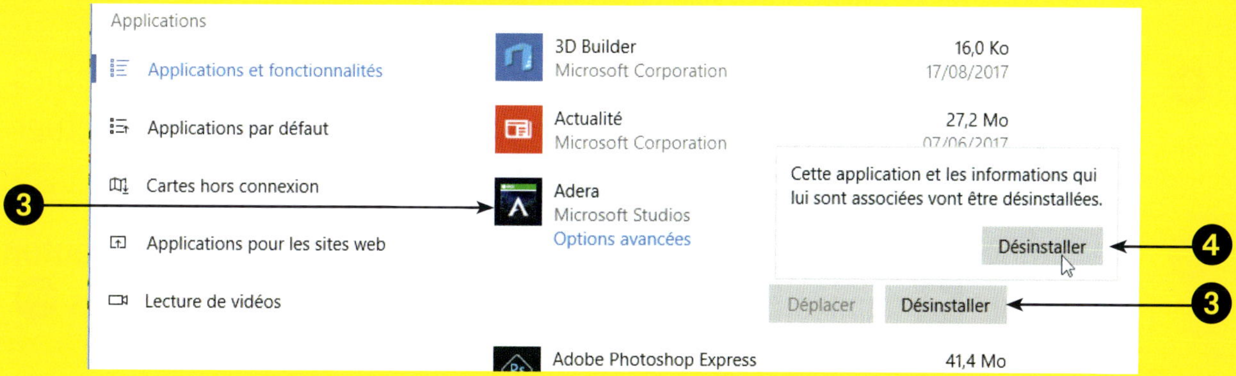

Applications
Applications et fonctionnalités
Applications par défaut
Cartes hors connexion
Applications pour les sites web
Lecture de vidéos
3
3D Builder
Microsoft Corporation
16,0 Ko
17/08/2017
Actualité
Microsoft Corporation
27,2 Mo
Adera
Microsoft Studios
Options avancées
Cette application et les informations qui lui sont associées vont être désinstallées.
Désinstaller
4
Déplacer
Désinstaller
3
Adobe Photoshop Express
41,4 Mo

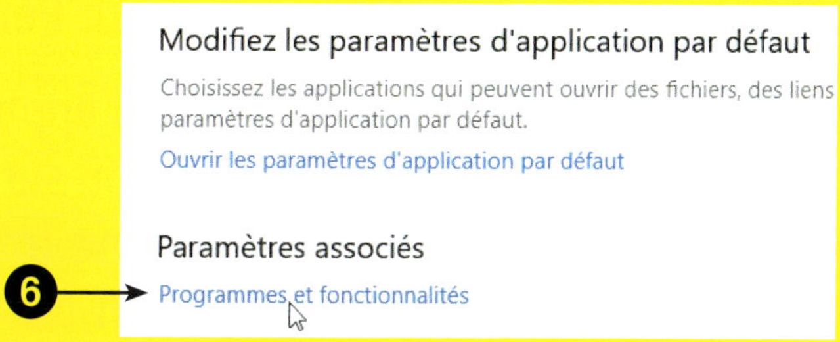

Modifiez les paramètres d'application par défaut
Choisissez les applications qui peuvent ouvrir des fichiers, des liens
paramètres d'application par défaut.
Ouvrir les paramètres d'application par défaut
Paramètres associés
6
Programmes et fonctionnalités

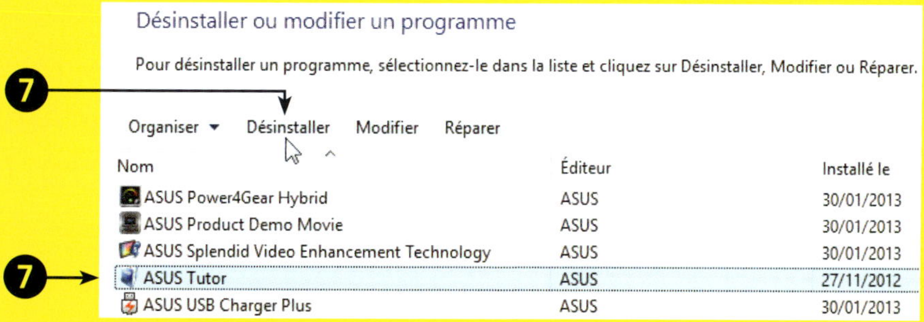

Désinstaller ou modifier un programme
Pour désinstaller un programme, sélectionnez-le dans la liste et cliquez sur Désinstaller, Modifier ou Réparer.
7
Organiser
Désinstaller
Modifier
Réparer
Nom
Éditeur
Installé le
ASUS Power4Gear Hybrid
ASUS
30/01/2013
ASUS Product Demo Movie
ASUS
30/01/2013
ASUS Splendid Video Enhancement Technology
ASUS
30/01/2013
7
ASUS Tutor
ASUS
27/11/2012
ASUS USB Charger Plus
ASUS
30/01/2013

AJOUTER UN APPAREIL EXTERNE

1. Selon le type d'appareil, branchez-le sur un port USB de votre ordinateur ou établissez la connexion Wi-Fi ou Bluetooth.

2. Si Windows détecte l'appareil et installe les programmes indispensables à son fonctionnement, vous êtes quitte ; mais s'il vous invite à effectuer des réglages, suivez les instructions à l'écran.

3. Si Windows ne reconnaît pas l'appareil, touchez ou cliquez sur le bouton **Démarrer** dans la barre des tâches, puis sur l'icône **Paramètres** au bas de la colonne gauche du menu **Démarrer**.

4. Dans le panneau **Paramètres**, touchez ou cliquez sur **Périphériques**.

5. Le panneau **Périphériques** s'ouvre : selon le type d'appareil à ajouter, touchez ou cliquez sur **Imprimantes et scanners** ou sur **Appareils Bluetooth et autres** à gauche, puis sur **Ajouter une imprimante ou un scanner** ou **Ajouter un appareil Bluetooth ou un autre appareil**, au centre.

6. Si l'appareil convoité apparaît, touchez-le ou cliquez dessus, puis sur le bouton **Ajouter l'appareil**. Sinon, touchez ou cliquez sur **Ajouter un appareil** et agissez en fonction de ce qui s'affiche à l'écran (vous devrez notamment choisir un type de connexion).

5 MIN

NIVEAU :

1

3

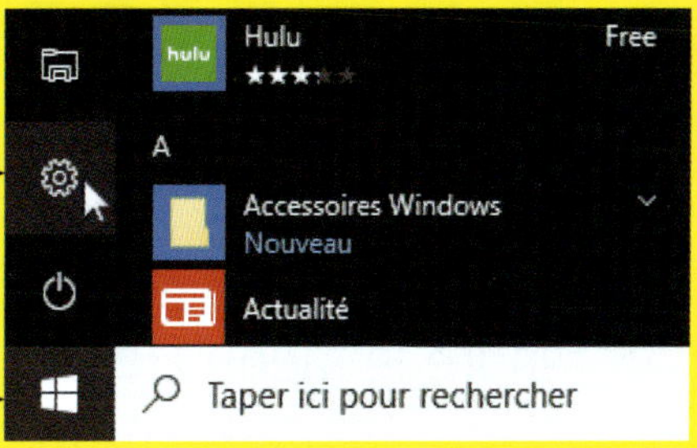

4

5

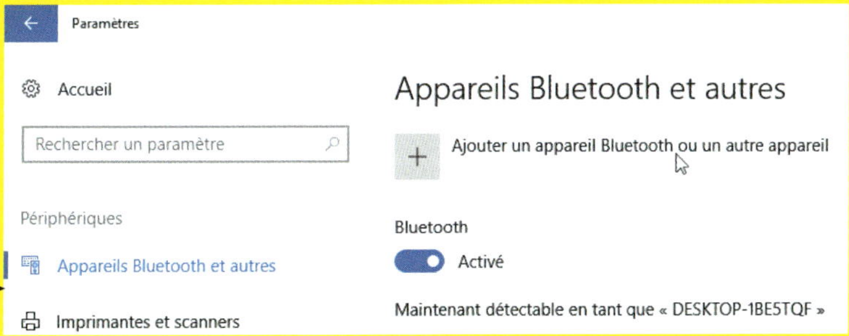

6

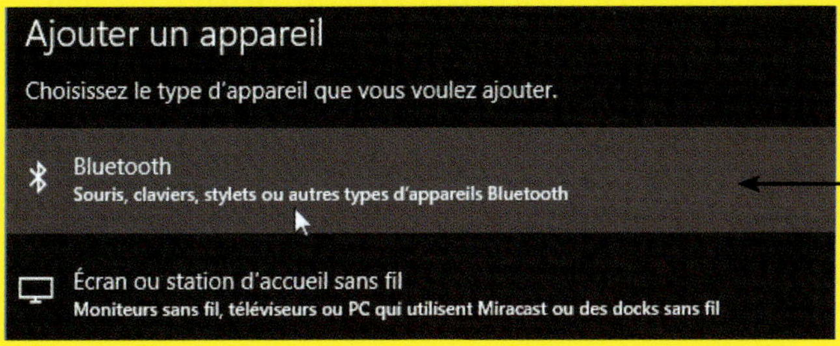

PERSONNALISER LE MENU DÉMARRER

1. Pour rendre le menu **Démarrer** plus efficace, vous pouvez réorganiser ses vignettes. Pour en retirer une que vous n'utilisez (presque) jamais, cliquez dessus du bouton droit, puis du gauche sur **Détacher du menu Démarrer**. Ou touchez-la longuement, puis brièvement l'icône ⋯ dans son angle inférieur droit, et la même commande.

2. Pour ajouter la vignette d'une application que vous utilisez souvent, touchez l'application dans la liste centrale du menu **Démarrer** sans relever votre doigt ensuite, ou cliquez dessus sans relâcher le bouton de la souris à la fin ; dès que les vignettes s'estompent, faites glisser la commande avec le doigt ou la souris à l'endroit souhaité et, une fois la vignette à destination, relevez votre doigt ou relâchez le bouton de la souris.

3. Après avoir réuni uniquement des vignettes utiles dans le menu **Démarrer**, optimisez leur position. En procédant comme à l'étape 2, faites-les glisser aux endroits souhaités avec le doigt ou la souris.

4. Si vous voulez agrandir ou réduire une vignette, cliquez dessus du bouton droit, puis du gauche sur **Redimensionner**, et sur la taille souhaitée, ou touchez longuement la vignette, puis brièvement l'icône ⋯ et la commande adaptée. (Les options disponibles dépendent des vignettes.)

10 MIN

NIVEAU :

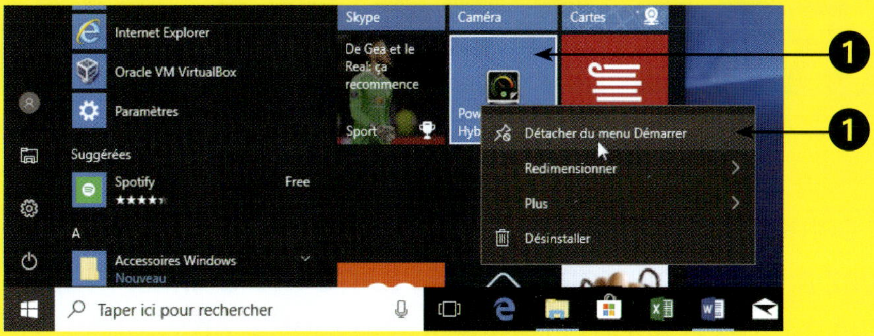

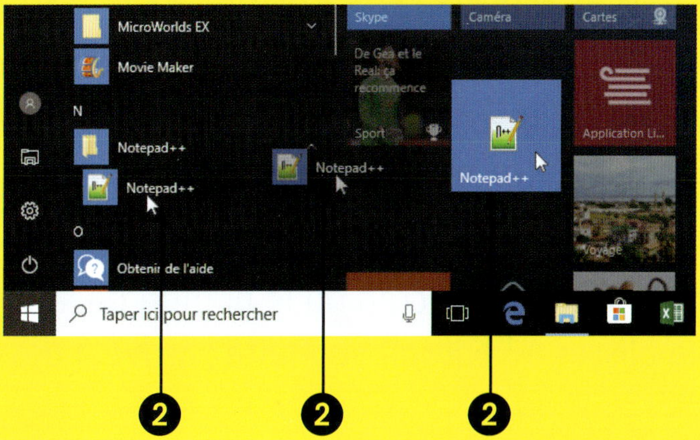

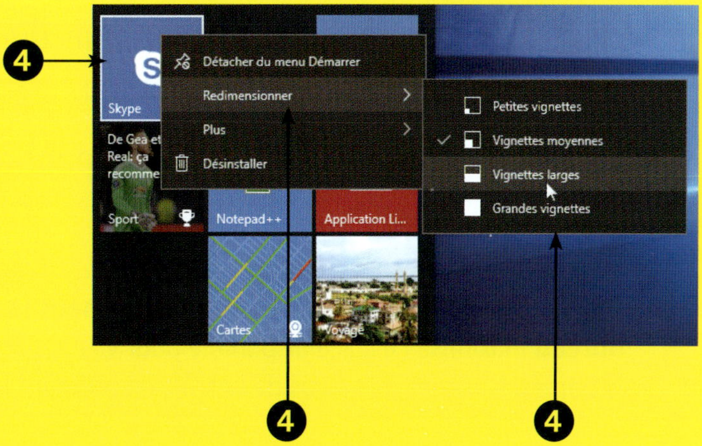

PERSONNALISER LA BARRE DES TÂCHES

1. Pour démarrer rapidement un programme ou une application, vous pouvez ajouter son icône dans la barre des tâches. Mais la place étant limitée, retirez d'abord chaque icône inutile en cliquant dessus du bouton droit, puis du gauche sur **Détacher de la barre des tâches**.

2. Pour ajouter une icône, ouvrez le programme ou l'application correspondant(e) et cliquez du bouton droit sur son icône, puis du gauche sur **Épingler à la barre des tâches**.

3. Pour optimiser l'ordre des icônes, touchez ou cliquez sur une à déplacer, en gardant votre doigt sur l'écran ou le bouton de la souris enfoncé à la fin, et faites-la glisser à l'endroit souhaité ; arrivé à destination, relâchez tout.

4. Si vous voulez personnaliser d'autres aspects de la barre des tâches, cliquez dedans du bouton droit, puis du gauche sur **Paramètres de la barre des tâches** au bas du menu.

5. La rubrique **Barre des tâches** du panneau **Paramètres** apparaît : ajustez les aspects souhaités.

Activer l'option **Masquer automatiquement la barre des tâches en mode Bureau** maximise l'espace disponible pour vos applications, car vous n'affichez la barre des tâches qu'en cas de besoin, en pointant le bas de l'écran.

10 MIN

NIVEAU :

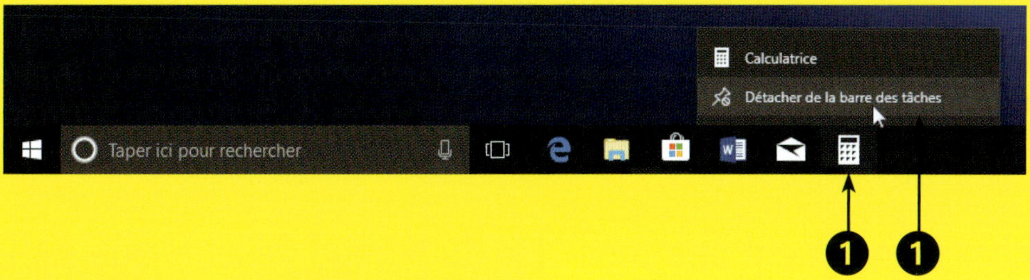

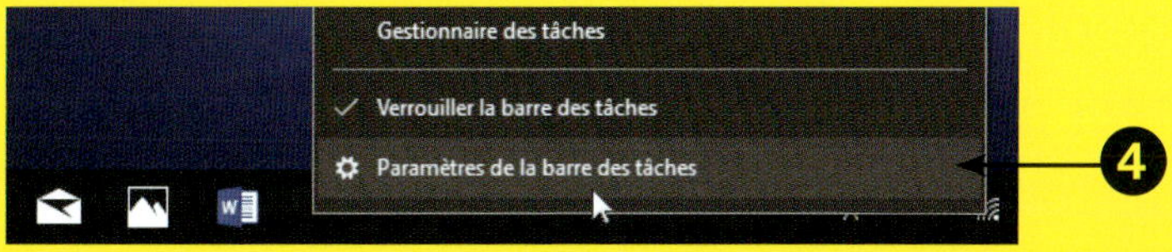

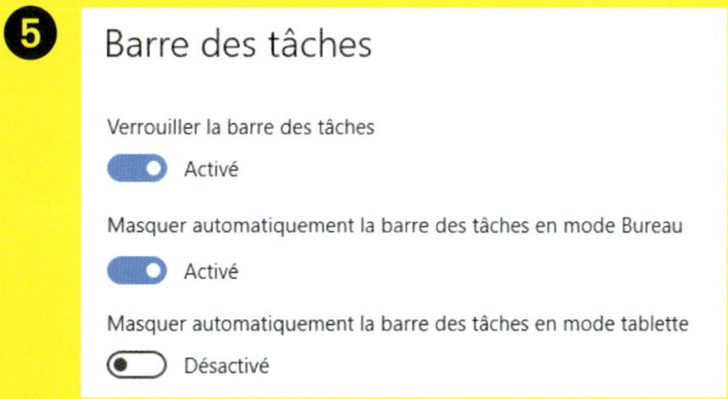

CHANGER LE FOND DU BUREAU

1. Touchez longuement une zone vide du bureau (ailleurs que sur une icône, donc) et ou cliquez dedans du bouton droit, puis touchez brièvement ou cliquez du bouton gauche sur **Personnaliser** dans le menu contextuel qui s'affiche.
2. Le panneau **Paramètres** apparaît, présentant la section **Arrière-plan** de la rubrique **Personnalisation** : si vous voulez utiliser l'une des illustrations proposées dans la zone **Choisir votre image** comme nouveau décor, touchez-la ou cliquez dessus, puis passez à l'étape 5.
3. Si vous préférez utiliser une photo personnelle, touchez ou cliquez sur **Parcourir**.
4. La boîte de dialogue **Ouvrir** s'affiche : en procédant comme dans l'Explorateur au chapitre 4, naviguez jusqu'au dossier qui contient la photo, puis touchez ou cliquez sur celle-ci et sur **Choisir une image**.
5. Fermez le panneau **Paramètres** en touchant ou cliquant sur × à la fin de la barre de titre.

3 MIN

NIVEAU :

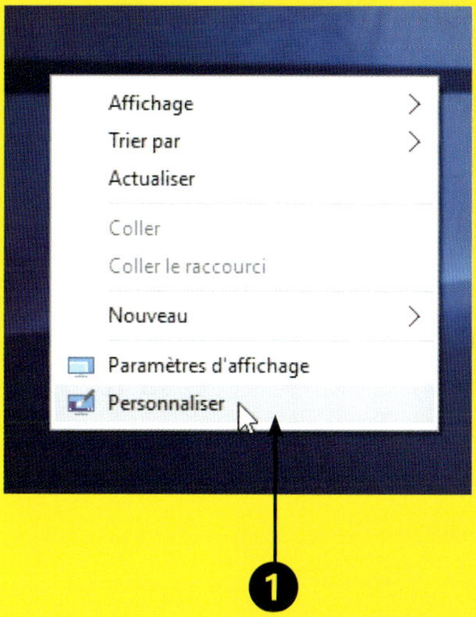

Affichage
Trier par
Actualiser
Coller
Coller le raccourci
Nouveau
Paramètres d'affichage
Personnaliser
1

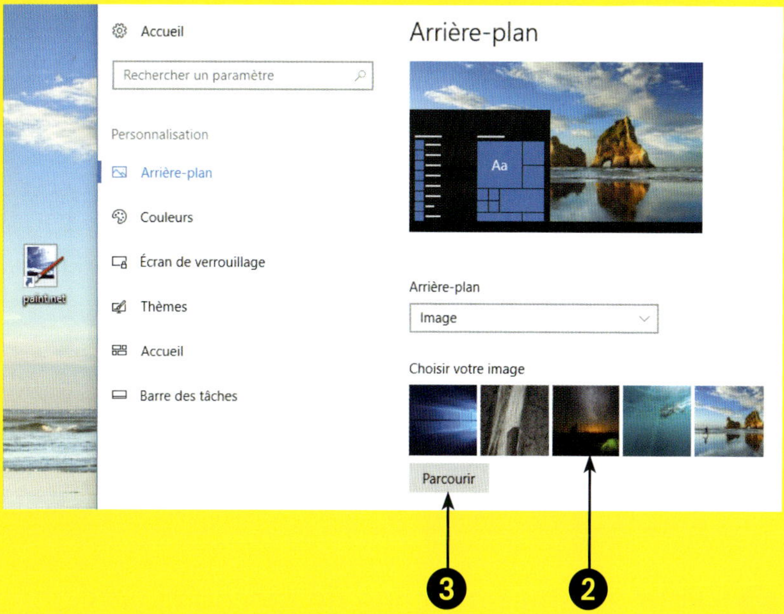

Accueil
Rechercher un paramètre
Personnalisation
Arrière-plan
Couleurs
Écran de verrouillage
Thèmes
Accueil
Barre des tâches
Arrière-plan
Aa
Arrière-plan
Image
Choisir votre image
Parcourir
3
2

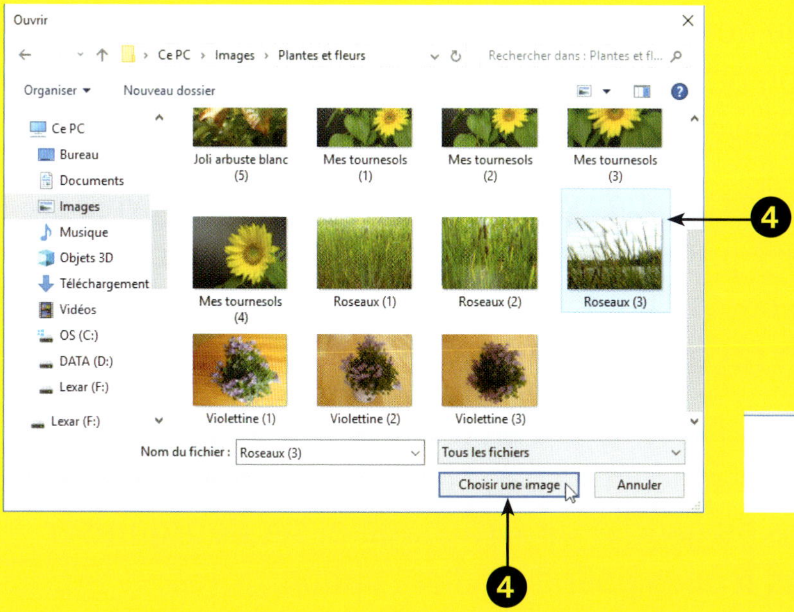

Ouvrir
Ce PC › Images › Plantes et fleurs
Rechercher dans : Plantes et fl...
Organiser
Nouveau dossier
Ce PC
Bureau
Documents
Images
Musique
Objets 3D
Téléchargement
Vidéos
OS (C:)
DATA (D:)
Lexar (F:)
Lexar (F:)
Joli arbuste blanc (5)
Mes tournesols (1)
Mes tournesols (2)
Mes tournesols (3)
Mes tournesols (4)
Roseaux (1)
Roseaux (2)
Roseaux (3)
Violettine (1)
Violettine (2)
Violettine (3)
Nom du fichier :
Roseaux (3)
Tous les fichiers
Choisir une image
Annuler
4
4

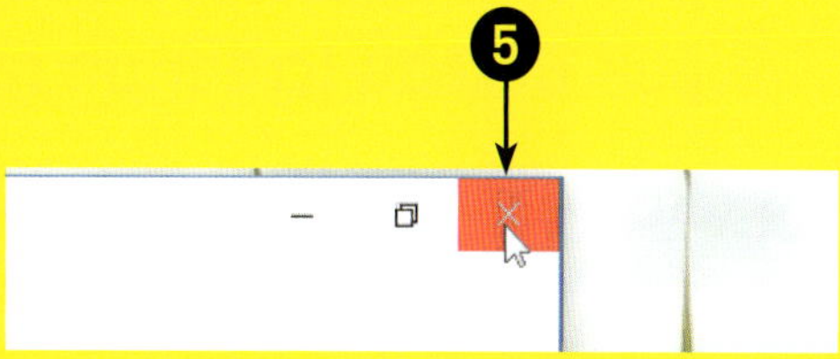

5

RÉORGANISER LES ICÔNES DU BUREAU

1. Pour retirer une icône inutile du bureau, touchez-la longuement ou cliquez dessus du bouton droit, puis touchez brièvement ou cliquez sur **Supprimer** dans le menu.

> Attention, une icône avec une flèche n'étant qu'un *raccourci* vers un fichier, la supprimer ne supprime pas le fichier ; en revanche, en supprimer une sans flèche supprime le fichier, car elle *est* alors le fichier lui-même.

2. Pour ajouter une icône de raccourci vers une application ou un programme, touchez ou cliquez sur le bouton **Démarrer** de la barre des tâches, puis, avec le doigt ou la souris, glissez la commande ou la vignette de l'application ou du programme sur le bureau ; à l'apparition d'une icône « Lien », relevez votre doigt ou relâchez le bouton.

3. Pour ajouter une icône de raccourci vers un fichier personnel, ouvrez l'Explorateur et naviguez jusqu'au fichier, comme expliqué au chapitre 4, puis cliquez dessus du bouton droit, et du gauche sur **Envoyer vers**, puis **Bureau (créer un raccourci)** dans le sous-menu.

4. Réorganisez éventuellement les icônes en les faisant glisser aux endroits voulus. Si cela ne fonctionne pas, cliquez d'abord du bouton droit sur le bureau, puis du gauche sur **Affichage** et sur **Réorganiser automatiquement les icônes** pour décocher l'option.

7 MIN

NIVEAU :

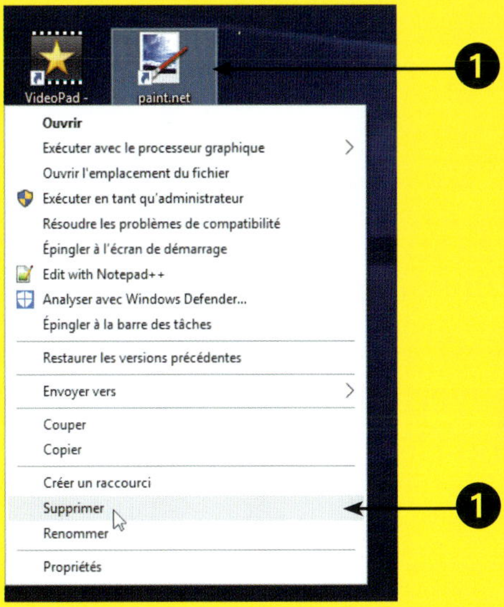
VideoPad -
paint.net
Ouvrir
Exécuter avec le processeur graphique
Ouvrir l'emplacement du fichier
Exécuter en tant qu'administrateur
Résoudre les problèmes de compatibilité
Épingler à l'écran de démarrage
Edit with Notepad++
Analyser avec Windows Defender...
Épingler à la barre des tâches
Restaurer les versions précédentes
Envoyer vers
Couper
Copier
Créer un raccourci
Supprimer
Renommer
Propriétés
1
1

2
Corbeille
Lien
HD video downloader for Youtube
G
Groove Musique
Nouveau
H
HD video downloader for Youtube
Horloge mondiale
Hub de commentaires
Nouveau
Coup d'oeil sur les activités
vendredi
18
Courrier
Microsoft Edge
Photos
EN DIRECT. Espagne: quatre personnes...
Cortana
2

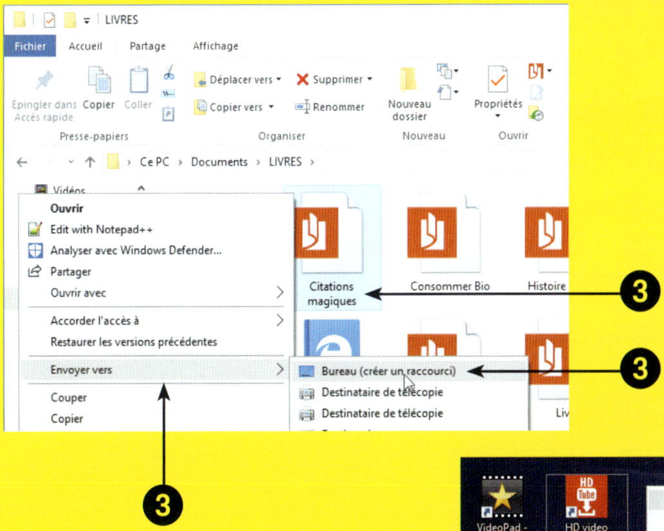
LIVRES
Fichier
Accueil
Partage
Affichage
Épingler dans Accès rapide
Copier
Coller
Déplacer vers
Copier vers
Supprimer
Renommer
Nouveau dossier
Propriétés
Presse-papiers
Organiser
Nouveau
Ouvrir
Ce PC › Documents › LIVRES ›
Ouvrir
Edit with Notepad++
Analyser avec Windows Defender...
Partager
Ouvrir avec
Accorder l'accès à
Restaurer les versions précédentes
Envoyer vers
Couper
Copier
Citations magiques
Consommer Bio
Histoire
Bureau (créer un raccourci)
Destinataire de télécopie
Destinataire de télécopie
3
3
3

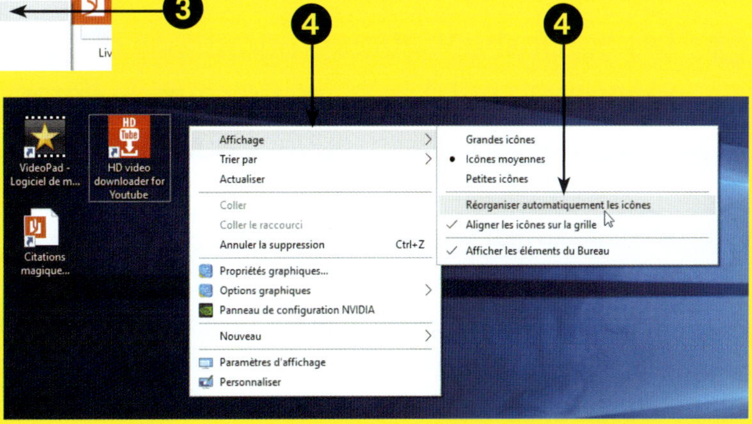
4
4
VideoPad - Logiciel de m...
HD video downloader for Youtube
Citations magique...
Affichage
Trier par
Actualiser
Coller
Coller le raccourci
Annuler la suppression
Ctrl+Z
Propriétés graphiques...
Options graphiques
Panneau de configuration NVIDIA
Nouveau
Paramètres d'affichage
Personnaliser
Grandes icônes
Icônes moyennes
Petites icônes
Réorganiser automatiquement les icônes
Aligner les icônes sur la grille
Afficher les éléments du Bureau

UTILISER PLUSIEURS BUREAUX

❶ Windows 10 permet de gérer plusieurs environnements simultanément (un pour le travail et un pour les loisirs, par exemple) : il suffit de créer un bureau virtuel pour chacun. Après avoir ouvert les applications et programmes du premier bureau, touchez ou cliquez sur l'icône **Applications actives** vers le début de la barre des tâches, puis sur **Nouveau bureau** en bas à droite.

❷ Un nouveau bureau totalement vierge apparaît au centre, et deux vignettes de bureau en bas : celle de gauche arbore l'un(e) des programmes ou applications qui étaient ouverts à l'étape 1. Touchez ou cliquez sur la vignette du bureau vierge, puis ouvrez les applications et programmes dont vous avez besoin sur ce second bureau.

❸ Pour revenir au premier bureau le moment venu, touchez ou cliquez de nouveau sur l'icône , puis sur la vignette dudit bureau.

❹ Les applications et/ou programmes qui étaient devant vous à l'étape 1 réapparaissent à la place de ceux de l'étape 3 : basculez ainsi entre vos deux bureaux aussi souvent que nécessaire.

Pour ne pas consommer inutilement de ressources de l'ordinateur, supprimez systématiquement les bureaux virtuels inutiles : touchez ou cliquez sur l'icône , puis sur le bouton de fermeture dans l'angle supérieur droit de la vignette du bureau superflu (pointez d'abord la vignette si cette croix est masquée).

8 MIN

NIVEAU :

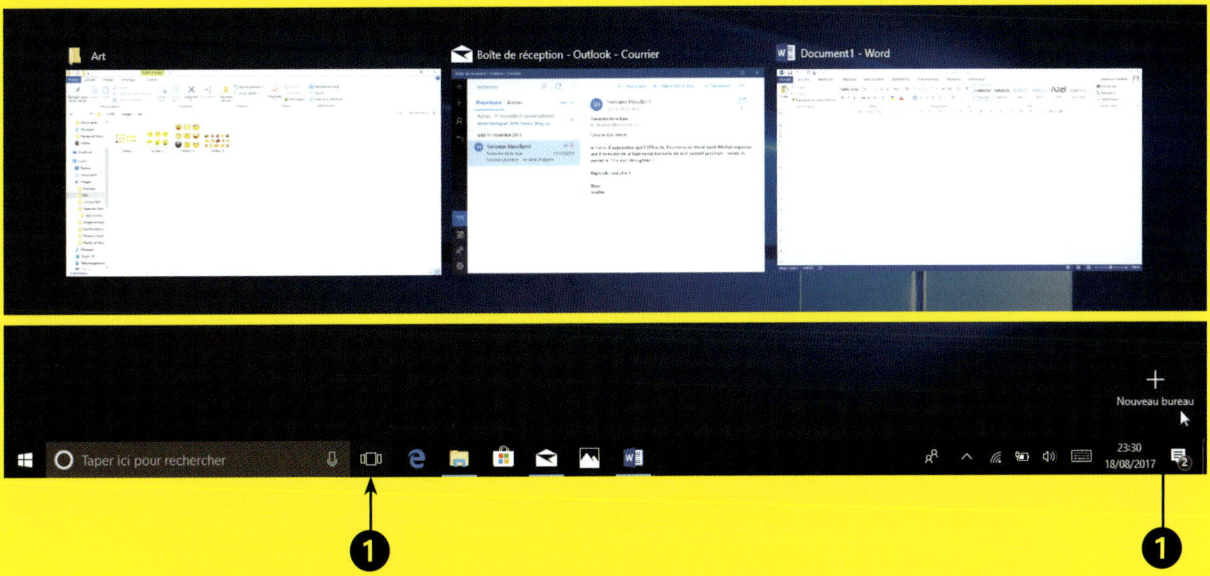

Art
Boîte de réception - Outlook - Courrier
Document1 - Word
Nouveau bureau
Taper ici pour rechercher
23:30
18/08/2017
1
1

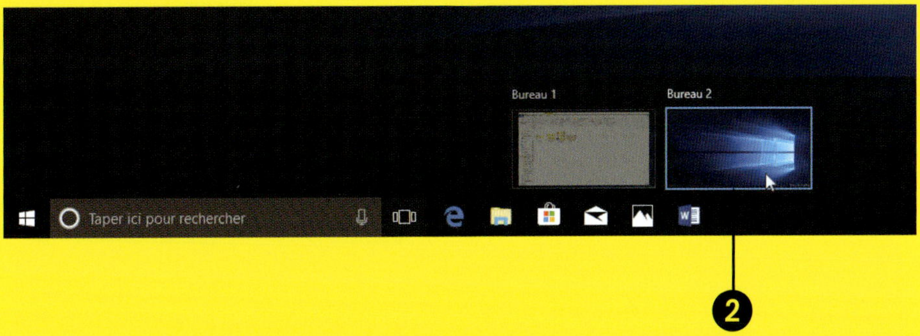

Bureau 1
Bureau 2
Taper ici pour rechercher
2

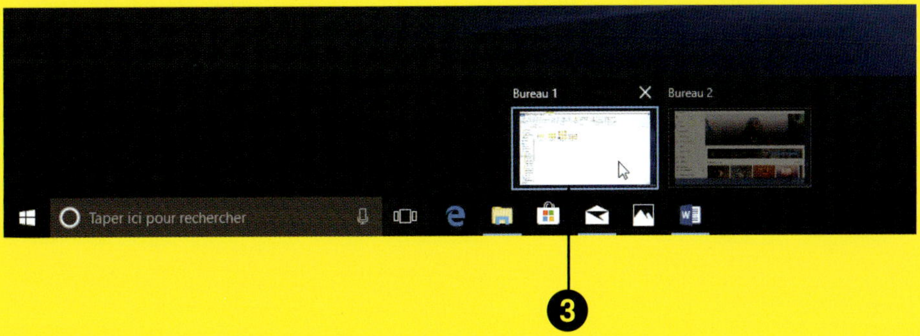

Bureau 1
Bureau 2
Taper ici pour rechercher
3

CHAPITRE 10

ENTRETENIR ET DÉPANNER L'ORDINATEUR

Pour profiter d'un ordinateur performant le plus longtemps possible, vous devez l'entretenir régulièrement : rien de compliqué, car Windows fournit tous les outils requis. Il vous aide même à le dépanner en cas de problème, et intègre un système d'assistance qui vous permettra de passer partout !

- Nettoyer le disque dur
- Contrôler le disque dur
- Fermer une application ou un programme bloqué(e)
- Résoudre un problème matériel
- Redémarrer l'ordinateur
- Réinstaller Windows
- Obtenir de l'aide

NETTOYER LE DISQUE DUR

❶ Plus le disque dur est encombré, moins il est performant, et plus cela ralentit l'ordinateur : vous devez donc le nettoyer régulièrement. Pour accéder à l'outil correspondant, ouvrez d'abord l'Explorateur de Windows en touchant ou cliquant sur l'icône dans la barre des tâches.

❷ L'Explorateur apparaît : selon ce qui est visible, touchez ou cliquez directement sur le disque dur (toujours identifié par la lettre majuscule C) au centre de la fenêtre, ou d'abord sur **Ce PC**, à gauche.

❸ Dans l'onglet **Gestion** du ruban, touchez ou cliquez sur l'icône **Nettoyer** .

❹ Windows recherche les fichiers obsolètes et ouvre la boîte de dialogue **Nettoyage de disque** : cochez la case de chaque type de fichiers que vous voulez supprimer.

❺ En cas de doute sur un type de fichier, touchez-le ou cliquez dessus (et non sur sa case) pour en obtenir une description.

❻ Touchez ou cliquez sur **OK**.

❼ Une demande de confirmation s'affiche : touchez ou cliquez sur **Supprimer les fichiers**.

5 MIN

NIVEAU :

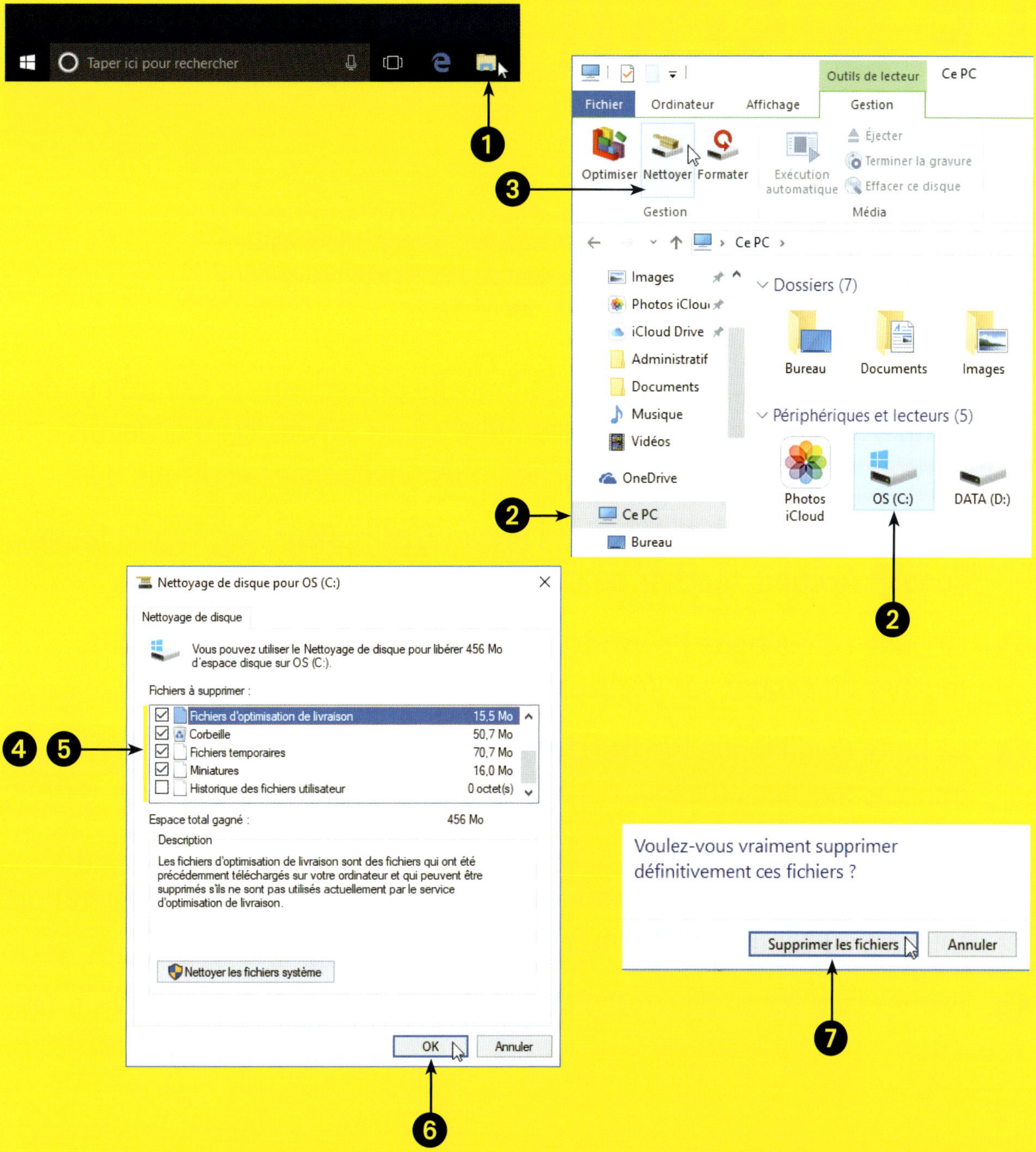
Taper ici pour rechercher
1
Outils de lecteur
Ce PC
Fichier
Ordinateur
Affichage
Gestion
Optimiser
Nettoyer
Formater
Exécution automatique
Éjecter
Terminer la gravure
Effacer ce disque
Gestion
Média
3
Ce PC
Images
Photos iCloud
iCloud Drive
Administratif
Documents
Musique
Vidéos
OneDrive
Ce PC
Bureau
2
Dossiers (7)
Bureau
Documents
Images
Périphériques et lecteurs (5)
Photos iCloud
OS (C:)
DATA (D:)
2
Nettoyage de disque pour OS (C:)
Nettoyage de disque
Vous pouvez utiliser le Nettoyage de disque pour libérer 456 Mo d'espace disque sur OS (C:).
Fichiers à supprimer :
Fichiers d'optimisation de livraison 15,5 Mo
Corbeille 50,7 Mo
Fichiers temporaires 70,7 Mo
Miniatures 16,0 Mo
Historique des fichiers utilisateur 0 octet(s)
Espace total gagné : 456 Mo
Description
Les fichiers d'optimisation de livraison sont des fichiers qui ont été précédemment téléchargés sur votre ordinateur et qui peuvent être supprimés s'ils ne sont pas utilisés actuellement par le service d'optimisation de livraison.
Nettoyer les fichiers système
OK
Annuler
4
5
6
Voulez-vous vraiment supprimer définitivement ces fichiers ?
Supprimer les fichiers
Annuler
7

CONTRÔLER LE DISQUE DUR

Contrôler le disque dur régulièrement permet de détecter, voire réparer les zones qui seraient abîmées, et d'éviter ainsi des dysfonctionnements et la perte de fichiers. Mais quand ces zones sont de plus en plus nombreuses, envisagez au plus vite le remplacement du disque dur.

1. Comme le Nettoyage de disque à la tâche précédente, le Contrôleur de disque se démarre depuis l'Explorateur : donc ouvrez celui-ci depuis l'icône dans la barre des tâches, puis sélectionnez le disque dur.
2. Dans le ruban, soit au début de l'onglet **Ordinateur**, soit vers la fin de l'onglet **Accueil**, touchez ou cliquez sur **Propriétés**.
3. La boîte de dialogue **Propriétés** s'affiche : dans son onglet **Outils**, touchez ou cliquez sur **Vérifier**.
4. La boîte de dialogue **Recherche des erreurs** apparaît ; quoi qu'elle indique, touchez ou cliquez sur **Analyser le lecteur**.
5. Windows examine le disque dur. S'il détecte des erreurs, agissez en fonction des indications données à l'écran ; sinon, à la fin de l'opération, touchez ou cliquez sur **Fermer**.
6. Fermez la boîte de dialogue **Propriétés** en touchant ou cliquant sur **OK**.

8 MIN

NIVEAU :

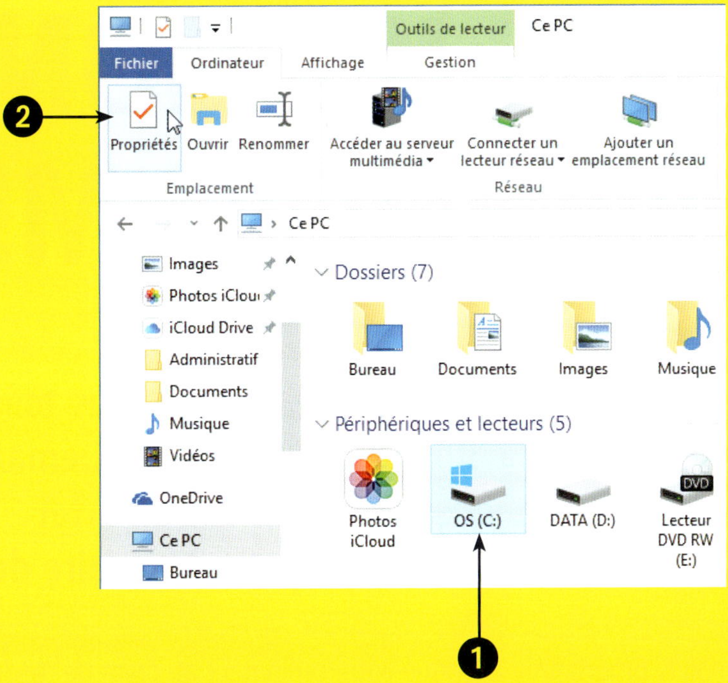
Outils de lecteur
Ce PC
Fichier
Ordinateur
Affichage
Gestion
Propriétés
Ouvrir
Renommer
Accéder au serveur multimédia
Connecter un lecteur réseau
Ajouter un emplacement réseau
Emplacement
Réseau
Ce PC
Images
Photos iCloud
iCloud Drive
Administratif
Documents
Musique
Vidéos
OneDrive
Ce PC
Bureau
Dossiers (7)
Bureau
Documents
Images
Musique
Périphériques et lecteurs (5)
Photos iCloud
OS (C:)
DATA (D:)
DVD
Lecteur DVD RW (E:)
1
2

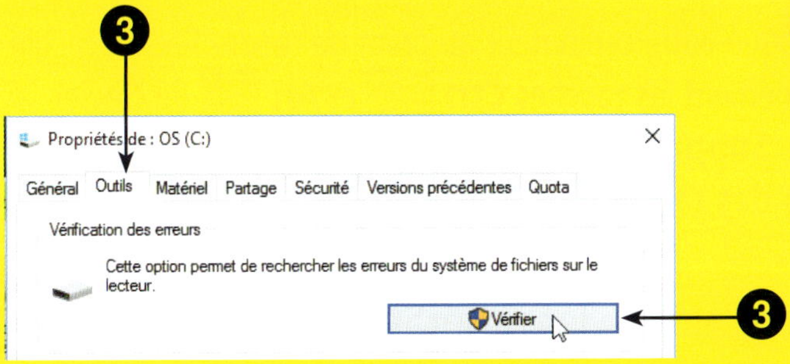
3
Propriétés de : OS (C:)
Général
Outils
Matériel
Partage
Sécurité
Versions précédentes
Quota
Vérification des erreurs
Cette option permet de rechercher les erreurs du système de fichiers sur le lecteur.
Vérifier
3

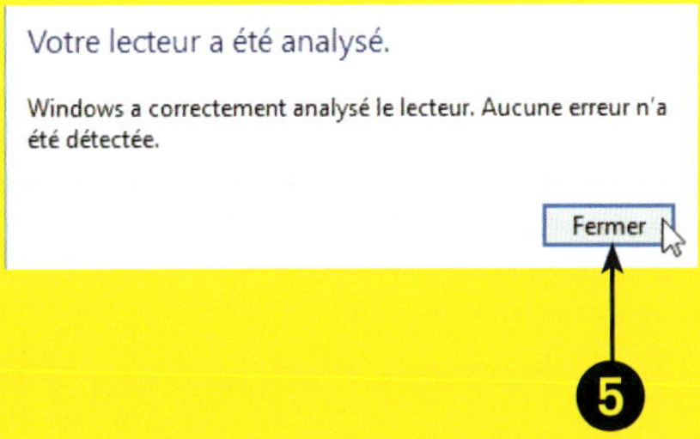
Votre lecteur a été analysé.
Windows a correctement analysé le lecteur. Aucune erreur n'a été détectée.
Fermer
5

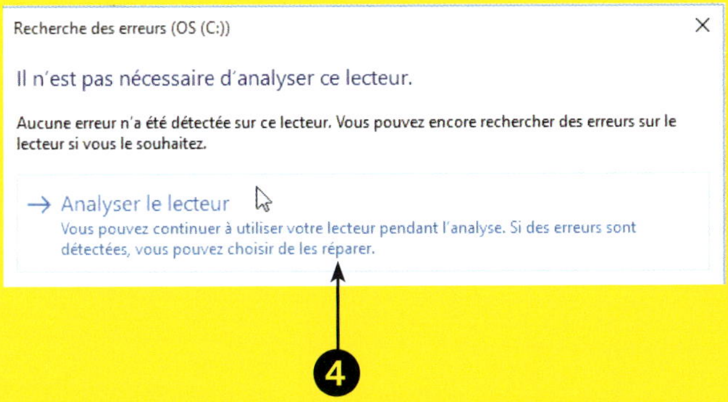
Recherche des erreurs (OS (C:))
Il n'est pas nécessaire d'analyser ce lecteur.
Aucune erreur n'a été détectée sur ce lecteur. Vous pouvez encore rechercher des erreurs sur le lecteur si vous le souhaitez.
Analyser le lecteur
Vous pouvez continuer à utiliser votre lecteur pendant l'analyse. Si des erreurs sont détectées, vous pouvez choisir de les réparer.
4

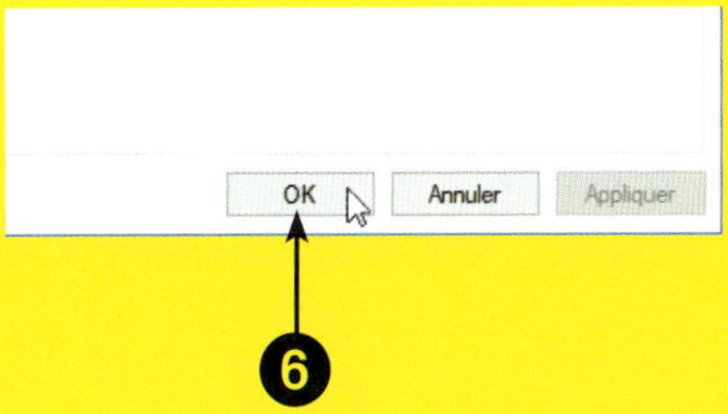
OK
Annuler
Appliquer
6

DÉBLOQUER UNE APPLICATION OU UN PROGRAMME

1. Quand une application ou un programme ne réagit plus, touchez *longuement* ou cliquez du bouton *droit* sur le bouton **Démarrer** dans la barre des tâches pour dérouler le menu **Démarrer** « secondaire », puis touchez ou cliquez sur **Gestionnaire des tâches**.

Si l'application ou le programme a bloqué votre ordinateur au point de rendre l'écran tactile et la souris inutilisables, enfoncez simultanément les touches **Ctrl** Ctrl et **Alt** Alt du clavier et, sans les relâcher, appuyez sur la touche **Suppr** Suppr. Quand un écran bleu apparaît, relâchez tout, touchez ou cliquez sur **Gestionnaire des tâches**, et passez à l'étape 2.

2. Le *Gestionnaire des tâches* s'ouvre et liste les programmes et applications ouverts : touchez ou cliquez sur celui ou celle qui ne répond plus.

3. Touchez ou cliquez sur **Fin de tâche**.

4. Le programme ou l'application bloqué(e) disparaît de la liste de ceux et celles qui étaient ouverts ; touchez ou cliquez sur le bouton × pour fermer le Gestionnaire des tâches.

5 MIN

NIVEAU :

Gestion de l'ordinateur
Windows PowerShell
Windows PowerShell (admin)
1
Gestionnaire des tâches
Paramètres
Explorateur de fichiers
Rechercher
Exécuter
Arrêter ou se déconnecter
Bureau
1
Taper ici pour rechercher

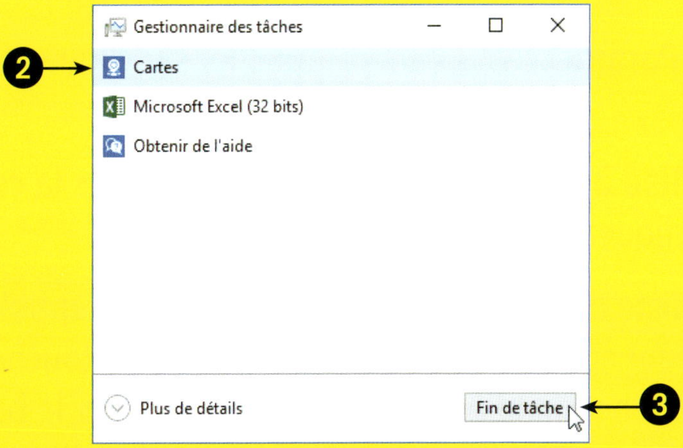
Gestionnaire des tâches
2
Cartes
Microsoft Excel (32 bits)
Obtenir de l'aide
Plus de détails
Fin de tâche
3

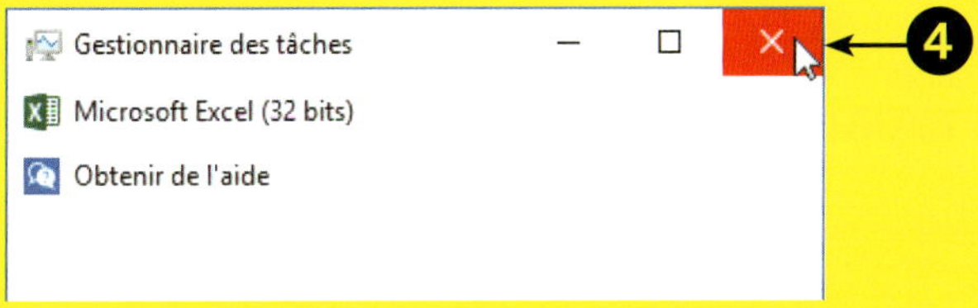
Gestionnaire des tâches
4
Microsoft Excel (32 bits)
Obtenir de l'aide

RÉSOUDRE UN PROBLÈME MATÉRIEL

1. En cas de dysfonctionnement de votre ordinateur ou d'un appareil (plus aucun son, imprimante en panne, ou connexion Internet impossible, par exemple), touchez ou cliquez sur le bouton **Démarrer** dans la barre des tâches, puis sur l'icône **Paramètres** en bas à gauche du menu **Démarrer**.

2. Le panneau **Paramètres** apparaît : touchez ou cliquez sur **Mise à jour et sécurité**.

3. La fenêtre **Mise à jour et sécurité** s'affiche : dans la colonne gauche, touchez ou cliquez sur **Résoudre les problèmes**.

4. Une longue liste de composants ou d'aspects susceptibles de vous poser problème apparaît au centre de la fenêtre : touchez ou cliquez sur ce qui ne fonctionne pas correctement, puis sur le bouton **Exécuter l'utilitaire de résolution des problèmes** qui s'affiche.

5. Windows examine le matériel concerné et vous guide dans une tentative de réparation : suivez les instructions qui s'affichent à l'écran.

10 MIN

NIVEAU :

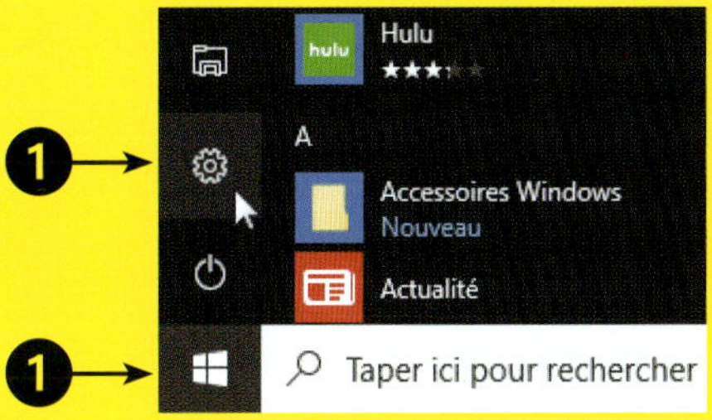

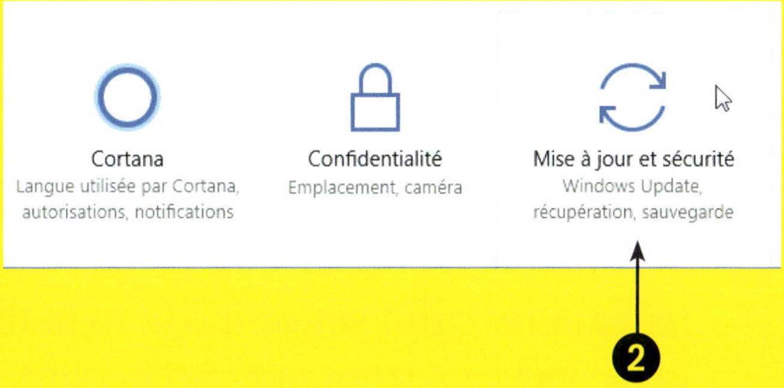

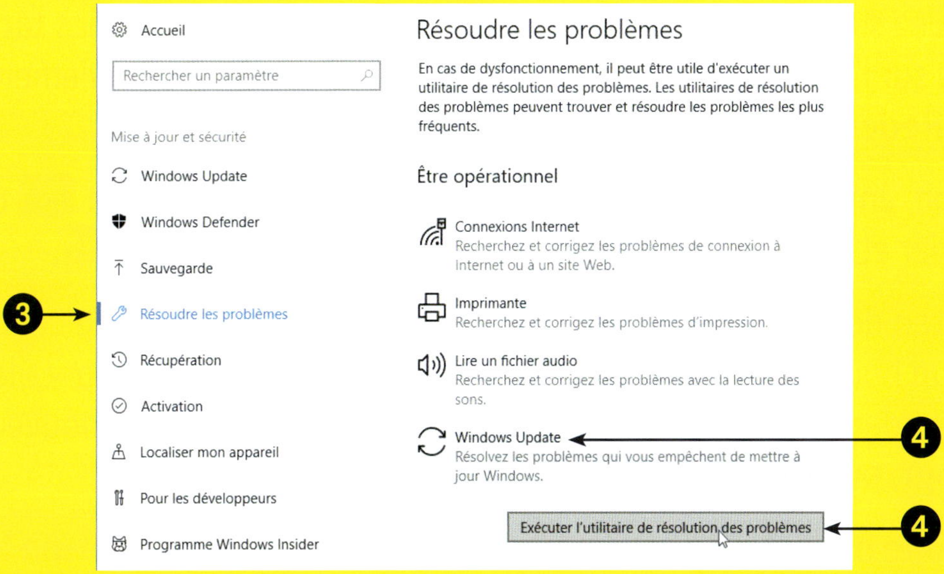

REDÉMARRER L'ORDINATEUR

1. Si votre ordinateur se met à fonctionner de manière aléatoire, le redémarrer suffit souvent à le remettre dans le droit chemin. Si vous pouvez encore utiliser l'écran tactile ou la souris, touchez ou cliquez sur le bouton **Démarrer** au début de la barre des tâches, puis sur l'icône **Marche/Arrêt** en bas à gauche et, finalement, sur **Redémarrer** dans le mini menu.
2. Sinon, enfoncez simultanément les touches **Ctrl** Ctrl et **Alt** Alt du clavier et, sans les relâcher, appuyez sur la touche **Suppr** Suppr.
3. L'écran devient bleu, et quatre commandes apparaissent au centre, ainsi qu'un bouton **Annuler** pour faire marche arrière. Mais ignorez-les : en gardant les touches **Ctrl** et **Alt** enfoncées, appuyez de nouveau sur **Suppr**, puis relâchez tout.
4. Si votre ordinateur ne redémarre toujours pas, appuyez sur son bouton de mise en route, marqué du symbole ⏻, et maintenez-le enfoncé jusqu'à entendre la machine s'éteindre.
5. Patientez quelques dizaines de secondes et rallumez l'ordinateur.

Si vous possédez un ordinateur de bureau, ne l'éteignez *jamais* en le débranchant, car vous risquez de causer des dommages irrémédiables.

7 MIN

NIVEAU :

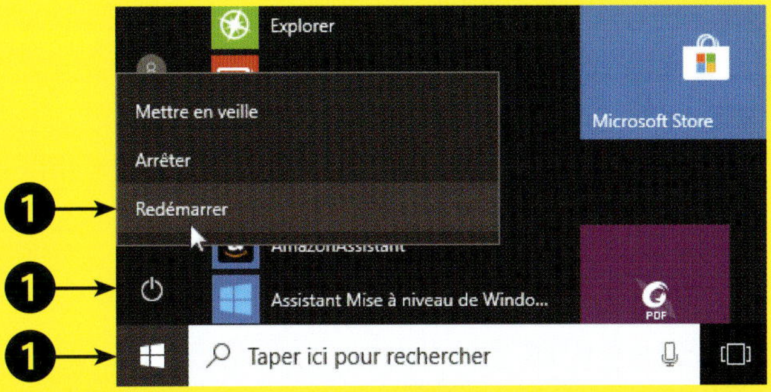
Explorer
Microsoft Store
Mettre en veille
Arrêter
Redémarrer
Assistant Mise à niveau de Windo...
Taper ici pour rechercher
1
1
1

Inser
Suppr
Fin
Entrée
Ctrl
Alt
Alt Gr
Ctrl
2 3
2 3
2 3

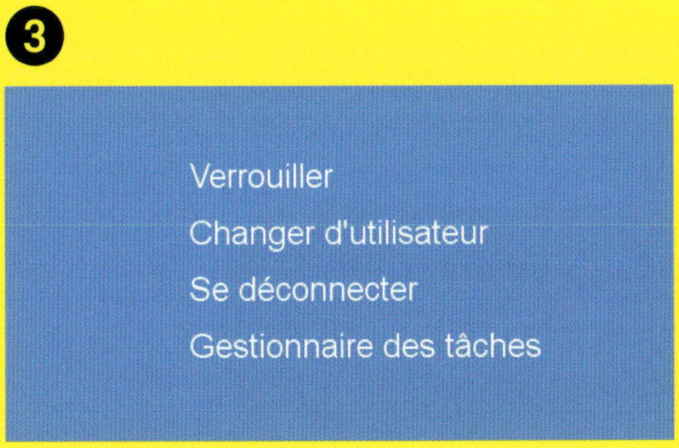
3
Verrouiller
Changer d'utilisateur
Se déconnecter
Gestionnaire des tâches

4 5
OPTIPLEX 9020

RÉINSTALLER WINDOWS

1. Quand Windows se met à fonctionner de manière très aléatoire, vous pouvez le remettre dans l'état où il était tout au départ : touchez ou cliquez sur le bouton **Démarrer** au début de la barre des tâches, puis sur l'icône **Paramètres** au bas de la colonne gauche du menu **Démarrer**.

2. Le panneau **Paramètres** apparaît ; touchez ou cliquez sur sa rubrique **Mise à jour et sécurité**.

3. La fenêtre **Mise à jour et sécurité** s'affiche ; dans la colonne gauche, touchez ou cliquez sur **Récupération**.

4. Dans la section **Réinitialiser ce PC**, au centre, touchez ou cliquez sur **Commencer**.

5. La boîte de dialogue **Choisir une option** s'ouvre : touchez ou cliquez sur le type de réinstallation souhaité, puis suivez les instructions données à l'écran.

Conserver mes fichiers préserve vos documents, photos, vidéos, *etc.*, tandis que **Supprimer tout** les efface. Mais dans les deux cas, tous les programmes et applications que vous avez installés vous-même sont supprimés.

30 MIN

NIVEAU :

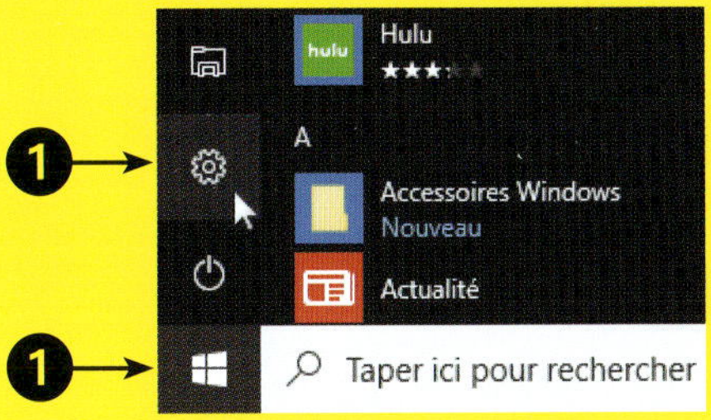

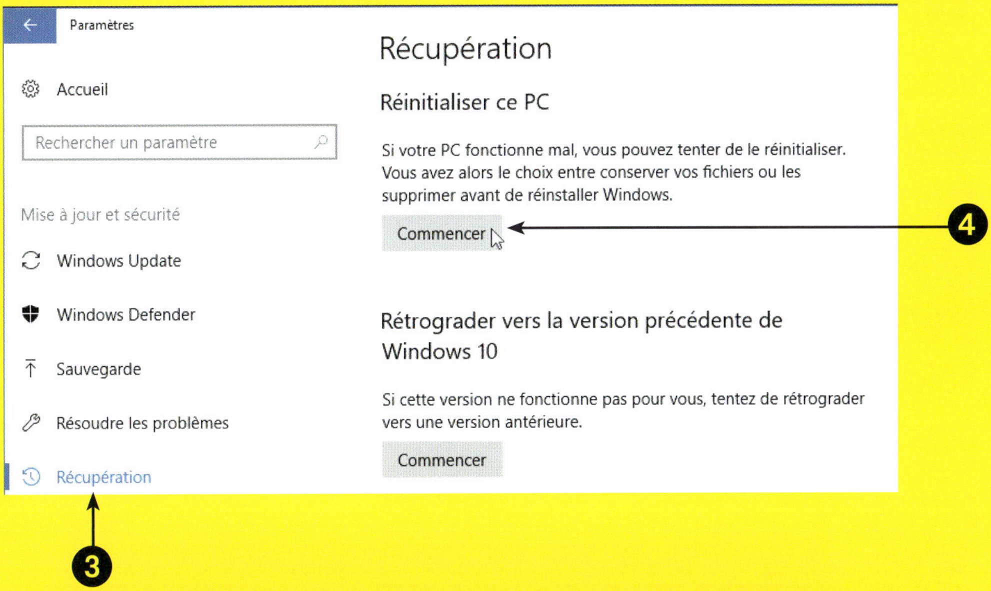

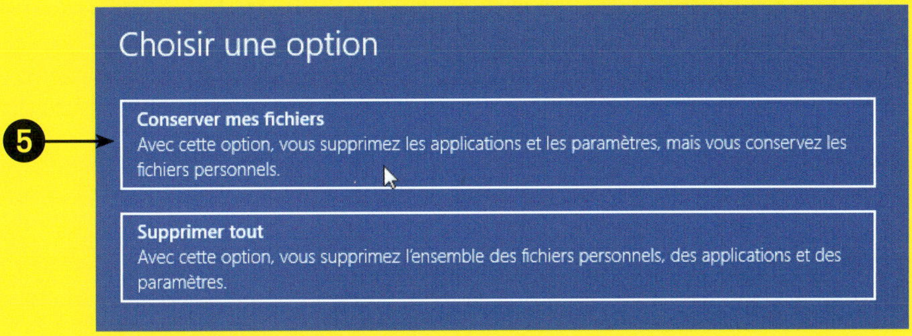

OBTENIR DE L'AIDE

Avant de solliciter l'aide de Windows, veillez toujours à être connecté à l'Internet.

1. Touchez ou cliquez sur le bouton **Démarrer** au début de la barre des tâches, puis sur la vignette ou la commande **Obtenir de l'aide** dans le menu **Démarrer**.
2. L'application **Obtenir de l'aide** s'ouvre : dans la zone centrale, tapez une question, la nature de votre problème ou des mots-clés, puis touchez ou cliquez sur **Suivant**.
3. Touchez ou cliquez sur la liste **Sélectionnez votre produit**, puis sur l'application, le programme ou le matériel qui vous pose problème.
4. Si Windows a besoin de précisions, touchez ou cliquez sur la liste **Sélectionnez votre problème**, puis sur le thème adapté.
5. Plusieurs réponses apparaissent : touchez ou cliquez sur la plus pertinente.

Si l'application **Obtenir de l'aide** n'a pas pu vous dépanner, vous pouvez interroger Cortana ou consulter l'assistance du site Web de Microsoft, à l'adresse `https://support.microsoft.com/fr-fr`.

5 MIN

NIVEAU :

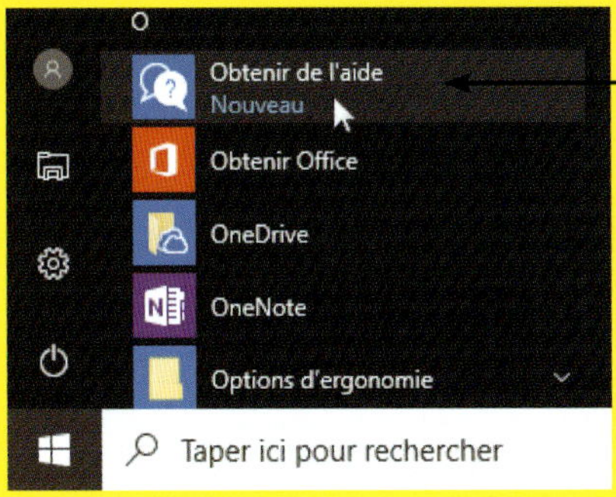

❶

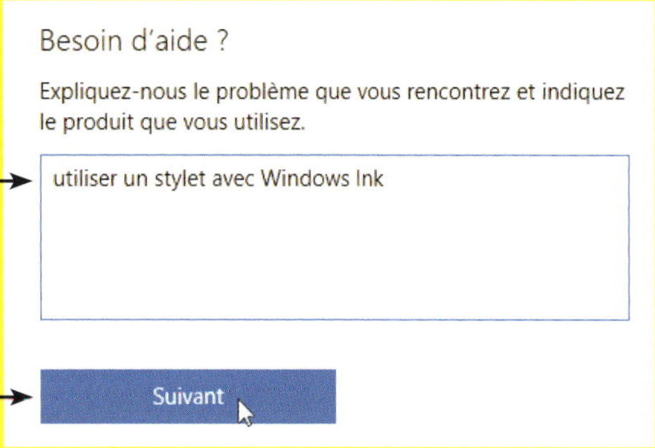

❷

❷

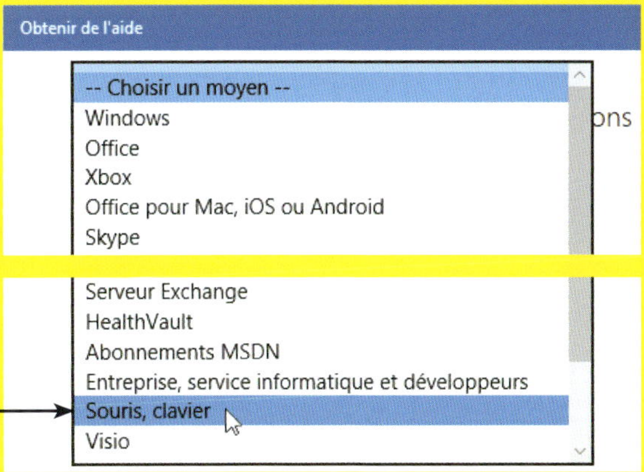

❸

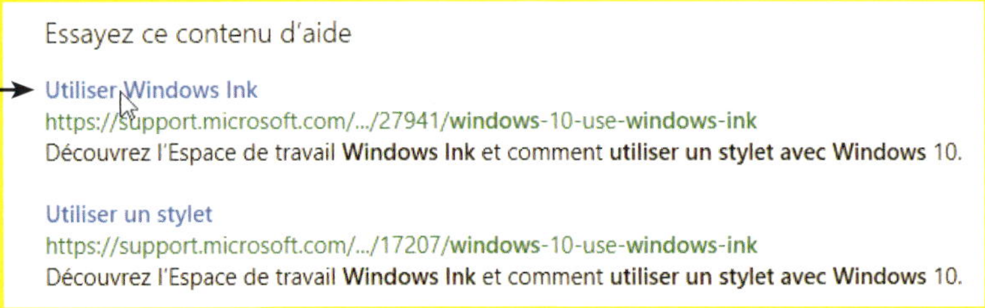

❺

INDEX

A

Accès rapide, dossier
- ajouter, 72
- retirer, 72

adresse de messagerie, Courrier, ajouter, 138

affichage
- fenêtre, ajuster, 40
- fichier, 76
- photo, ajuster, 166

aide, obtenir, 220

Alt (touche), 48, 212, 216

appareil
- ajouter, 194
- dépanner, 214

Apple, 102

application
- afficher simultanément, 46
- ajouter, 188
- barre des tâches, épingler, 198
- basculer entre, 48
- bureau, ajouter, 202
- débloquer, 212
- démarrer, 8
- fermer, 38
- obtenir, 32
- ouvrir, 36
- supprimer, 192

Applications actives (icône), 48, 204

Avion (mode), 20

B

barre
- d'adresse, 108
- d'outils, 50
- de défilement, 40
- de titre, 38, 62
- des tâches, 4
    - application, épingler, 198
    - contact, épingler, 162
    - écran d'accueil, 10
    - page Web, épingler, 126
    - page Web, supprimer, 126
    - personnaliser, 126, 198
    - programme, épingler, 198
    - utiliser, 6
    - icône,utiliser, 36

bibliothèque, 70

Bing, 108
- rechercher
    - image, 116
    - informations, 114

boîte de dialogue, 54

Boîte de réception (dossier), 144

bureau, 2, 4
- afficher, 4
- fond, changer, 200
- icône
    - ajouter, 202
    - déplacer, 202
    - supprimer, 202
    - utiliser, 36
- virtuel, créer, 204

C

Caméra (application), 182

captcha, 24

Cc, 142

Cci, 142

Centre de notifications, 10
- utiliser, 30

clé
- de sécurité, 18
- USB, 98

code antispam, 24

commande, exécuter, 50, 52, 54

compilation musicale, 178

compte
- de messagerie, ajouter, 138
- Microsoft, créer, 22

connexion Internet
- couper, 20
- dépanner, 214
- établir, 18

contact
- courriel, envoyer, 162
- enregistrer, 158
    - depuis un courriel, 160
- épingler, barre des tâches, 162

contrat de licence, 190

Contrôle de compte d'utilisateur, 190

copie de secours, fichier
    - lecteur amovible, 98
    - OneDrive, 104

copyright, 118
Corbeille, 86
  ouvrir, 88, 90
  vider, 90
Cortana, 6, 10
  fichier, rechercher, 74
  personnaliser, 28
  utiliser, 26
courriel
  envoyer, 140
    plusieurs personnes, 142
  pièce jointe
    enregistrer, 156
    envoyer, 152
    recevoir, 154
  recevoir, 144
  répondre, 146
  supprimer, 150
  transférer, 148
Courrier (application)
  dossiers, 136
  fenêtre, 136
  préparer, 136
Ctrl (touche), 48,78, 212, 216

D

Démarrer (bouton), 6, 8
Démarrer (menu), 12
  page Web
    épingler, 124
    supprimer, 124
  personnaliser, 124, 196
  utiliser, 8, 36
  vignette
    ajouter, 196
    déplacer, 196
    redimensionner, 196
    supprimer, 196
diaporama, 166
disque dur, 74
  amovible, 98
  contrôler, 210
  nettoyer, 208
document
  créer, 56
  enregistrer, 58
  fermer, 62
  imprimer, 64
  numériser, 66
  ouvrir, 60
  scanner, 66
dossier
  créer, 82
  messagerie, 136
  ouvrir, 70

E

ebook, lire, 184
Echap (touche), 52, 54
écran
  d'accueil, 10
  de verrouillage, 2
Edge, 108 *Voir aussi* page Web
Éléments supprimés (dossier), vider, 150
Entrée (touche), 80, 82, 108
épingler, barre des tâches
  application, 198
  contact, 162
  programme, 198
ePub, 184
Explorateur, 70
  affichage, optimiser, 76

F

favori, page Web
  consulter, 122
  enregistrer, 122
  supprimer, 122
fenêtre, 36
  agrandie au maximum, 42, 44
  composants, 40, 50, 52
  déplacer, 42
  flottante, 42, 44
  parcourir, 40
  redimensionner, 44
  taille, changer, 44
fichier
  afficher, 76
  bureau, ajouter, 202
  copier, 84
    lecteur amovible, 98, 100
    OneDrive, 104
  créer, 56
  déplacer, 84
  désélectionner, 78
  enregistrer, 58
  envoyer, 152
  fermer, 62
  imprimer, 64
  ouvrir, 60, 70
  recevoir, 154
  rechercher, 74
  reçu, enregistrer, 156
  renommer, 80
  sélectionner, 78
  supprimé, récupérer, 88
  supprimer, 86
  synchroniser, 102
  télécharger, 132
  trier, 76
film
  obtenir, 32
  regarder, 180
  tourner, 182

G

Gestionnaire des tâches, 212
Google, 114

H

Historique, 130

I

iCloud, 102
icône
  barre des tâches
    ajouter, 198
    déplacer, 198
    supprimer, 198
    utiliser, 36
  bureau
    ajouter, 202
    déplacer, 202
    supprimer, 202
    utiliser, 36
image *Voir aussi* photo
  enregistrer
    courriel, 156
    Internet, 118
  rechercher, 116
Images (bibliothèque), 166
informations, rechercher, 114
Internet *Voir aussi* Edge, page Web
  connecter (se), 18
  déconnecter (se), 20

J

jeu, obtenir, 32

L

lecteur
  amovible, 98
  ouvrir, 70
licence d'utilisateur, 190
lien, 108
liste de lectures, 112
livre numérique, lire, 184

M

Maj (touche), 78
menu, 52
  contextuel, 52
Messages envoyés (dossier), 140
Microsoft Store, 32, 188
mise
  à jour, 94
  en veille, 12
mode
  Avion, 20
  d'affichage, Explorateur, 76
  Tablette, 10
modèle, 56
musique
  compiler, 178
  écouter, 176
  obtenir, 32

N

nom, fichier, changer, 80
notification, 30
Nuage, 102
numérisation, 66

O

Obtenir de l'aide (application), 220
OneDrive
  configurer, 102
  fichier, copier, 104
  utiliser, 104
onglet, 110
  boîte de dialogue, 54
  Courrier, 144
  fenêtre, 50
ordinateur
  arrêter, 12
  contenu, parcourir, 70
  démarrer, 2
  dépanner, 214
  mettre en veille, 12
  redémarrer, 216
  sécuriser, 96

P

page Web
  afficher
    hors connexion, 112
    plusieurs, 110
  barre des tâches
    épingler, 126
    supprimer, 126
  de démarrage, choisir, 120
  favori
    consulter, 122
    enregistrer, 122
    supprimer, 122
  imprimer, 64
  menu Démarrer
    épingler, 124
    supprimer, 124
  rechercher, 114
  revoir, 108, 130
  transmettre, 128
  visiter, 108
Paramètres (panneau), 16, 94
pare-feu, 96
PDF, 132, 184
périphérique
  ajouter, 194
  dépanner, 214
photo
  affichage, ajuster, 166
  bureau, appliquer, 200
  envoyer, 152
  faire pivoter, 168
  imprimer, 64
  numériser, 66
  recadrer, 170
  recevoir, 154
  reçue, enregistrer, 156
  redresser, 170
  regarder, 166
  retoucher, 168, 172
  rogner, 170
  scanner, 66
  supprimer, 168
pièce jointe, courriel
  enregistrer, 156
  envoyer, 152
  recevoir, 154
playlist
  créer, 178
  écoutre, 178
plein écran, 166
port USB, 98
Prioritaire (onglet), 144
problème
  aide, obtenir, 220
  ordinateur, résoudre, 214
programme
  afficher simultanément, 46
  ajouter, 190
  barre des tâches, épingler, 198
  basculer entre, 48
  bureau, ajouter, 202
  débloquer, 212
  démarrer, 8
  fermer, 38
  ouvrir, 36
  supprimer, 192

R

raccourci, 4, 202
recherche
  image, 116
  informations, 114
réseau social, photo, publier, 174
ruban, 50
  afficher, 76

S

scan, 66
sélection, fichier, 78
série TV
  obtenir, 32
  regarder, 180
site Web, visiter, 108
Suppr (touche), 86, 150, 212, 216
synchronisation, 102, 104

T

Tab (touche), 48
Tablette (mode), 10
téléchargement, fichier, 132

V

vidéo
- réaliser, 182
- regarder, 180
- tourner, 182

vignette, menu Démarrer
- ajouter, 196
- déplacer, 196
- redimensionner, 196
- supprimer, 196

W

webcam, 182
Wi-Fi
- activer, 18
- couper, 20

Windows (touche), 4
Windows 10
- arrêter, 12
- démarrer, 2
- mettre
  - à jour, 94
  - en veille, 12
- réinitialiser, 218
- réinstaller, 218

Windows Defender, 96
Windows Update, 94

Z

zone
- d'adresse, Edge, 108
- de notification, barre des tâches, 6

zoom
- fenêtre, 40
- photo, 166